Humanistic Economy
SDGs

人間主義
経済

これから
経済学を学ぶ
人たちへ

編者
馬場善久
神立孝一
高木功

×

SDGs

第三文明社

はじめに

　「経済」という言葉をメディアで見聞きしない日はありません。たまごの値段は、オイルの値段は、お野菜の値段は、時給は、為替は、株価は、失業率は、財政赤字は、ボーナスは、来年の就職状況は……私たちはこれらの経済の動向に注意を払います。経済の好不況に無関係な人を見つけることは難しいでしょう。

「経済」って、「経済学」って何だろう？

　それにもかかわらず、「経済学って何？」と問われると、あなたは何と答えるでしょうか。

　私たちには、この問いがいちばん難しいように思われます。「あなたは経済学部の教員として何十年も教えてきましたよね。答えを持たないでよくも教壇に立ってきましたね」とお叱(しか)りを受けそうですが。しかし、事はそう簡単ではありません。ある学者は言います——「経済学者が6人いたとすれば、いつでも経済学の定義は7つある」（7つで済めばいいのですが）。

　アダム・スミスは、国民に生計の資を提供し、国の富を増やすこととその原因に焦点を当てました。アルフレッド・マーシャルは、富によって実現される人々の「厚生（Welfare）」の増大を経済学の焦点としました。ライオネル・ロビンズは資源の希少性と選択の科学としての経済学を展開しました。他方、ジョン・メイナード・ケインズは人々の動機と期待と心理的不確実性を扱い、内省と価値判断を用いる「道徳科学」としての経済学を強調しました。

　人間の経済活動もしくは人間行動を構成するどの次元と要素に焦点を当てるかによって、定義が異なってきます。それは時代における経済のあり方と変化への要請によって大きく違って

きます。そして、何よりも「人間本性」をどう観るかに依存します。

　経済学の専門分野が細分化されたことにより、また、関連分野と融合し新しい経済学研究の地平が拓かれてきたことにより、ますます多様な定義が可能となることでしょう。

新しい変化──国連SDGsと経済の役割

　例えば、この数十年をみても経済活動の重要な主体である「企業」の評価軸は大きく変わりました。かつては企業の価値の主な焦点は収益性でした。収益性を示す財務報告書の公表だけで十分だったはずです。企業の責任とは収益を上げることでした。しかし今はどうでしょう。環境や社会への負荷と貢献の収支を示す非財務報告書の開示が求められてきました。企業の社会的責任が問われ、国連のSDGs（持続可能な開発目標）への貢献が求められています。「投資家」の姿勢も21世紀に入り、世界金融危機を経て、大きな変化を受けたといわれています。いわゆる投資による社会問題解決への中長期的な効果を目指す「社会的インパクト投資」、また企業評価を環境と社会と企業統治から評価して投資を決定する「ESG投資」が、評価方法の発展と相まって機関投資家のリードによって急激に拡大しています。経済、社会、環境へのインパクト評価と規範的かつ道徳的な価値判断に基づき、「経済」と「経済活動」が決定されている時代となりつつあります。

　一国の経済の評価も同様の変化が起きています。具体的には国連2030アジェンダにおいて謳われているように、各国の「経済の繁栄」は「社会的包摂」と「環境保護」を同時に追求することが要請されています。しかも人間の尊厳性を守るために「誰一人取り残さない（LNOB）」という理念を本文で誓っています。

ここに経済的価値を代表する「自由」の無限の追求は、「尊厳性」「公平性」と「持続可能性」によって規制されることになります。

「人間主義経済」研究という課題

　創価大学の経済学部は、特別な使命を創立者・池田大作先生から託されています。「人間主義経済」の研究です。本学開設に先立つ1969年、資本主義と社会主義を止揚（しよう）する新しい経済のあり方、すなわち「人間主義経済」の実践的・理論的研究をしていってはどうかと提案されました。「人間主義経済」をどう構想し、具現するか、大きな課題を提起されました。これは、創価大学のみならず現代に生きるすべての人々に対して提起されたと解（かい）されます。

　経済学は人間の経済行動の研究（ミクロ経済学）からスタートし、社会・環境への負荷を含む社会全体の経済活動の集計量について分析（マクロ経済学）します。そして、今度はマクロの経済の帰結が、世界を構成する個々の経済活動に大きな影響を及ばします。このループは持続的に続きます。

　人間主義経済学は、このミクロとマクロの相互循環のプロセスの中で、「人間」の望ましいあり方、社会の望ましいあり方において、良き変化が起きているのかどうかに注意を払うことになるでしょう。そうすると人と社会のあり方に望ましくない変化と帰結が生じたときに、望ましいあり方に向けて、積極的に人間による自己変革と社会の変革に向けた行動を起こすことが期待されることになります。優（すぐ）れて人間の本性に対する深い理解と洞察を要するという意味で道徳哲学を基礎としながらも、望ましい良き社会への変革を志向する実践的・戦略的な研究ということになることでしょう。

本書の特徴と構成

　本書は、創価大学経済学部で教えられている主な専門科目16科目の講義について、新たに書き下ろされた論稿を収録したものです。各章の執筆者は、人間主義経済のあり方あるいは国連SDGsの達成を意識しながら、時に明示的に、時に暗示的に自身の考えを論稿に織り込んでいます。私たちも模索しながらこの経済学と人間主義そしてSDGsをつなぐという困難な課題に挑戦し、成ったのが本書です。どこからでもお読みください。本書は経済学の宝石箱です。それは言い過ぎでしょうか。あるいは16種類のチョコレートの詰め合わせセットといったところでしょうか。どれをとっても理論と歴史と哲学と情報の微妙に異なる精選原材料とスパイスの多彩なブレンディングを楽しめるはずです。

　第1章と第2章は経済学の理論的基礎である「ミクロ経済学」の中でも「行動経済学」と「マクロ経済学」の講義が新進気鋭のスタッフによって紹介されています。経済学のイメージが変わることでしょう。第3章と第4章は「金融論」と「ファイナンス」です。「金融論」では、お金にまつわる意外なクイズに出あうこ

プロジェクトの計画案について討議する学生たち

とでしょう。「ファイナンス」では信用の大切さと量子コンピュータによる最前線の動向が紹介されています。第5章は「データサイエンス」です。私たちの日々の行動がすべてデータ化される時代、新しい価値を生むデータ分析スキルを学びます。第6章と第7章は「農業経済学」と「労働経済学」が解説されています。いずれも食料と雇用という切実なテーマを扱います。「食料危機は人災か、天災か？」「なぜイクメンか？」が問われます。第8章、第9章は「西洋経済史」と「日本経済史」です。江戸時代の本当の農民生活に触れられ、「歴史経路依存性」という現代の課題につながるキーワードに出あえるでしょう。第10章と第11章は「環境経済論」と「気候変動の経済学」です。いずれも未来の世代にかかわる喫緊の環境問題を扱い、問題解決のために主体的な参加を求める講義を紹介しています。第12章の「社会貢献と経済学」は東日本大震災の被災者と直接向き合い、実践的に問題の解決・緩和に取り組む授業の紹介です。第13章と第14章は途上国開発支援に関わる科目になります。「国際開発協力論」は国際機関での勤務経験を有するスタッフによる実践的な開発協力が学べます。「アフリカ経済論」はアフリカ留学経験を有するスタッフによる体験的アフリカ経済論に触れることになるでしょう。第15章と第16章は、創立者から提起された「人間主義経済」の研究について考察した二人の挑戦的な試論になっています。

　皆さんは、どの章からお読みになりますか。どうぞ「経済学by 創価大学経済学部」をお楽しみください。

編者一同

目　次

はじめに　1

第 1 章　**行動経済学入門**
　　　　　── 経済学は面白い ──
　　　　　〈行動経済学〉小島　健　13

1 行動経済学とはどのような学問か　14
2 行動経済学の応用　20
3 行動経済学の目的　23
4 行動経済学とSDGs　28
5 最後の曖昧な話　30

第 2 章　**マクロ経済学の論点**
　　　　　〈マクロ経済学〉金澤伸幸　35

1 マクロ経済学とは　36
　（1）はじめに　36 ／（2）代表的なマクロ経済指標：GDP、失業率、
　消費者物価指数　38 ／（3）フローとストック変数　40 ／（4）マク
　ロ経済統計の重要性　41 ／（5）マクロ経済学の主役はやはり
　GDP　42 ／（6）簡単に測れるものに注目することの弊害　47
2 マクロ経済学の論点　47
　（1）長期の成長トレンド　48 ／（2）短期の循環（重要性、政策）49
3 持続可能な発展とマクロ経済学　50
　（1）不平等をなくそう　51 ／（2）気候変動への対策　52
4 おわりに　54

第 3 章　**金融論へのいざない**
　　　　　── 知っているようで知らない金融の正しい知識・理解 ──
　　　　　〈金融論〉小林孝次　57

1 高等学校家庭科において金融、投資の授業が始まる　58
2 金融機関・金融商品　60

　　3 バブル経済 63
　　4 デジタル通貨と気候変動／グリーンボンド 67
　　　（1）デジタル、ITを活用した金融の社会的包摂 68 ／
　　　（2）気候変動、地球温暖化問題への取り組み 71
　　5 知っているようで知らないクイズ 72

第 4 章 　より良い社会を作っていくためのファイナンス
　　　　　〈ファイナンス（Principles of Finance）〉佐久間貴之 77
　　1「ファイナンス」って何？ 78
　　2「信用」という人間的な学問 84
　　3 金融教育が欠如していた従来の日本 88
　　4 SDGsにおけるファイナンスの役割 90

第 5 章 　新たな価値を創造するためのデータサイエンス
　　　　　〈データサイエンス〉浅井 学 95
　　1 データサイエンスを学ぶ意義 96
　　2 データサイエンティストに求められる3つのスキル 97
　　3 データ駆動型社会を支えるテクノロジー 100
　　4 データ解析とAI 102
　　5 今のAIにできないこと 104
　　6 創価大学経済学部のデータサイエンス教育 106
　　7 SDGsとデータサイエンス 109
　　8 創価大学のデータサイエンス人材像 112

第 6 章 　食料の不平等な「分配」が解消する世界へ
　　　　　〈農業経済学〉近貞美津子 115
　　1 農業経済学とは何だろう 116
　　2 農業の国際競争力を測るもの 117
　　3 創立者が示された世界食糧銀行構想 125
　　4 世界の人々への想像力を持ってほしい 128

第 7 章 **社会へ出る前に学びたい労働経済学**
〈労働経済学〉増井 淳 133

1 はじめに ── 問題の設定と現状の認識 134
　ジェンダー格差へのアプローチ 137
2 労働経済学とはどんな学問分野か 138
　伝統的な経済学では「最善の行動を選ぶ」140
3 人の心理や行動特性を取り入れた新しい経済学 140
　労働経済学では行動経済学の知見も活用 141
4 妻に偏った家事負担を改善するための2つの論点 143
5 おわりに ── 何のための労働経済学か 149

第 8 章 **過去との対話から未来を展望する**
〈西洋経済史〉西田哲史 151

1 はじめに 152
2 歴史の分岐点 154
3 過去に縛られる現在:「経路依存性」160
4 経済史研究とSDGs 163
5 おわりに 169

第 9 章 **経済史から見る近世の農民たちの暮らし**
〈日本経済史〉神立孝一 173

1 歴史を学ぶ意義 174
　(1) 第2次世界大戦はいつ終わった? 174 ／(2) 江戸城の正門と皇居の正門は違う? 175 ／(3)聖徳太子は実在した? 177 ／(4)日本はいつ誕生したのか? 177
2 経済史とは何か 178
3 教科書が正しいとは限らない 180
4 かつての八王子の人々の暮らしを読み解く 182
5 農民は豊かだった 185

第10章 未来の担い手たちに送る「環境経済論」

〈環境経済論〉碓井健寛 189

1 「習うより慣れろ」── 反転授業の試み 190
2 ごみ処理の有料化 ── 環境経済論の実践例 195
3 SDGsと環境経済論 203

第11章 SDGs達成を阻む気候危機に経済学で挑む！

〈気候変動の経済学〉蝶名林 俊 207

1 国際開発の現場で見た気候変動問題 208
2 気候危機で地球は滅ぶ!? 209
3 なぜ気候変動を止められないのか 212
4 地球温暖化を止める炭素価格 214
5 気候変動の経済的影響 217
　（1）多岐にわたる気候変動の被害 217 ／（2）南アジアのホットスポット 218 ／（3）西アフリカの労働者の熱ストレスと貧困 219
6 ビッグデータで気候変動に挑む 221
7 「気候変動の経済学」の特色 223
　（1）学生による研究プロジェクト 223 ／（2）ゲストスピーカー 224 ／（3）履修者からの反響 226
8 人間主義経済学と気候変動 227

第12章 就業力・社会貢献意識を高めるために
──「社会貢献と経済学」の概要 ──

〈社会貢献と経済学〉寺西宏友 229

1 「社会貢献と経済学」が生まれるまで 231
2 東日本大震災の被災地・南三陸町との出会い 235
3 東北復興インターンシップ・プログラムおよび
　スタディー・ツアーの開設 238
4 東北インターンシップでの学び 240
5 「社会貢献と経済学」の授業構成 243
6 結びに代えて 247

第13章 「国際開発協力論」を学んで、
SDGs達成に貢献できる人材に
〈国際開発協力論〉掛川三千代 251

1 授業の特色 252
（1）理論と実務で役立つスキルの両方を学ぶ 252 ／（2）プロジェクトの形成と、評価の仕方を学ぶ 252 ／（3）意見を共有する多くの時間と、討議の場がある 253 ／（4）多様性の中で学ぶ 254 ／（5）チームワークの重要性を学ぶ 254 ／（6）実務経験が豊富な教員が実体験を語る 254
2 創価大学で「国際開発協力」を学ぶ意義 255
3 授業内容の紹介 256
（1）「開発」と「協力」の歴史的な変遷 256 ／（2）開発協力を実施していくスキルの習得 262
4 最後に一言：人間主義経済と、その実践の心構え 272

第14章 アフリカ経済を知り学ぶほど、
世界の課題が立体的に見えてくる
〈アフリカ経済論〉西浦昭雄 275

1 アフリカ経済論を学ぶ意味 276
（1）SDGs達成はアフリカにかかっている？ 276 ／（2）アフリカに世界の危機を乗り越えるヒントがある？ 277
2 私にとってのアフリカ経済 278
3 アフリカを通じて考える 280
（1）奴隷貿易や植民地支配の責任は今でもあるのか？ 280 ／（2）資源が豊かなのに？ 281 ／（3）多言語を話せる環境はいいこと？ 283 ／（4）人口が増えるのは問題？ それとも潜在力？ 284
4 アフリカを通して世界を知る 287
（1）携帯電話での送金はアフリカが先進的？ 287 ／（2）インフォーマル・セクターとはどんな存在？ 288 ／（3）なぜ中国がアフリカに進出するの？ 289 ／（4）農業発展はアフリカ経済の土台？ 291
5 アフリカと私たち 292

第15章 「人間主義経済学」とは何か？
── 池田大作の大学論・学問論から考える ──
〈人間主義経済学〉勘坂純市 295

1 「創造的人間たれ」「学生中心の大学」 296
2 理論は現実の"部分観" 300
3 再び「人間主義経済学」とは？ 307

第16章 Human Well-Being（人間のよき生）達成の体系としての「人間主義経済学」の構想
〈人間主義経済学〉〈開発と貧困の経済学〉高木 功 311

1 はじめに：経済学の使命 312
2 伝統的な経済学の人間像と厚生評価指標における偏向と誤謬 314
3 Human Well-Being達成の体系としての経済学の展開 315
4 「主体的価値創造力」と財の特性 319
5 普遍的かつ基礎的な「価値ある状態と活動」とは 322
6 Human Well-Beingの実現と「開発と貧困の経済学」 329
7 おわりに 331

おわりに 334

執筆者一覧 340

国連が2015年に打ち出した「持続可能な開発目標（SDGs）」。
SDGsには2030年までに達成すべき17の目標があります。
それが以下のとおりです。

SUSTAINABLE DEVELOPMENT GOALS

第1章

行動経済学入門
―経済学は面白い―

〈行動経済学〉

創価大学経済学部 准教授

小島 健

※1 本文中で「(アセモグルら, 2020)」などと記されている箇所は、参考文献に記した著者名と書籍もしくは論文の発刊年または発表年を表しています。
※2 本文中で「Madrian and Shea (2001)」などと記されているカッコ内の数字は、参考文献に記した論文の発表年を表しています。

SDGsとの関連性［GOAL 1,3］

1. 行動経済学とはどのような学問か

「経済学」と聞いて読者の皆さんは何を思い浮かべるだろうか。私は2022年4月に創価大学の准教授になったが、それ以前は国立大学の講師や准教授を務めていた。その業務の一環で高校生を相手に模擬講義を行うことがあり、そのたびに高校生へ尋ねてみてきた。

「経済学ってどのような学問か知っていますか？」

「経済学と聞いた時、どのような学問を思い浮かべますか？」

答えはどうか。ほとんどが沈黙か、ぱっと思い浮かばない、だ。先ほどまで流暢に会話を続けていたのに、多くの学生がこの質問をした途端、答えに詰まるのだ。その理由はおそらくこうだろう。多くの学生にとって、「経済学」というものに明確なイメージが、そもそもないのだ。

一部の読者は「お金」や「社会」といったキーワードが思いつくかもしれないし、または明確なイメージを持っているかもしれないが、今回は「入門レベル」を念頭に置き、明確なイメージがない読者を対象とした内容にしたい。そのため、行動経済学ではなく、まずは「経済学とはどのような学問か」を紹介することから始めよう。

私が心から尊敬するデヴィッド・レイブソン教授を含むスター経済学者が執筆した経済学の入門書によると、「経済学とは、人々の選択に関する学問である」「経済学は人間の行動のすべてを研究する」（アセモグルら, 2020）とある。早朝の布団の中で起きるか二度寝するかを葛藤して選択するのも、地域の清掃活動へ参加するかしないかも、そして差別やズル、依怙贔屓といった行動も、経済学の分析対象である。経済学に「お金」のイメージがあったかもしれないが、上記のとおり、「お金」が関わっ

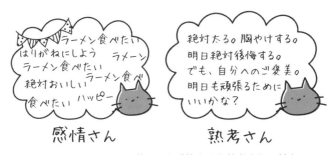

図1　ラーメン屋を目前にした感情さんと熟考さんの対立
イラスト提供：フリー素材サイト「てがきっず」　フォント提供：フリー手書きかなフォント「ふい字」

ていない人間の行動も、全て、経済学が取り扱う対象なのである。

　続いて、行動経済学とはどのような学問なのかを紹介しよう。行動経済学の分析対象の一つに自制（セルフ・コントロール）行動というものがある。自制という行動について深く理解するために、まず頭の中の判断（選択）システムを「感情システム（affective system）」と「熟考システム（deliberative system）」の2つに分けて考える[1]。ここでは、あたかも自分の中に2人の自分が居て、片方の自分の名前が感情さん、もう片方の自分の名前が熟考さんであると想像してもらいたい。

　わかりやすくするために例をだそう。突然だが、あなたはラーメンが好きだろうか。私はラーメンが好きである。だからこそ、図1に示すとおり、良い匂いのするラーメン屋の前を通ると、私の中の感情さんが私に訴えかける。「ここのラーメンは絶対に美味しいから食べた方がいい！」。一方で「食べ過ぎで健康診断に引っかかるだろう。ここのラーメンは不健康な食事だし、明日

1　必ずしもこの2つに分けているわけではない。異なる2つの思考モードに着目した研究は多く存在している。例えば、自動と制御、記号的と連想的、hotとcoolといった違いである。関心のある方はLoewenstein and O'Donoghue (2015)を参照すると良い。

胸焼けもして後悔するから、食べない方がいい」と熟考さんが私を諭す。時には、ラーメンの誘惑に勝ち、食べないことを選択するし、疲れている時や酔っている時などは、熟考さんも「これで明日からも頑張れるのだから、食べてもいいのではないか」と誘惑に負けることを許してくれるので、食べることを選択する。なお、その時の感情さんは大喜びである。

図2に示すとおり、行動経済学は感情さんのことも考え、感情さんと熟考さんの2人による選択に着目するのに対し、標準的な経済学は熟考さんの選択にのみ着目する。これが標準的な経済

図2　行動経済学と標準的な経済学の分析対象の違い
イラスト提供：フリー素材サイト「てがきっず」　フォント提供：フリー手書きかなフォント「ふい字」

学と行動経済学の大きな違いである。皆さんも、誘惑に負けて将来後悔するような選択に心当たりはないだろうか。学生の時、8月上旬には終わらせると決意しては、夏休み最終日に取り組んだ夏休みの宿題、三日坊主となった早朝ランニング、「明日」がいつになっても訪れない明日から始めるダイエット、期限ギリギリまで先送りする確定申告。このような選択は、標準的な経済学では分析できないが、行動経済学では分析できるのだ。

さて、次に読者が疑問に思うのは、どのようにして熟考さんだけでなく感情さんのことも考慮した分析を行うのだろうか、ということだろう。行動経済学では、感情さんが選択に与える影響を分析するにあたって、心理学や神経科学の知見を経済学へと応用する。私の研究を例にしてこのことを説明しよう。

私は人間の自制（セルフ・コントロール）行動を分析している。選択の決定を全て感情さんに任せた行動を制限するのが、自制である。自制をすることで、誘惑に負けない選択を行うことが可能となり、私もラーメンの誘惑に打ち勝つことができるのだが、自制は疲れが伴うものだ。経済学的に言えば、自制するのにも費用がかかる。それが、自制をするための資源（私たちはこの資源を意志力と呼んでいる）を枯渇させるため、自制すればするほど、後ほど自制が効かなくなる。例えば、私は精神が摩耗するほどに集中して行った全力講義の後、ラーメンの誘惑に屈しやすい。このような誘惑と自制疲労に伴う消費行動が私の研究分野の1つだ。

少し難しい表現になるが、この研究分野はエゴ枯渇（Baumeister and Vohs, 2003; 2016）という心理学の知見や、心理的疲労（慢性疲労症候群）に伴う右前頭前皮質の灰白質の量の減少（Okada et al., 2004）といった神経科学の知見を経済学へと応用しているのだ。このような知見を経済学へ応用することで、人間の選択

に対する知見を更に深め、新たな政策的含意（観点・意味）など
を提供することができるのが行動経済学なのである。

　以上が簡単な行動経済学の紹介である。ここで、行動経済学
への理解を深めてもらうために、よくある行動経済学に対する
勘違いを2点ほどお伝えしておきたいと思う。

　まず、標準的な経済学と行動経済学の対比の例として、「標準
的な経済学は合理的な人間を分析対象としているのに対し、行
動経済学は非合理的な人間も分析対象としている」というもの
がある。この対比はそのとおり[2]なのだが、「非合理的」の意味
について勘違いしている学生が多い。

　私は、私のところへ行動経済学を学習したいと尋ねて来る学
生には「どのような人間の行動に関心がありますか」と尋ねる
ことにしている。その回答として「非合理的な人間の行動に関
心がある」と答える人が多い。彼/彼女らは、合理的な人間の行
動を分析する標準的な経済学を非現実的に感じることが多いか
らだ。しかし、更に1歩踏み込んで、「具体的にどのような行動が、
非合理的な行動ですか」と尋ねると、「授業に遅刻してしまう学
生の行動です」といった内容が返ってくるのだ。残念ながら、「授
業への遅刻」という現象だけでは、その行動が非合理的な行動
かどうかは判別できない。

　非合理性にもいくつか定義があるのだが、最も狭義の合理性の
定義に従えば、「授業に遅刻しないことよりも大事なことがあっ
たので、授業に遅刻しました」という行動は合理的な行動であ
るし、「遅刻しないように出発したけれども、予期せぬトラブル
があって、授業に遅刻しました」というのも合理的な行動なのだ。

2　実際、大垣・田中（2018）では、「行動経済学を、『利己的で合理的な経済人の仮定を置か
ない経済学』と定義する」とある。

行動経済学で取り扱う非合理的な行動は、①遅刻したくないと考えている学生が、②朝起きた時に布団で寝続けたいという誘惑に負けて遅刻してしまい、③誘惑に負けて遅刻したことを後悔する、といった行動だ。望ましいと思う計画が予期せぬトラブルもないのに破綻し、そして後悔するというのが特徴である[3]。

　このように、行動経済学が非合理的な人間の行動を分析できると知り、関心を示してくれる学生が居てくれるのは嬉しい限りなのだが、行動経済学ではなく、経済学でも十分に分析可能となるものも多いので、読者の皆さんもご注意いただきたい。行動経済学でなくとも、経済学は十分に興味深い学問なのである。

　加えて、読者の中には行動経済学は最近生まれた経済学の新しい分野であるかのように感じ取られた方も多いかもしれない。しかしながら、行動経済学という名前はなかったが、計画どおりに実行できない個人に関する経済学の論文は少なくとも1950年代から存在している（例えば、Strotz (1955) など）。一国全体の経済を分析対象とするマクロ経済学の教科書にほとんど載っている、成長理論の基礎となるソローモデル（Slow, 1956）も同年代の論文であることから、近年生まれた学問分野でないことは明らかであろう[4]。これがよくある行動経済学に対する勘違いの2つ目である。行動経済学という名前こそなかったが、既に経済学の一分野として取り扱われていた。近年になって急速に発展

3　これは時間非整合性という非合理性の一例であり、他にも非合理性はある。例えば、確率に対して過大または過少に反応するという非合理性もある。詳しくは行動経済学の入門書をご覧いただきたい。

4　ただし、アダム・スミスからの経済学という大きな歴史の中で見れば、マクロ経済学も行動経済学も近年生まれた学問であろう。

し、認知されるようになっただけなのだ。

2. 行動経済学の応用

　前節で解説したとおり、人間は選択を誤ることがある。今日行った方が良い面倒な仕事や課題を明日に先送りし、実際に明日が来ても、その面倒な仕事や課題に取り組まずに今度は明後日へと先送りしてしまう。このように、今すべきと思いながらも、面倒なことを忘れて先送りするという誘惑に身を任せると、後悔する失敗につながることが多い。つまり、「面倒くさがりな人」ほど「失敗して後悔する」わけである。

　さて、そんな人が後悔しないためには、誘惑に打ち勝つ強い精神を鍛え上げるしかないのだろうか。実は、鍛え上げなくても、その「面倒くささ」を逆手にとって、「面倒くさがりな人」ほど「成功して喜ぶ」制度をつくることも可能である。

　上記の例としてよく挙げられるのが Madrian and Shea (2001) の論文である[5]。彼らは企業型確定拠出年金への加入率に焦点を当てる。企業型確定拠出年金という言葉に馴染みのない方もいると思うので、少し説明しよう。

　皆さんは日本の公的年金制度に不安を覚えているだろうか。平均寿命が延び、一方で出生率が下がることで少子高齢化が進むため、老後資金を公的年金のみで賄うことへの不安を覚える人は増えてきた。したがって、その対策として、個人でも老後資金を積み立てるべき、と考える人も増えていることだろう。この対策の一つが企業型確定拠出年金である。

　老後資金のために、現在から貯蓄をし、貯蓄した資産を運用

---

5 セイラー・サンスティーン（2009）でもこの論文を引用し、紹介している。

しなければいけないわけだが、企業型確定拠出年金は、その貯蓄の一部を企業が支払い、またその貯蓄の一部を給与から自動的に差し引くことで賄うというものである。企業型確定拠出年金の利用が必ずしも全ての人にとって望ましいわけではないが、その議論は今回の焦点ではないためここでは触れず、仮に企業型確定拠出年金へ加入しないと老後に後悔する面倒くさがりな人がいた場合を考えよう。ここで、企業型確定拠出年金へ加入すべき面倒くさがりな人は2つの選択肢に直面する。

選択肢1：今日手続きをして、企業型確定拠出年金へ加入する。

選択肢2：明日以降、企業型確定拠出年金への加入手続きをするため、今日は加入しない。

先ほどの例と同じように、面倒くさがりな人はいつまでも選択肢2を選び続けるだろう。つまり、いつまでも老後資金対策を行わず、その結果過少貯蓄となり、老後に後悔するわけである。Madrian and Shea（2001）の調査によると、調査した企業において、企業型確定拠出年金へ加入手続きを行って加入した労働者の割合は半数にも満たない49％であった。

そこで、面倒くさがりな人が後悔しないために、一つ工夫をする。上記は、「手続きをすることで企業型確定拠出年金へ加入する」という制度である。したがって、**手続きをしなければ加入しない**ことになる。これをオプト・イン方式と呼ぶ。さて、導入する工夫とは、この制度を自動加入方式へと変更することである。そうすると「手続きをすることで企業型確定拠出年金へ加入しない」ことができる。したがって、**手続きをしなければ加入する**ことになる。これをオプト・アウト方式と呼ぶ。

つまり、面倒くさがりな人ほど老後資金対策を行わず、過少貯蓄になる傾向があるわけだが、そんな面倒くさがりな人ほど、非加入手続きを面倒くさがり、貯蓄することになる。「面倒くさ

がりな人」ほど貯蓄することになり、老後後悔しなくて済むのである。これが面倒くささを逆手にとった解決策である。実際、Madrian and Shea（2001）の調査によると、調査した企業において、オプト・アウト方式の企業型確定拠出年金へ加入した労働者の割合は約86％であり、先ほどの約半数を大きく上回っていることがわかる。

　この制度の重要な特徴は、面倒くさがりでない合理的な人の選択を歪（ゆが）めないことである。この制度はどちらも、加入と非加入の選択の自由が保障されている。このように時間や金銭といった経済的費用をあまりかけることなく、つまり合理的な人々の行動に制限をかけることなく、非合理的な人々の行動をより良い方向へと向かわせる構造のことを、行動経済学では「ナッジ」と呼ぶ[6]。なお、良い方向ではなく、非合理的な人の特徴を利用して、彼らを悪い方向へと向かわせる構造のことを「スラッジ」と呼ぶ。例えば、無料お試し期間に加入した後、自動的に有料コースへと更新される契約などである。面倒くさがりな人ほど、大して利用せずに費用を払い続けることになるのだ。

　ところで、行動を起こさなければ適応される選択肢のことを「デフォルト」（初期値）と呼ぶ。合理的な人々は自身にとって最適な選択肢を選ぶことができるため、このデフォルトの影響を受けないのだが、非合理的な人の選択はこのデフォルトの影響を受けることになる。このような合理的な選択からの偏り（バイアス）のことを、デフォルトバイアスと呼ぶ。上記に示した例は、このデフォルトバイアスを利用したナッジであったが、他にも多くのバイアスとナッジが存在する。更に詳しく知りたい方は、大竹（2022）や高橋ら（2020）を参考にすると良いだろう。

---

6 なお、ナッジ（nudge）とはもともと、合図として肘で相手を小突くことである。

3. 行動経済学の目的

　人間は選択を誤り、その誤り方には何かしらの規則性があるようだ。そして、その規則性を逆手にとることによって、後悔しない選択へと誘導することも可能なようだ。だからこそ、

　「その規則的な誤りによる失敗をナッジなどでより良い方向へ改善することは、その人にとっても、社会にとっても望ましいことだろう」。

　多くの読者の皆さんは上記の「」のとおりに感じてくれることだと思うし、私も、大雑把に言えばそのとおりだと考える。しかしながら、細かく考えてみると、簡単にはそのように結論できない。なぜか？　理由は3点ほどある。1つ目は、厚生（Well-Being：ウェルビーイング）の測り方が複数存在するためである。2つ目は、人生に苦難があるからこそ、他人の苦労に共感できるようになるという信念から、不幸が需要される場合があるためである。3つ目は、失敗を防ぐことで短期的には改善するが、一方で失敗の経験による長期的な成長の機会を失う可能性があるためである。以下、各点について詳しく考えていこう。

　まず、測り方が複数存在すると、何がその人にとって改善なのかを定義することが難しい。説明するにあたり、1節のラーメンを食べたい衝動に駆られた場合を思い出していただきたい。あの例えにおいて、ラーメンを食べることは感情さんにとっては望ましく、熟考さんにとっては望ましくなかった。つまり、ラーメンを食べないと胃もたれしないが、感情さんは悲しい思いをする。ラーメンを食べる人が、食べなくなったことは、感情さんにとって改悪であり、熟考さんにとって改善である。さて、総合的にみた時、改善だと言い切れるだろうか。

　このように人の生活や人生を評価する測り方が複数存在する

と、ある測り方では改善であり、ある測り方では改悪になることがある。この場合、総合的にみた時の改善を定義すること自体が困難なのである。しかしながら、人々がどのような価値観や世界観を持ち、どちらを優先しようとしているのか、を調べることは可能であるし、また、価値観や世界観が個人の選択にどのような影響を与え、また社会を形成していくかを分析することも可能である。

　このことを考えるために、幸福の経済学におけるウェルビーイングに着目しよう。ウェルビーイングという言葉は「持続可能な開発のための2030アジェンダ」（SDGs）[7]にも複数回でてくる。

　例えば、目標3においても

"Goal 3. Ensure healthy lives and promote well-being for all at all ages"

とある。アジェンダ中では「福祉」と訳されるウェルビーイン

図3　3つのウェルビーイング[8]

イラスト提供：フリー素材サイト「てがきっず」　フォント提供：フリー手書きかなフォント「ふい字」

---

7 United Nations. "Transforming our world: the 2030 Agenda for Sustainable Development." 最終アクセス日：2022年7月14日. https://sdgs.un.org/2030agenda

8 この図の善き生活の例は私の意訳が多分に反映されたものであるため、正しく理解したい人は、行動経済学や幸福の経済学の入門書をご覧いただきたい。

グだが、一体どのようにして測り、評価するのだろうか。幸福の経済学では、主観的指標としてのウェルビーイングの測り方として、快楽、評価、ユーダイモニア（Eudaimonia, 善き生活）の3つがある（Graham, 2018; フライ, 2012を参照）。また、フライ（2012）はそれらに加えてプロセスからの効用（満足度）の重要性も訴えている。

　快楽を測る手段として、経験サンプリング法と一日再構築法がある。経験サンプリング法は、時間帯をランダムに選び、被験者が今何をしているか、とその瞬時の幸福度を聞き、記録する方法である。一方で一日再構築法は、一日の終わりや翌日に、一日の出来事とその時の幸福感を記載してもらうものである。この瞬時的幸福を快楽として測るわけである。

　筒井ら（2017）によれば、彼らが大阪大学の学生70人に対して調査を行ったところ、デートや食事といったことをしている時に瞬時的な幸福度は高く、一方で通学時や授業時などは低い幸福度であったと報告している。しかしながら、デートや食事ばかりをしているかと言えばそうではなく、勉強をしたり授業に参加したりする頻度の方が多い。つまり、多くの人々が瞬時的な幸福のみを追求し、行動しているわけではないということがわかる。先ほどの例でいえば、感情さんにとって一時的に改悪であり、熟考さんにとって改善であることを、長期的視野から望ましく考える人は多い。

　次に評価について考えよう。これは、あなたの全体としての主観的幸福度について0〜10までの11段階で回答してもらうというものである（1〜4までの4段階のものもあるし、0と1だけの2段階のものもある）。したがって、これは感情というよりも自身の幸福に対する認識であり、自己評価である。大変粗い指標に感じるかもしれないが、多くの情報を持っている。例えば、Deaton

（2008）は一人当たりGDP（一人当たりGDPがわからない人は平均所得と考えてください）が高い国ほど幸福度が高いことを示しているし、Stevenson and Wolfers（2008）は同一の国内においても、裕福な家計の方が貧しい家計よりも幸福度が高いことを示している。

　一方で主観的幸福度は所得にのみ影響されるものではない。Campante and Drott（2015）は、ラマダーンにおいて日中の長さが伸び、断食の一日あたりの時間が長くなると、生産性が下がるためGDPは減少するが、一方で幸福度が上昇することを報告している。Bruni and Stanca（2008）は信頼、公正、互恵性といった対人関係（この分野では関係財と呼ばれている）に着目し、関係財が生活満足度（つまり主観的幸福度）に対して重大な効果を持っていることを示した。他にも主観的幸福度を対象とした研究は多数存在し、また多くの興味深い結果が得られている。

　しかしながら、この指標についても、必ずしも高い方が望ましいというわけではないのかもしれない。これが「その規則的な誤りによる失敗をナッジなどでより良い方向へ改善することは、その人にとっても、社会にとっても望ましい」と簡単に結論できない理由の2点目に通じる。

　高橋（2018）では、理想の幸福感について「一般的に人は幸せであるべきと思いますか」と尋ねている。こちらも0〜10までの11段階で尋ねているが、100パーセント幸せだけが望ましいと答えたのは2割にも満たない。彼が理想の幸福感の理由をテキストマイニング（大量の文章データから、特筆すべき情報を取り出すこと）して対応分析を行ったところ、「幸福度」「不幸せ」「良い」や「人」「苦労」「わかる」といった言葉が理由として語られていた。つまり、不幸に価値を置き、需要していると考えられる。上記の結果から確実なことは言えないが、これは今の不幸が未

来のより高い幸福につながると考えているからかもしれないし、または、苦労によって他者の苦労に共感できるようになりたいという成長の観点からかもしれない。より善き生活を目指すことで、現在のより高い主観的幸福度を目指さない可能性があるのだ[9]。

　最後に、ナッジなどによる誤行動の改善が望ましいと、簡単に結論づけられない3点目の理由に触れよう。ナッジによって失敗を回避した場合、失敗を経験しない。経験からの学習を生み出さないため、自身のバイアスを除去する機会を失う。また、同じ改善というアウトカム（結果）であったとしても、ナッジによる解決ではなく自身の力のみによる解決というプロセスを好む可能性がある。これをプロセスからの効用という。標準的な経済学では、アウトカムにのみ着目しているがフライ（2012）はプロセスからの効用も重要視する。例えば2人で話し合いをしていた時に、途中から3人目が参加したとする。この時、

　選択肢1：そのまま議論を進めて、提案Aに決定する。

　選択肢2：可能な限り議論を戻し、3人目と共に再度進めて、
　　　　　 同じ提案Aに決定する。

の2つの選択肢があったとする。どちらの選択肢も同じ結果（提案A）であるため、標準的な経済学であれば、議論の時間が短い選択肢1が好まれる。しかし、3人目にとっては、可能な限り議論へ参加したというプロセスが重要であり、選択肢2の方が好まれることがある。これがプロセスからの効用である。したがって、ナッジは誤行動の改善に有効だと考えるが、実際にナッジを用いた介入を考える際には、そのナッジが本当に望ましいのか慎重に吟味する必要がある。

---

9 なお、ユーダイモニア（善き生活）は、やりがいや充実度として測られることが多い。

さて、細かく議論したが、結論は最初に述べたとおり、大雑把に言えば「その規則的な誤りによる失敗をナッジなどでより良い方向へ改善することは、その人にとっても、社会にとっても望ましいことだ」になる。しかし、もしも読者が何かしらの介入を提案する機会に直面した時に、上記の議論が、介入が独善的にならず「何のため」の介入かを考えるきっかけになれば幸いである。いかに合理的で互いに望ましい提案も、相手の感情さんに阻（はば）まれて耳に入らず、相手の熟考さんへ届けられないのであれば、その提案が受け入れられることはないからである。

4. 行動経済学とSDGs

　行動経済学は人間の誤行動を改善するのに有効である。では、貧困問題の解決にも有効なのだろうか。ムッライナタン・シャフィール（2015）では、貧困からの脱出について行動経済学の視点から提案している。彼らは「余裕」に着目し、「集中ボーナス」と「トンネリング税」というキーワードで人間の行動に新たな知見を提示する。例えば、現在読者が読んでいるこの原稿だが、締め切りに十分な余裕があると、私はこんなことも書きたい、あんなことも書きたいと想像をめぐらし、一向に筆が進まなかった。それが締め切り間近になると、私は集中し、余計な想像は視野から消え（トンネリング）、優先順位の高いものから書き始めた。つまり、余裕がなくなると集中し、生産性が上がるのだ（集中ボーナス）。

　しかし、視野から消えたのは余計な想像だけでなく、原稿以外の他の重要な締め切りも私の頭から抜け落ちた。これがトンネリング税である。貧困も同じく、彼らには余裕がない。必死に生き抜く中で集中すると、彼らは大事なものを視野から外し

てしまい、貧困から逃れられないのだ。

　詳しくはムッライナタン・シャフィール（2015）を参照してほしいが、例えば解決策の一つとして、彼らは何度でも挑戦できるシステムを提案する。例えば、貧困から抜け出すためのスキルを身につける受講プログラムがあったとしても、他に集中しなければいけないことが生まれたがために、受講者は途中でドロップアウトしてしまうことがある。しかし、その受講プログラムが時期をずらして何度か実施されていた場合はどうだろう。一度ドロップアウトした受講生は、別の時期に始まったプログラムに「始めからではなく途中から」参加し進めることが可能となる。したがって、何度でも挑戦でき、また、以前ドロップアウトした時点から参加できるため、前に進むことができ、いずれ終えられるプログラムになっているのだ。

　私たちの研究、Ikeda and Ojima（2021）も理論論文ではあるが、貧困に対して新たな知見を提示した。標準的な経済学において、忍耐強い人が富を形成する。私たちの研究は、そこに誘惑奢侈財（心を惑わす贅沢品）とそれの抑制に伴う自制疲労、そして自制するための精神的な資本（意志力）を新たに導入した。その結果、外生的な自制疲労が増加すると、蓄積される富が減少することを示した。

　つまり、貧富の差は個人の忍耐強さのみが原因ではなく、自制をどれだけ強いられる環境であるのかも要因となることを提示している。これはムッライナタン・シャフィール（2015）の提案にも通じる点がある。貧困から脱出するために、彼らには余裕が必要なのだ。このとおり、行動経済学を様々なSDGs目標達成のために用いることは可能である。

5. 最後の曖昧な話

　最後にいくつか、「曖昧な話」をしよう。曖昧というのは科学者らしからぬ発想と思われるかもしれないが、どのような研究もその人の曖昧な直感から生まれるはずである。そして、その曖昧さの中に、問いをつくり、答えを与える経済学の研究の面白さがあると私は考えている。研究論文では曖昧なことは書けないが、ここでは読者に研究の面白さも伝えたいので、曖昧な話を提供したいと思う。

　さて、行動経済学は貧困問題の解決に役立ちはするが、貧困問題の根本的な解決に貢献するのはまだ難しい。経済学では選択がキーワードだが、自分で意識的に選択する前にある程度の幸不幸が決定するかもしれない。私たちは運よく日本という豊かな国に生まれたが、世界の人口の大部分が開発途上国や貧しい国に住んでいる。この生まれの違いによって、幸不幸は大きく決定すると考えられる。

　このように自身の選択とは無関係のところで、ある程度幸福度が決まってしまっているかもしれない[10]。安藤（2017）のふたご研究では、多くが先天的要因（遺伝）で決定されていることを紹介している。つまり、相対的にみれば、今の選択は生涯の幸福度に大きな影響を与えないかもしれないし、今の選択が先天的要因によって決定されているのかもしれない。このように類推すると、運命決定論的な考え方に陥ってしまう。

10　生前の自身について、現時点では観測不可能なので、推測しかできないが、実は生前の自分と呼べる何かが自身で選択した結果かもしれない。この推測自体は、答えがないため、経済学の問いではないが、自身の生まれが「自身の選択である」という信念を持った人間と、自身の生まれが「自身の選択でない」という信念を持った人間では、行動と結果と形成する社会と幸福度が異なるかもしれない。これは観測可能であり、答えも用意されてはいないが存在はするため、経済学の問いの範疇である。

では、遺伝や家庭環境など運命として決定されている現状を打開するのに、経済学と行動経済学はどのように役立つのだろうか。先天的要因によって決定された現状を打開する選択や、世界の不平等や悲惨な宿命の数々を解決する選択が、個人や社会の選択肢として、存在するのだろうか。

　しかし、悲観的になる必要はない。人間の選択には可能性があり、人間の選択とその結果は、まだまだ分析する余地がある。犯罪者を対象に自身が犯罪者であるということを強く自己認識する刺激を与えると、その犯罪者はよりズルをするようになるという研究がある（Cohn et al., 2015）。どうやら、先行刺激によって呼び起こされるその人間のアイデンティティによって行動は変化するらしい。また、「祈り」が健康状態にどのような影響を与えるのか、という研究報告もある（Brown, 2012）。再現性を確認すべきであるし、また本当に「先行刺激」の効果なのか、「祈り」の効果なのかを調査する必要もある（なお、著者らは科学的にその批判に対して真摯に向き合い分析している）。

　だが、これらの話が、私にとって、大変に興味深く刺激的なのだ。なぜか。祈りや先行刺激が、ある一人の秘めたる可能性を引き出しうる。引き出された一人のある選択が、先天的要因によって決定された自身の選択バイアスを変え、歴史と地域によって決定された社会を変え、個人と社会のより高く崩れづらい幸福を実現する。そんな選択を観測できるかもしれないと、心が躍るのだ。

　私は高校生の時に、教師から教えていただいたゲーテの言葉を今でも印象深く覚えている。

　「おれは満足して、書きくだす、『始めに、行ひありき！』」（『ファウスト』、ゲーテ著、久保栄訳、中央公論社）。

　「行い」が全てを創り、動かすとすれば、選択をキーワードと

する経済学ほど面白い学問はないだろう。

　さて、経済学や行動経済学の面白さは幾分か伝わっただろうか。更に面白い学問へと発展させていくので、ぜひとも面白そうな経済学・行動経済学の本を開いていただけたら幸いである。

参考文献

ダロン・アセモグル，デヴィッド・レイブソン，ジョン・リスト（2020）アセモグル／レイブソン／リスト『ミクロ経済学』東洋経済新報社，東京．

安藤寿康（2017）「行動の遺伝学－ふたご研究のエビデンスから」日本生理人類学会誌 Vol.22，No.2, 5, 107 – 112.

大垣昌夫，田中沙織（2018）『行動経済学　伝統的経済学との統合による新しい経済学を目指して〔新版〕』有斐閣，東京．

大竹文雄（2022）講演「新型コロナにも効く行動経済学の使い方」（要約）．国際文化研修，春 第115号．

リチャード・セイラー，キャス・サンスティーン（2009）『実践行動経済学』日経BP社，東京．

髙橋勇太，植竹香織，津田広和，大山紘平，佐々木周作（2020）「日本の地方自治体における政策ナッジの実装：横浜市行動デザインチーム（YBiT）の事例に基づく体制構築と普及戦略に関する提案」RIETI Policy Discussion Paper Series 20-P-026.

髙橋義明（2018）「日本の幸福度の低さにおける文化の影響：理想の幸福度による検証」行動経済学　第11巻大会特別号．13-18.

筒井義郎，佐々木俊一郎，山根承子，グレッグ・マルデワ（2017）『行動経済学入門』東洋経済新報社，東京．

ブルーノ・S・フライ（2012）『幸福度をはかる経済学』NTT出版，東京．

センディル・ムッライナタン，エルダー・シャフィール（2015）『いつも「時間がない」あなたに　欠乏の行動経済学』早川書房，東京．

Baumeister, R.F., Vohs, K.D. (2003) "Willpower, choices, and self-control." In: Loewenstein, G., Read, D., Baumeister, R. (eds) Time and Decision. Russell Sage Foundation.

Baumeister, R.F., Vohs, K.D. (2016) Strength model of self-regulation as limited resource: assessment, controversies, update. Advanced in experimental social psychology. 54, 67-127.

Bruni, L. and Stanca, L. (2008) "Watching alone: Relational goods, television and happiness." Journal of economic Behavior & Organization, Vol. 65, 506-528.

Brown, C. G. (2012) "*Testing Prayer*." Harvard University Press. Cambridge.

Campante, F. and Drott, D. Y. (2015) "Does Religion Affect Economic Growth and Happiness? Evidence from Ramadan." The Quarterly Journal of Economics, Vol. 130(2), 615-658.

Cohn, A., Maréchal, M. A., Noll, T. (2015) "Bad Boys: How Criminal Identity Salience Affects Rule Violation." *The Review of Economic Studies*, Vol. 82(4), 1289-1308.

Deaton, A. (2008) "Income, Health and Well-Being around the World: Evidence from the Gallup World Poll." Journal of Economic Perspectives, Vol. 22(2), 53-72.

Graham, C., Laffan, K. and Pinto, S. (2018) "Well-being in metrics and policy." Science, Vol. 362(6412) 287-288.

Ikeda, S. and Ojima, T. (2021) "Tempting goods, self-control fatigue, and time preference in consumer dynamics,." Economic Theory, 72, 1171-1216.

Loewenstein, G., O' Donoghue, T., & Bhatia, S. (2015) "Modeling the interplay between affect and deliberation." Decision, 2(2), 55-81.

Madrian, B. C. and Shea, D. F. (2001) "The Power of Suggestion: Inertia in 401(k) Participation and Savings Behavior." *The Quarterly Journal of Economics*, Vol. 116(4), 1149-1187.

Okada, T., Tanaka, M., Kuratsune, H., Watanabe, Y., Sadato, N. (2004) "Mechanisms underlying fatigue: a voxel-based morphometric study of chronic fatigue syndrome." BMC Neurology, 4, 14.

Stevenson, B. and Wolfers, J. (2008) "Economic Growth and Subjective Well-Being: Reassessing the Easterlin Paradox." Brookings Papers on Economic Activity, Spring.

Strotz, R. H. (1955) "Myopia and inconsistency in dynamic utility maximization." *The Review of Economic Studies*, 23, 165-180.

Slow, R. M. (1956) "A Contribution to the Theory of Economic Growth." *The Quarterly Journal of Economics*, Vol 70(1), 65-94.

United Nations. "Transforming our world: the 2030 Agenda for Sustainable Development." 最終アクセス日：2022年7月14日. https://sdgs.un.org/2030agenda

第 2 章

マクロ経済学の論点

〈マクロ経済学〉

創価大学経済学部 准教授

金澤伸幸

※1 本文中で「(コイル, 2015, p.12)」などと記されている箇所は、
参考文献に記した著者名または組織名と書籍もしくは論文の発刊
年または発表年、該当頁数を表しています。
※2 本文中で「ピケティ氏らの研究 (2018)」などと記されているカッ
コ内の数字は、参考文献に記した論文の発表年を表しています。

SDGsとの関連性 [GOAL 1,2,3,8,9,10,13]

1. マクロ経済学とは

(1) はじめに

　読者のみなさんは「失われた10年」という言葉を耳にしたことはあるだろうか?　戦後、貧しかった日本は、1950・60年代の高度経済成長期を経て80年代終わりまで急速に拡大した。しかし1990年代に入るとバブルは崩壊し、日本経済の成長は停滞へと転じる。その後、低成長は10年間続き「失われた10年」と呼ばれることとなった。失われた10年はいつしか20年となり、今では失われた30年と呼ぶ人もいる。日本の経済成長は今も低迷している。

　日本が失われた30年を過ごしている間に、急速に経済成長を遂げた国がある。日本の隣国、中国である。中国経済は1990年から2019年まで年率平均で9%強の成長を遂げた。同じ30年間の日本の経済成長は年率1%程度である[1]。なぜ日本の経済は歩みを止めてしまったように見え、中国は駆け足で日本を追い抜くことができたのだろうか?

　東アジアから視点を世界に広げてみよう。世界には豊かな国がいくつも存在する。アメリカ・カナダなどの北米、ドイツ・フランスなどの西欧やスウェーデンなどの北欧諸国などがそれだ。同時に、世界には日本に住んでいる我々には想像し難いほど貧しい地域も未だに存在している。最も貧しい国の一つである南スーダンに住む人びとの平均所得は年間364ドル（1ドル=136円だと約5万円）。これは最も豊かな国の一つであるスイスに住む人の平均所得の約250分の1でしかない[2]。なぜ世界には豊か

1　1990年から2019年までの実質GDP成長率の平均値（出典:OECD Statistics）
2　2022年のスイスの1人当たり名目GDPは93719.96ドル（出典:IMF-World Economic Outlook Databases）

な国と貧しい国が存在するのだろうか？　私たちは政策によって
貧しい国を豊かな国に変えることはできるのだろうか？

　これらの問いはすべてマクロ経済学に関連している。マクロ
経済学とは国や地域単位の経済活動や成長の要因を分析し、上
記のような問いに対する答えを探す学問である。ノーベル経済
学賞受賞者であるシカゴ大学のルーカス教授が「一度経済成長
について考え始めたら、他のことは考えられなくなる」[3]と述べ
ているように、奥深く、人類の幸福に関わる重要な問いが提示
されているのがマクロ経済学なのである。

　同時にマクロ経済学と聞くと難解なイメージを持たれる読者
も多いだろう。ミクロ経済学はその名の通りミクロな視点で、
個々の家計・企業の行動や特定の市場（リンゴ市場など）の働き
を理解しようとする学問である。例えば、「なぜ最近リンゴの値
段が上がったのだろう？」という生活の中で生じる疑問への答え
を考えるのがミクロ経済学である。対してマクロ経済学はマク
ロの視点から家計や企業の集合体としての（地域や国家レベルで
の）経済活動を分析対象としている。マクロ経済学では上記の
経済成長に関する問いや、「金利が下がると、物価はどの程度上
がるのか？」などの抽象的な問いを扱うことが多い。リンゴの価
格を気にする人はいても、金利や物価について日常的に考えて
いる人は少ないだろう。そもそも「日本経済」というマクロ経
済学の分析対象も極めて抽象的な概念であり、その姿を見たこ
とのある人は誰もいない。

　しかし、一見難解に思えるマクロ経済学も積み木のパーツを
一つ一つ順番に重ねるように、論理を組み立てていけば理解で

---

3 Lucas (1998) "On the Mechanics of Economic Development," *Journal of Monetary Economics* 22(1) pp. 92-96.

きる学問であり、また、新しい自分なりのパーツを組み合わせれば独自の新しい発見がある面白さを持つ学問でもある。

　本章では、近寄り難いイメージが持たれがちではあるが、人類にとって重要な問題に取り組むマクロ経済学を紹介する。また後半では、マクロ経済学と「持続可能性」についても考えていきたい。

（2）代表的なマクロ経済指標：GDP、失業率、消費者物価指数

　まずマクロ経済学で分析対象となる「日本経済」とは、一体どのような姿をしているか考えてみよう。ここでは「日本経済」というつかみどころがない実態を把握するために頻繁に使われる2つのマクロ経済指標を取り上げる。GDPと失業率である。

① GDP

　GDP（Gross Domestic Product）とは国内総生産を略した呼び名である。読者の皆さんも一度はニュースで耳にしたことはあるかと思うが、GDPはマクロ経済データの横綱的存在であり、その注目度は突出している。ではGDPとは一体、何を測った指標だろうか。

　GDPの定義は「一定の期間内に、ある地域内で新しく創出された財・サービスの付加価値をすべて足したもの」である。例えば「日本の2022年のGDP」が測っているものは、2022年に日本国内で新たに生み出されたすべての財・サービスの価値を足し合わせたものである。よって、2022年に農家が生産したコメの価値、支配人が旅館で客をもてなすサービスの価値、教員が学校で提供する教育の価値など、ありとあらゆる新たに生み出された財・サービスの価値がGDPに含まれている。

　ここで注意すべきポイントは2022年のGDPに計上されるた

めには、2022年内で新しく価値が生み出されていなければならないということである。例えば2010年に生産された本を2022年に中古品として販売・購入しても、この中古本に支払ったお金は2022年のGDPには計上しない。なぜなら、この本は2010年に新しく生み出されたのであり、2022年には既に存在していた価値だからである。多少大雑把に言えば、GDPとはその年の日本国内の生産能力の高さを表す指標であり、よってGDPが高いということは、その年にその国が多くの価値を世の中に新しく生み出した証しとも言える。

② 失業率

　次に考える代表的なマクロ経済統計は失業率と失業者数である。まず失業者の定義から見ていこう。失業者（日本では完全失業者と呼ばれる）とは15歳以上で①現在（調査が行われた週に）働いておらず、②仕事があればすぐに働くことができ、かつ③仕事を探す活動や事業を始める準備を行っている者のことである。

　つまり失業者として認められるためには「現在仕事をしていない」のみでは不十分で、仕事を探しているなど働く準備をしている必要があるのである。そして失業率は、この失業者数を就業者数と失業者数を合わせた数で割った割合である。言い換えると、失業率とは働く意思と能力のある人の中で、現在仕事に就いていない人の割合を示す指標なのである。よって失業率の上昇は、仕事をしたいのに仕事を見つけられない人の割合が上がっていることを意味する。

　失業率が1％上昇するということは数字的には大したことないように思えるかもしれないが、その裏には数十万人の人が仕事を失い、働きたくても満足のいく新しい仕事を見つけられていない状態であることを示している。また多くの人々

にとって、「働く」とは単に金銭的な報酬を得るための活動にとどまらず、それは人間としての尊厳を保つ活動であり、「いきがい」に直結する活動でもある。ゆえに失業者やその家族にとって、仕事を失うことは精神的にも金銭的にも破壊的な出来事となることがあり、失業率は特に注意を払う必要がある指標である。

　ここまで見てきた通り、私たちが「日本経済」と語る時、それは時に日本国内の新しい財・サービスを生み出す生産能力を指し、またある時は働く意欲はあっても満足のいく仕事を見つけることのできない人の割合を指す。これらの指標を総合的に考慮し、またデータ間の関係性を分析する中で、マクロ経済学者は、「日本経済」の実態や人々の生活実態を適切に把握しようと努めているのである。

(3) フローとストック変数

　ここまで述べてきた2つの代表的な指標の他にもマクロ経済データは多く存在する。数多くのマクロ経済データを整理して理解するために、重要な概念があるのでここで触れておこう。フロー変数とストック変数という概念である。

　フロー変数は一定期間の間に行われた経済活動のデータを意味し、ストック変数はある期間まで蓄積されたデータを意味する。この2つの関係性は頻繁に蛇口から出るお湯の量（フロー）と湯船に溜まるお湯の量（ストック）に例えられる。試しに野球を例に用いると、年間安打数は1年間で打ったヒットの数なのでフロー変数であるのに対し、通算安打数は野球人生の中で打った安打数の蓄積なのでストック変数ということなる。経済に話を戻すと、所得（1カ月分の給料など）はフロー変数であるのに対し、貯金はストック変数である。

マクロ経済統計についても考えてみよう。今回紹介したGDPはある年に生み出された財・サービスの付加価値の総額であるので、フロー変数である。また失業率はある時点までに蓄積された就業者数と失業者数の比率で構成されているのでストック変数である。また国の豊かさを表す国の総資産はストック変数として考えられる。経済学ではフロー変数であるGDPを重視することが多い。これは現在の生産能力を測るGDPの最大化を図り続けていくことで、ゆくゆくはストック指標である「国の豊かさ」を向上できると考えられるためである。

(4) マクロ経済統計の重要性

　ここまで多くの紙幅を割き、マクロ経済データを紹介してきたが、実は大学で受けるマクロ経済学の授業でも最初の数週間はマクロ経済データの説明に時間を割く。これはマクロ経済データとマクロ経済学は表裏一体の関係性にあるからであり、マクロ経済データを正確に把握しなければ、一国の経済状況の把握も、分析も、まともな経済政策を展開することも不可能だからである。

　マクロ経済学とマクロ経済データが表裏一体だということは、マクロ経済学の歴史の短さからも推察できる。経済学自体はアダム・スミスが『国富論』を書いた1776年に始まったと考えるのが一般的だが、現在のようなマクロ経済学が形成され始めたのは1930年代の大恐慌以降であると言われている。その歴史は100年に満たない。

　GDPの歴史もまた短い。18世紀のヨーロッパでの戦争を機に始まったGDP計算の試みから、ようやく今の形のGDP計算ができるようになったのは1940年代のことである。つまりマクロ経済学とマクロ経済データの代表格であるGDPは共に100年弱の

歴史しか持たず、その誕生のタイミングは一致している。これは偶然の一致ではなく、マクロ経済学の誕生と発展のためには、正確なマクロ経済状況の把握が必要であり、とりわけGDPの開発が必要不可欠だったからである。マクロ経済統計の重要性から、アメリカの経済分析当局はGDPを「20世紀でもっとも偉大な発明のひとつ」（コイル, 2015, p.12）とまで評価している。

(5) マクロ経済学の主役はやはりGDP

　マクロ経済学という舞台の主役は多くの場合GDPである。しかし、このようなGDPを重視するマクロ経済学の考え方に違和感を覚える人も多いかと思う。私たちが本来重視すべきなのは人々の幸福やウェルビーイング（Well-being:厚生）であり、GDPへの過度な注目は、本来の目的である人々の幸福の軽視に繋（つな）がってしまうのではないかとの懸念は確かに理解できるものであろう。

　実はこのような警鐘は過去、何度も繰り返されてきた。最も有名なのは1968年に当時アメリカ上院議員であったロバート・ケネディからの次のような批判であろう。「（GDPは）われわれの子どもたちの健康や教育の質, あるいは遊ぶことの喜びなどを考慮していない. GDPは詩の美しさや夫婦の絆の強さ, （中略）われわれの勇気も英知も測らず, そして国家への忠誠心も測らない. 要約すれば, GDPはすべてのものを測るが、人生に価値を与えるものは（中略）除外されている」（マンキュー, 2019, p.156）。このような批判がある中、なぜ経済学者は今日までGDPを重視してきたのだろうか？　その理由を少し考えてみよう。

① GDPと生活の質の関係性

　　まずGDPは人々の生活の質と密接な関係性を持っていることがあげられる。つまるところ、個人においても国家におい

ても生産能力が高ければ、より多くの質の高いモノを生産することができ、それらを自ら消費することができる。もしくは自ら消費しなくとも、他国のモノと交換（取引）することで、他国の質の良いモノを多く消費することができるのである。このように一国に住む国民の生活の質を決める重要な要因は、その人々の生産能力であり、これがGDP、そして一人当たりGDP（一人当たりの生産能力）に注目する理由の一つである。

② GDPに代わる指標

とはいえ、現代の私たちの生活の質は物質的な欲求を満たすことだけでは十分とは言えない。ケネディ上院議員が述べていたように、人びとの健康や勇気・知性・精神の強靭さは、その国民の生活の質を考慮するのに重要な要素と思える。そこで次に考えるのは、それらの要因と一人当たりGDPとの関係性である。

ここではケネディ上院議員が指摘していたような、人びとの幸福をより直接的に表すと考えられる指標をあげよう。生活の満足度、周囲に助けを求められるかを表す指標（社会への信頼度）、健康寿命、中等教育機関への在籍割合である[4]。これらはどれも幸福度を表す完璧な指標ではないが、人々の精神的な満足度や充実度、もしくは健康や子どもへの教育機会など社会の成熟度を示し、少なくとも生産能力のみを測るGDPよりは幸福度を測るのに適した指標であるように思える。

---

4 生活の満足度、周囲に助けを求められるかを表す指標（社会への信頼度）、健康寿命はギャロップ社が各国1000人ほどに調査し集計したデータである。生活の満足度は「今の生活を10段階で評価してください」という質問に対する答えの平均値、社会への信頼度は「仮にトラブルにあった場合、助けを求められる親戚や友人はいますか?」との質問に対する答えの平均値（「はい」である場合は1,「いいえ」である場合は0）である。そして健康寿命はギャロップ社が世界保健機関（WHO）のGlobal Health Observatoryデータを使い集計した結果である。中等教育機関在籍割合は世界銀行データから入手した。中等教育機関在籍者÷中等教育対象年齢人口を示す。

これらの指標と一人当たりGDPの関係性を考えてみよう。図1では横軸に2019年の各国の一人当たりGDP、縦軸はそれらの国の2019年での生活への満足度を表している。図1から、一人当たりGDPが高い国では、生活の満足度が高いことが読み取れる。また、図2〜4では、一人当たりGDPと周囲への信頼感、健康寿命、中等教育機関在籍割合はそれぞれ相関係数が0.76,0.85,0.85と高く、一人当たりGDPが高いほど周囲の人々への信頼度、健康寿命、そして中等教育機関に通う子どもの割合が高くなる傾向にあることが分かる。つまり、私たちが「幸福」を上手く説明できると考える要因の多くが、一人当たりGDPと高い相関関係にあるということである。

　ここで、なぜ経済学者がGDPや一人当たりGDPを重要視しているかを再度考えてみよう。主な理由は2つある。1点目は上記の通り、GDPが人々の幸福度を示す多くの指標と関連性が高いことである。これはGDPを増加させることで、上記の指標を含む人々の幸福や福祉状況を広く改善できる可能性を示唆する。

　2点目はGDPが計測しているものの明確さである。確かに生活の満足度は「幸福度」を直接的に示す指標のように思えるが、実際、満足度が何を測っているかは明白でない。つまり人生の満足度がどの程度経済的要因で決定され、またどの程度がその他の様々な社会・自然環境・個人的要因によって決定されているのか定かではない。よってどのような政策が満足度を上げるか判断しづらく、政策目標とし難い面がある。一方、GDPが測っているものは一国の生産能力であり、その定義は明確である。更に国際的に同じ基準でGDPが作成されているので、国際比較が容易であることもGDPが頻繁に使用される理由であろう。

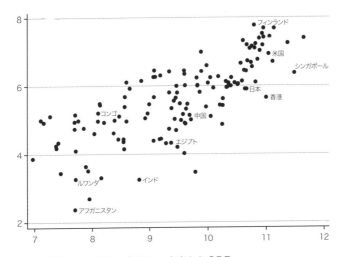

図1　横軸は2019年の各国の一人当たりGDP、
　　　縦軸はそれらの国の2019年での生活への満足度を表す

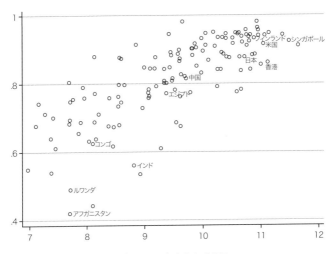

図2　横軸は2019年の各国の一人当たりGDP、
　　　縦軸は周囲に助けを求められるか表す指標を表す

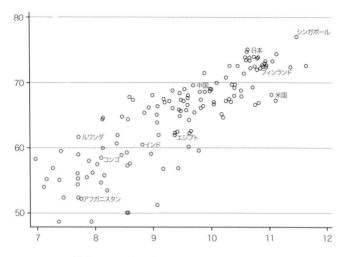

図3　横軸は2019年の各国の一人当たりGDP、
　　　縦軸は健康寿命を表す

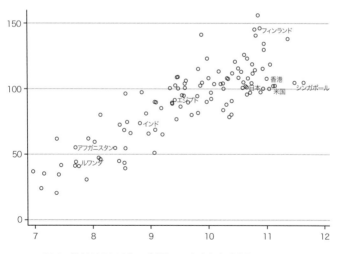

図4　横軸は2019年の各国の一人当たりGDP、
　　　縦軸は中等教育機関在籍割合を表す

これらの理由から経済学者はGDPを過度に重要視すること
の弊害(へいがい)を認識しつつ、複雑な社会を理解し改善するための現
実的な策として、GDPに注目しているのである。

(6) 簡単に測れるものに注目することの弊害

私たちは分かりやすく測れるものに目を向け、測ることが難
しい多くのものを軽視しがちだ。それはGDPに限った話ではな
く、個人レベルでは収入、肩書、偏差値、各種ランキング等が
過度に注目を浴びることと共通する現象のように思える。更に
我々は簡単に測れるものに注目するばかりか、時にそれらを価
値判断の基準としてしまうことさえある。仮にGDPを増やすた
めに手段を問わないのであれば、最も単純な政策は人々を24時
間働かせ続けることだろうし、環境への配慮を止めて汚染物質
を大量に排出させてでも企業にひたすらモノを作らせることだ
ろう。言うまでもなく、それらの政策で達成される社会は「人々
の幸せ」と対極の場所にあるだろう。

ノーベル経済学賞受賞者のバナジー氏とデュフロ氏は「何よ
り重要なのは、GDPはあくまで手段であって目的ではない」(バ
ナジー・デュフロ, 2020, p.296) と述べている。マクロ経済学を
学ぶうえで忘れてならないのは、生命を尊重する根底的な価値
観であり、そのためにGDPを手段として利用するという姿勢で
あろう。

2. マクロ経済学の論点

GDPの限界とマクロ経済学におけるGDPの位置づけを述べた
ところで、マクロ経済学においてGDPがどのような観点から分
析されるか考えたいと思う。マクロ経済学者はGDPを長期的な

成長トレンド（動向）と、その成長トレンドの周りを循環する短期的な循環成分との2つの成分に分けて考える（図5参照）。以下では長期成長トレンドと短期循環成分に分けて、GDPを考える。

(1) 長期の成長トレンド

　長期の成長トレンドを敢えて簡単に表現すると、10年ほどの期間でのGDPの平均成長率であると言える。GDPは短期的には好況・不況の波を繰り返すが、それらの波を含めた長期的なスパンでのGDPの平均成長率が成長トレンドとなる（図5での破線部分）。日本の成長トレンドは70・80年代で年率4.5%程度、1990年以降は年率1%程度となっている[5]。長期成長トレンドの決定要因に関しては様々な説が提唱されているが、世界で最も読まれているマンキューの教科書[6]では、それは生産要素によって決定すると説明されている。生産要素とは一国の労働人口、

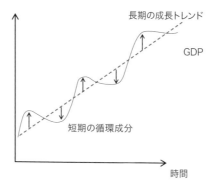

図5　GDPを長期的な成長トレンド（動向）と、その成長トレンドの
　　　周りを循環する短期的な循環成分との2つの成分に分けた関係

---

5 該当期間の実質GDP成長率平均値（出典：OECD Statistics）
6『マンキュー経済学Ⅱマクロ編』　第4版　東洋経済新報社

資本量（工場・機械・建物など）、天然資源（油田、耕作可能な農地）、人的資本（教育水準など）、そして技術水準などである。これらの要素が潤沢であり、またこれらの成長速度が速いほど、長期的な成長トレンドは高くなると考えられている。

　GDP成長率が年率2%か1%かは大した違いではないように思えるかもしれないが、実は大きな違いがある。例えば年率2%で成長している国のGDPは約35年で2倍に膨らむが、年率1%成長している国のGDPが2倍になるまでに約70年を要する。わずか年率1%の違いでも積み重なれば数十年後には雲泥の差がついてしまう。マクロ経済学の一つ目の重要な論点は、この長期的な成長トレンドをどうしたら上向きにできるのか？ という点である。

（2）短期の循環（重要性、政策）

　短期的にはGDPは長期の成長トレンドの周りを上がったり下がったりしている。このGDPの短期的な揺らぎを景気循環と呼び、特にGDPが下がっている局面は景気後退・不況と呼ばれる。マクロ経済学者にとっての重要な論点の2つ目は、この好況・不況の波は何によって引き起こされ、そしてどうしたら波の大きさを小さくすることできるのか、という点である。

　ではなぜ景気の波を小さくすることが重要なのだろうか？　多くの場合、不況になったとしても数年経過すれば自然とGDPは長期成長トレンドに戻っていく。また仮に不況に入りGDP成長が「マイナス2%」となっても、給料が2%下がる程度（しかも数年後には元の成長トレンドに戻ってくる）と考えれば大したことはないように思える。しかし、実際不況になると全員の給料が2%下がるということは起きず、その経済的ダメージは少数の人に集中的にのしかかる。それは経済全体でみれば必ずしも多くな

いかもしれないが、不況になると企業が倒産し、労働者が職を失い、その家族が苦しむ。この当事者にとって破壊的な出来事を発生させないため、マクロ経済学者は短期的な経済の変動をなるべく小幅にとどめるための最適な政策を考えているのである。これらの政策はマクロ経済安定化政策と呼ばれ、主に財政政策と金融政策がその担い手となっている。

3. 持続可能な発展とマクロ経済学

　2015年、国連総会において全会一致で採択された「持続可能な開発目標」（SDGs）では、2030年までに達成すべき17の具体的な目標が立てられた。最後の節ではマクロ経済学と持続可能な発展について考えたい。これまでの議論を踏まえると、「目標3.すべての人に健康と福祉を」や「目標4.質の高い教育をみんなに」などのいくつかの目標は、GDPを増加させることが達成の助けとなることは間違いないだろう。同時に、GDPのみを追いかけていては達成困難であろう目標も多くある。例えば「目標13.気候変動に具体的な対策を」などだ。京都議定書やコペンハーゲン会議などの国際的な温室効果ガス排出削減の枠組みで各国政府が合意に至るのが困難な理由も、気候変動への対策とGDP成長の両立が困難だと考えられるからだ。SDGsへの関心の高まりは、これらGDPを拡大するだけでは達成が困難な、しかし人類にとって重要な目標に強力なスポットライトを当てている。

　17の目標の中で、今回は「目標10.人や国の不平等をなくそう」と「目標13.気候変動に具体的な対策を」とのマクロ経済学の関係性について考えてみよう。

(1) 不平等をなくそう

　目標10では格差是正が呼びかけられている。今回は特に国内格差について取り上げる。実はマクロ経済学者は伝統的に国内格差に大きな関心を向けてこなかった。それは1人が100万円稼いで残りの99人が無収入の場合でも、100人が1万円ずつ収入を得た場合でも、どちらの場合もGDPは100万円で同額となることが一因となっている。しかしこの傾向は近年覆り、「格差とマクロ経済」はマクロ経済学の主流とさえなってきている。格差とマクロ経済について、①マクロ経済が格差に与える影響と、②格差がマクロ経済に与える影響、の2つの方向性があり、そのどちらも重要であるが、今回はマクロ経済状況が格差に与える影響を取り上げよう。

　アメリカなど先進国の間で格差の拡大が大きな問題となっている。ピケティ氏らの研究（2018）によると2014年時点でのアメリカの所得上位1%層の平均所得は、下位50%層の平均所得の81倍にものぼることが分かっている。1980年時点では同比率は27倍程度であったことを考えるといかに格差が広がっているかが分かる。アメリカほどではないが、ロンドン大のライス氏ら（2014）によると日本でも1981年から2008年の間に所得格差は拡大している。

　格差はどのような場面で広がるのだろうか。この疑問に答えたのが米国連邦準備制度のヒースコート氏ら（2010）による研究である。彼らはアメリカにおける格差は不況時に拡大していることを明らかにし、特に不況時に低所得者層の所得が下がることが格差拡大の要因となっていると明らかにした。更に悪いことに、不況時に拡大した格差は好況時に縮小することはなく、不況のたびに更に拡大していくことも報告されている。ライス氏らによる研究では、日本でも「失われた」期間にあたる1996

年以降に中・低所得者層の所得が落ち込んだことが格差拡大の一因になっていることが報告されている。格差の拡大はこのように「不況」という個人にはどうしようもないマクロ的な事象によって顕在化する側面がある。マクロ経済学の側面から格差拡大のメカニズムを理解し、適切な格差是正政策を考えることが重要だ。

（2）気候変動への対策

　次に目標13では気候変動への対策が掲げられている。気候変動とそれに伴うリスクは、局所的・ミクロ的な枠組みを超え、世界全体のマクロ経済に影響を与えうるマクロ的リスクとして認識されつつある。バーク氏ら（2015）によると、仮に世界が従前通りの効果の低い気候変動対策を続けた場合、気候変動により2100年での世界のGDPは23%程度低くなることが報告されている。気候変動は人類が経験をしたことのない事象のため、実際にどの程度の影響となるか正確に予測することは難しい。しかし気候変動が今後加速度的に異常気象を頻発させ、インフラの破壊や農産物の減少を通して経済へ悪影響を及ぼす脅威となることは間違いないだろう。カーン氏ら（2021）によるマクロ経済学の枠組みを使った気候変動の推計でも、その深刻な経済的影響が指摘されている。更に、2022年の国連レポート（IPCC, 2022）によると、産業革命以前と比べて気温上昇を1.5℃以内に収めるというパリ協定で定まった目標を達成するには、2025年までに世界の温室効果ガス排出量がピークを迎え、2030年までには2019年比で43%削減されている必要がある。気候変動はまさに待ったなしの状況である。

　経済学者が広く支持する気候変動への対策の一つに「排出権取引制度」がある。これは個々の企業に温室効果ガス排出枠を

設定し、その排出枠を超えて排出する場合は、他の企業から排出枠を購入しなければならないとする制度である。この制度は温室効果ガス削減コストが低い企業が率先して多く削減するよう設計された仕組みであり、市場のメカニズムに則った効率的な温室効果ガス削減が期待されている。

　排出量取引制度は既に世界各国で導入されている。2005年に開始したEUの欧州域内排出量取引制度（EU-ETS）には現在までに31カ国が加盟しており、巨大な排出量取引市場を形成している。またアメリカ、カナダ、韓国、中国でも部分的に導入されており、日本では2010年に東京都で、2011年に埼玉県で開始している。特にEU-ETSの温室効果ガス削減効果を報告する研究は多く[7]、また日本の取り組みに関しても削減効果が認められている[8]。

　高い効果の期待される排出量取引制度だが、マクロ経済への負の影響は小さくないことも分かっている。ノースウェスタン大学のカンジック氏の研究によると排出量取引は主にエネルギー価格の高騰を通じて、工業生産額を減少させ、失業率を高めることが分かっている。また特筆すべきは、この経済的なダメージは国民全体で均等に分担されるのではなく、低所得者層に集中しているということである[9]。持続可能な社会構築のための対策が、社会的に恵まれない人々の負担によって行われるのであれば、対策自体がそもそも持続可能なものではなくなるだろう。公平な制度設計は、気候変動への持続的な取り組みを実現するために欠かせない。

7　例えばBayer and Aklin (2020) やKanzig (2022) など。

8　例えばArimura and Abe (2021) やSadayuki and Arimura (2021)など。

9　排出量取引制度の逆進性については他にも亀岡・有村（2019）、Inoue, Matsumoto, and Morita (2021)などの研究がある。

以上をまとめると、マクロ経済学と気候変動の関連性について少なくとも2つの論点が考えられる。1点目はマクロ経済学の枠組みを使い、気候変動の及ぼす長期的な経済的リスクをより鮮明に浮かび上がらせることは、気候変動のリスクと対策の妥当性への理解促進につながることである。特に気候変動対策は、その短期的な負の経済効果に目を向けられがちであるため、対策をしなかった場合の長期的な負の経済効果を鮮明にすることは急務だ。2点目は、気候変動対策というマクロ的政策が個々人に与える多様な影響を明らかにすることである。この点は、政策自体が広く支持され、持続可能となるためには必要不可欠と思われる。

4. おわりに

　マクロ経済学は個人や企業の集合体としての経済活動を分析対象とする。それは主にGDPなどで測られる一国経済の活動を分析するということであり、その過程で一国経済に影響を及ぼさないであろう瑣末な事象は捨象されることが多い。ただし、その省かれる「瑣末な事象」が人々の幸福や社会的弱者の生活であってはならない。本章では一般的なマクロ経済学の紹介に加えて、マクロ経済学はあくまでも一国経済を分析するツールであり、それを何のために使うのか？ という目的感や全体感を持つことの重要性を強調した。

　読者のみなさんは本章を読む前よりも、読んだ後の方がマクロ経済学に関する疑問を多く抱えているかもしれない。本章冒頭で触れた経済成長に関する問いに対して、結局、回答を提示していないではないかという不満の声が聞こえてきそうである。回答を示していない理由は2つある。まず本章冒頭で提示した問

いの大半は未だ学者の間で議論されているものであり、入門書で求められる端的な回答が難しかったからである。また、より重要な理由としては、本章を読んで抱いた疑問をきっかけに、読者の皆さんが将来経済学をより深く学び、ゆくゆくは問いに対する答えを自ら、あるいは教員や友達と一緒に考えてほしいと思ったからである。そのきっかけに本章がなるのであれば、これに勝る喜びはない。

参考文献

Arimura and Abe (2021) "The impact of the Tokyo emission trading scheme ion office buildings: What factor contributed to the emission reduction?" 2021. *Environmental Economics and Policy Studies*, 23(3), pp.517-533.

Bayer and Aklin (2020) "The European Union Emissions Trading System reduced CO2 emissions despite low prices." *Proceedings of the National Academy of Sciences*, 117(16), pp.8804-8812

Burke, Hsiang. and Miguel (2015) "Global non-linear effect of temperature on economic production." *Nature*, 527, pp.235–239.

Heathcote, Perri, and Violante (2010) "Unequal we stand: An empirical analysis of economic inequality in the United States, 1967–2006." *Review of Economic Dynamics* 13(1), pp.15-51.

Inoue, Matsumoto, and Morita (2021) "Inequalities in the impact of the carbon tax in Japan." In Arimura, and Matsumoto (eds.), *Carbon Pricing in Japan*, Springer, Ch. 12.

IPCC (2022) "Summary for Policymakers." In: Climate Change 2022: Mitigation of Climate Change. Contribution of Working Group III to the Sixth Assessment Report of the Intergovernmental Panel on Climate Change [P.R. Shukla, J. Skea, R. Slade, A. Al Khourdajie, R. van Diemen, D. McCollum, M. Pathak, S. Some, P. Vyas, R. Fradera, M. Belkacemi, A. Hasija, G. Lisboa, S. Luz, J. Malley, (eds.)]. Cambridge University Press, Cambridge, UK and New York, NY, USA.

Lise, Sudo, Suzuki, Yamada, and Yamada (2014) "Wage, income and consumption inequality in Japan, 1981–2008: From boom to lost decades." *Review of Economic Dynamics* 17(4), pp.582-612.

Kanzig (2022) "The unequal economic consequences of carbon pricing." *SSRN Working Paper*.

Kahn, Mohaddes, Ng, Pesaran, Raissi, Yang (2021) "Long-term macroeconomic effects of climate change: A cross-country analysis." *Energy Economics* 104, 105624.

Piketty, Saez, and Zucman (2018) "Distributional National Accounts: Methods and estimates for the United States." *Quarterly Journal of Economics* 133(2), pp. 553-609.

Sadayuki and Arimura (2021) "Do regional emission trading schemes lead to carbon leakage within firms? Evidence from Japan." *Energy Economics*, 104, 105664.

亀岡，有村（2019）「炭素税・FIT賦課金における産業・家計への影響：産業連関分析による定量的評価」『環境科学会誌』第32巻第4号，pp.103-112.

コイル（2015）『GDP＜小さくて大きな数字＞の歴史』みすず書房

バナジー・デュフロ（2020）『絶望を希望に変える経済学』日本経済新聞社

マンキュー（2019）『マンキュー経済学Ⅱマクロ編』第4版　東洋経済新報社

第 3 章

金融論へのいざない
―知っているようで知らない
金融の正しい知識・理解―

〈金融論〉

創価大学経済学部 教授
小林孝次

※本文中で「陣内了（2022）」などと記されているカッコ内の数字は、
参考文献に記した論文などの発表年を表しています。

SDGsとの関連性 [GOAL 1,2,3,8,9,10,13]

ここでは、金融について、皆さんと一緒に考えてみましょう。おカネの話には、興味がないわけではないが、知っているようで、実はよく分かっていないことが多いかと思われます。紙幅の都合もあるので、ここでは、2022年度から高校で取り入れられた金融教育に関連する話からはじめ、金融論へのいざないとして代表的な金融機関・金融商品の紹介、そしてバブル経済について述べます。さらに、いま注目されている金融の話題に触れ、最後に皆さんと一緒に知っているようで知らない金融に関するクイズをやってみたいと思います。

1. 高等学校家庭科において金融、投資の授業が始まる

　2022年4月1日より成年年齢が18歳に引き下げられました。成年に達すると、親の同意を得なくても、自分の意思で様々な契約ができるようになります。これまでは、たとえば、携帯電話を契約する、一人暮らしの部屋を借りる、クレジットカードをつくる、高額な商品を購入するにあたりローンを組むといったとき、未成年の場合は親の同意が必要でした。しかし、2022年4月1日からは18歳以上であれば、こうした契約が自分一人でできるようになり、クレジットカードの契約やローンを組むなど、借金の契約が親の同意を得ずにできるようになりました。これまでもマルチ商法等のトラブルに巻き込まれる大学生はすでに散見されていますが、こうした問題が今後さらに発生する可能性が予想されます。

　また老後の生活における2000万円問題、すなわち退職後の生活には年金だけでは足りず、さらに2000万円の資産や貯蓄が必要になるとの報道も話題になりました。こうしたことが背景に

あり、2022年度の新学習指導要領から高等学校の家庭科授業において金融教育が導入され、投資や資産形成の問題まで扱われることになりました。言い換えると、日本ではこれまで学校教育のなかで金融教育はほとんど行われてこなかったということです。家庭内でも子どもの前でおカネの話をするのは、どちらかというとタブーとされてきたのではないでしょうか。「おカネ持ち＝幸せ」とはいえないでしょうが、おカネに関する正しい知識は、トラブルに巻き込まれないためにも、また安定した生活を確立していくためにも重要であり、避けては通れない問題だと思います。健全な金銭感覚、そして正確な金融知識を習得しておくことは重要なことでしょう。

　金融教育は、早くから人生を自ら展望して資金計画を立てられるようにする教育であります。しかし、残念ながら、金融に関する理解不足は若者だけでなく、すべての日本人の問題であるように思われます。金融に関する正確な知識を持つことによって、私たちの生活が、人任せの他人に依存したものではなく、責任感を持った、より自立/自律した生き方になっていくのではないかと筆者は考えています。

　さて、大学教育において、とりわけ経済学部で金融を学ぶといった場合、その範囲は広く、多岐にわたっています。大学によっては、金融だけで学科を構成しているところもあります。

　おカネとは何かと問われたら、法律上の解釈から始まり、また貨幣の歴史・変遷（へんせん）の観点から、そして経済政策、貨幣・金融政策（monetary policy）の視点、さらにいえば哲学的に議論される問題まで多々答えることができるでしょう。このように述べると、おカネには興味があるが、面倒なテーマだと思われてしまうかもしれません。しかし、こうした問題を避けずに最低限の基本的知識はきちんと押さえておきたいものです。

創価大学経済学部における私の授業では、こうした視点から、まずは、基本的な知識を整理して身につけておけるよう努めております。金融やおカネについて、この際、きちんと学んでおくことを勧めています。

2. 金融機関・金融商品

　たとえば、金融機関というと、まず思い浮かぶのが銀行だと思います。しかし、金融機関には大きく分けて3つの柱があります。いまあげた銀行に加えて、証券会社、さらに保険会社です。

　銀行といっても、都市銀行、地方銀行、さらに第二地方銀行、信託銀行などがあり、金融機関としては信用金庫、信用組合も含められます。また農協も立派な金融機関です。身近なところでは郵便局も金融機関であり、銀行部門ではゆうちょ銀行として機能しています。もっといえば、公的な金融機関もありますし、中央銀行の存在も大きいでしょう。

　ところで、銀行と証券会社が金融機関であるという理解はほぼ大丈夫かと思われますが、保険会社はいかがでしょうか。身近なところで保険の対象といえば、健康・医療に関するものが多いので、厚生労働省の所管にあり、金融機関ではないと思っている学生も多いようです。また銀行は立派な建物で、そこで働いている人はきちんとした身なり・格好をしていること（堅いイメージ）から、私も子どものころ銀行員はみんな公務員かと思っていました。

　こんな知識だけでも正確に押さえていれば、就職活動をする際に、金融分野に進みたいと考えたとき、どのように進めていったらよいかが明確になってくるでしょう。

　皆さんも現代社会や公民で学んでいるように、中央銀行とは、

発券銀行であり、銀行の銀行であり、また政府の銀行であります。日本の中央銀行は日本銀行で、物価の安定と信用秩序の維持を使命としています。日本銀行は日本銀行法に基づき設立された、資本金1億円の認可法人であります。限りなく公的機関に近い存在ですが、公的資本と民間資本により存立するもので、資本金1億円のうち政府が55％以上は出資するものとなっており、残りは政府以外の者が出資しています。すなわち日本銀行の株式も売買されていて、私たちも株主になれるわけですが、このことを知っている人は案外少ないです。ただし、正確には株券とはいわず、東証プライム市場で出資証券（日本銀行法第9条に基づき発行）として扱われております。ニュースなどで、「政府・日銀は……」といつも並列して報道されるので、公的機関だと思いこみ、日銀に就職するには公務員試験を受けなければならないと思っている学生もかなりいるのではないでしょうか。また日本銀行は、正式には、ニッポンギンコウと呼びます。日銀券、お札の裏をよく見ると、NIPPON GINKOと書いてあります。

　次に、債券と株式について少し説明しましょう。日本の家計・個人は、2022年現在、2000兆円を超す金融資産を持っていますが、その内訳は半分以上が、銀行への預金と現金（正確には日本54.3％、アメリカ13.3％、ユーロ圏34.3％、2021年3月末現在）、次に多いのが保険で約3割、そして株式での保有は1割、債券等は1割未満です。日本では、家計・個人が株式や債券で保有している割合は、アメリカ（3割以上を株で所有）はもとよりヨーロッパと比べても、圧倒的に少ないのです。自分でリスク管理をしたくないというか、そのための知識も時間もないせいか、銀行に預けておけばいいと他人任せの状況が日本の著しい特徴です。株式や債券は危ないと思いすぎているのか、いや金融教育のいたらなさのゆえか、ここ20年近くは金利がほぼゼロの状況にも

かかわらず銀行に預けっぱなしという方も多いのではないでしょうか。知識の不足についていえば、漢字で書くところの債券と債権の違いをはじめ、債務をセキムと読む若者にも多く接します。債務（サイム）は、返済しなければならない責任があるので、セキムと読みたくなる気持ちも分からないではないですが、日本人としては恥ずかしいですね。

　銀行預金については、ある程度ご存じだと思いますが、私たちに身近なものとしていつでも引き出し可能な満期のない普通預金、満期のある定期預金などありますが、いつ現金化しても元本は保証されます。すなわち、100万円の定期預金は満期前に解約をしても元本の100万円はそっくり戻ってきます。また銀行は預かった資金を運用して、儲けを出し、そのなかから一定の利子の支払いをするわけですが、預金者はこの運用を銀行にすべて一任しているわけで、銀行預金は間接金融の金融商品となります。

　これに対して、債券や株式は当事者が直接自己責任で売買を行うもので、直接金融の対象となります。債券とは、資金貸借の借用証書であり、たとえば借り手が国であれば国債、企業であれば社債となり、借り手からするとこれらは負債です。債券には一般に満期（返済期限）があり、満期時には債券に記された額面金額が償還され、インカムゲインといわれる確定した利子も毎期支払われます。ここまでなら、銀行預金と差がないようですが、債券には債券市場があります。満期（返済期限）までの間に債券市場で売買ができ、需要と供給の関係で債券価格が決まります。すなわち、安いときに購入し、高いときに売却すれば、差益が得られるわけで、これをキャピタルゲインといいます（もちろん、換金が急遽必要になり、購入価格より売却価格が下がっていれば、キャピタルロスにもなります）。これらが確定された利子に加えて

	満期	インカムゲイン	キャピタルゲイン・ロス	直接金融・間接金融	発行者・金融機関からみて
株式	なし	配当	あり	直接金融	自己資本
債券	通常あり	利子	あり	直接金融	負債
預金	定期あり普通なし	利子	なし	間接金融	負債

表　株式、債券、銀行預金の違い

得られるわけです。

　一方、株式の場合、株式により調達した資金は、企業にとっては自己資本となり、株式所有者・株主、あるいは株式の買い手は、所有する株式比率分だけ企業の財産に対する持ち分権を所有することになります。株主は、キャピタルゲインを目的として株式市場で売買をするのが一般的ですが、社債の利子に対応するインカムゲインとして、その企業が利益を出していればその一部を配当として受け取ることができます。なお、株主はその株式を手放す（売却する）まで、その企業の所有者であり、株式による資金は、企業にとって自己資金であり、借金ではないので、満期（返済期限）はありません。

3. バブル経済

　さて、ここでバブル経済についていくつかの文献を基に簡単に触れておきましょう。

　人間は懲りない生き物だとつくづく考えさせられる問題として、バブル経済の発生と崩壊があります。陣内了（2022）は、以下のように述べています。

「40歳代以上の方々は、平成のバブル景気をご記憶でしょう。地価は下落しないという『土地神話』のもと、不動産価格は1980年代半ば以降高騰しました。東京都の山手線内側の土地価格で米国全土が買えるといわれたほどです。30歳代以下の方々は、物心がついた頃には宴は終わっていたはずです。とはいえ、バブルは日本経済史の最重要イベントのひとつなので、教養として当時のことを知るべきです。」。

　さらに続けて、「90年代初頭にバブルは崩壊し、日本経済は長い停滞の時代を迎えます。平成バブルとその崩壊は日本経済の転換点です。」「バブルは世界史的に珍しいのでしょうか？ 実はそうではありません。経済史家のチャールズ・キンドルバーガーによれば、過去360年の間に36回も、バブルが発生し崩壊しています。約10年に一度、世界のどこかでバブルが崩壊しているわけです。」。

　また櫻川昌哉（2021）によれば、歴史上の3大バブルとして、以下のものがあげられています。

　1つ目はオランダのチューリップバブルです。チューリップがオランダに伝わったのは16世紀のようですが、品種も多く見た目も美しいチューリップは栽培や観賞用として高い人気を集めていました。珍しい品種の球根は希少性ゆえに高値で売買されていて、1630年代に希少性から高値が付き、高値がさらにチューリップの魅力を高め、高値で売ることを目的とした投機家たちが転売を繰り返し、ピーク時はチューリップの球根1個と家が交換されるまで上昇したとのことです。しかし、1637年2月には、誰も買い手がつかず価格は暴落し、殺到した売りはパニックとなり、家屋を担保にして借金をして球根を買った人はすべてを失ってしまいました。

　2つ目に有名なものとして、世界で最初の株式バブルである、

イギリスの「南海泡沫事件」がありました。「泡沫」の文字通り、バブルですが、1712年、イギリス政府が「南海会社」を設立し、南米や南太平洋の貿易の独占権を与えました。独占権から莫大な利益が出るとの期待が高まり、発行された株式は一気に過熱しました。しかし、1720年8月、あまりの高値に不安を持った経営陣が自社株を手放したことにより、株価は暴落してしまいました。

3番目はフランスで、1717年にフランス領ルイジアナ・ミシシッピ開発を目的としたミシシッピ会社が設立され、株式を発行しました。人々はこれに殺到し、株価は高騰したものの、この会社は実体のないペーパーカンパニーであり、金や銀の鉱脈はどこにもなく、株式振込金がフランス政府の負債返済に充てられていることが判明し、1720年から翌年にかけて暴落してしまいました。なお、この事件がトラウマとなり、フランスでは18世紀の間、まったくといっていいほど金融市場の発達はありませんでした。

これらは歴史上の3大バブルといわれているものですが、アメリカにおける1920年代の好景気はまさしくバブル経済といってもよく、その後1930代の大不況、世界大恐慌へと連なっていきました。また、2000年代のサブプライム（信用力の低い人への貸付金）住宅投資から始まったバブルは、その崩壊を経て金融危機となり、このアメリカで始まった金融危機が世界市場を大きく揺るがすことになったのはつい最近のことです。

バブルといえば、株式市場のバブル、土地や住宅など不動産バブルを思い浮かべるかと思われますが、経済学におけるバブルの定義は、以下のようになります。経済学では、ある資産の取引価格が本質的な価値（ファンダメンタルズと呼ばれるもの）から乖離した場合、その資産に「バブルが発生した」と考えます。

すなわち、バブルの大きさは、その2つの価値ないし価格の差のことです。

　バブル期においては、本質的な価値以上に価格が上昇するため、人間が持つ貪欲性から借金をしてでもその資産を購入し、その資産価格が高くなったところで売り抜け、売買益を得ようとする投機的行動に多くの人々が走るのです。このように価格が上昇し続けている間はハッピーで熱狂的な状況となるのですが、そもそも本質的な価値以上の価格がついているわけですから、こうした上昇への回転は、いつかは止まってしまうわけです。そして不幸なことに、価格上昇が止まると、今度はこうした動きは逆回転を始めていくことになります。

　日本も1980年代後半にバブル経済を経験しましたが、バブルで経済的宴に酔っていた期間はわずか4〜5年でした。90年代に入るとそのバブルははじけ、その後約30年間、現在に至るまで悲惨な経済状態が続いています。90年代末期（1998年）からはデフレ（物価が下がっていくこと）経済となり、賃金・所得はこの30年間ほとんど増えていません。

　金利も1999年からゼロ金利となり、銀行預金等ではまったくといってよいほど利息を得られず、資産を増やすことはできませんでした。経済活動もまったく活力のない状態でした。バブル崩壊直前に郵便局に貯金をした人が10年後、貯金残高が2倍になっていたのに対し、バブルが弾けてからは、ゼロ金利の下で利息はほぼゼロで、ATMで時間外に預貯金を引き出したら、手数料の方が高いというような状態でした。

　では、どのようしてバブル経済に対処したらよいのか、様々な議論が行われていますが、完全に解決された問題とはいえないでしょう。バブル経済の発生と崩壊は、金融の大きなテーマです。若い読者の皆さんにもぜひ取り組んでいただきたいテー

マの一つです。

4. デジタル通貨と 気候変動/グリーンボンド

　この本は『人間主義経済 × SDGs』ということですので、金融と人間主義経済、SDGsに関する内容を少し紹介しましょう。金融、おカネの話というと、損・得ばかり考えている学問、おカネを増やすことに執心する、えげつない人、ケチな人、守銭奴の世界と思われがちですが、そうした世界ばかりではありません。私たちの幸福な生活は、経済活動の安定や成長があって、維持できるわけです。そのために重要な役割を果たしている大きな分野が金融の世界です。たとえば、素晴らしいアイデアは持っているものの、それを実現するために必要な資金が足りない人はそのアイデアを実現できません。もし、こうした人に資金を融通できれば（おカネの余っている人から、不足している人におカネを融通する、これが金融ということですが）、素晴らしいおカネの活用の仕方が生まれるわけです。いまでいえば、IT分野の創業者たちはよい例といえるでしょう。また私たちが家を購入する場合でも、キャッシュで数千万円、一括で払える人はほとんどいないでしょう。金融というシステムがなければ、永久に家など持てなくなってしまうわけです。

　この節では、本のタイトルに即して、SDGsに関連した領域について触れておきたいと思います。いま、マクロ経済、あるいは世界経済に金融関連のテーマを敷衍したとき、1つはデジタル社会の到来、そしてもう1つは気候変動、地球温暖化問題への取り組みがあげられると思います。この2つの分野において、金融はダイレクトに関わっています。

（1）デジタル、ITを活用した金融の社会的包摂

　いまやほとんどの人が、とりわけ若い人はスマホをお持ちでしょう。スマートフォンという名前から明らかなように、スマホは携帯電話の機能から始まったわけですが、その用途は情報検索の手段、音楽のデバイス、さらに従前のカメラ以上に優れたカメラ機能など、多岐にわたっています。つまりは、様々な機能を備えたIT手段——小型のコンピュータとなっています。

　金融の分野は、このデジタル世界と相性がよく、簡単なおカネの取引、送金や振り込みなどは、すでにスマホを使用している人も多いのではないでしょうか。社会生活の様々な分野でIT化が進み、買い物の際、対面で行う必要のない、たとえば、アマゾンや楽天等に代表されるeコマース（電子商取引）、ネットでの売買を利用されている人も多いかと思われます。このとき支払いはクレジットカードをはじめ、「〜 pay」といった様々な決済方法を用いていることでしょう。対面で買い物する場合でさえも、現金を使用することは少なくなりつつあります（とりわけコロナ禍では）。デジタル決済に慣れ始めると、日常の消費活動でもスマホなしでの生活は考えられなくなりつつあります。

　日本の場合、銀行は駅前の一等地に立派な店舗を構えて存在しており、いつでも簡単に利用できます。またATMがコンビニを含め、私たちの生活空間のすぐ近くで利用できる社会では、現金を使用することに不便さを感じることは少ないかもしれません。しかし、日本ではそのATMを維持するだけで年間2兆円ものコストがかかっているとのことです。

　では視点を変えて、世界に目を向けてみましょう。私たち日本人、とりわけ都会で生活している人には、銀行は身近にあるものと思っていますが、海外には金融機関などの施設が整っていない、金融の制度が整備されていない国々もたくさんありま

す。いわゆるアンバンクト（unbanked）といわれる銀行口座を
持っていない人は世界に4人に1人いるとのことです。銀行口座
を持っていない成人は17億人いるといわれています。しかし、
国際決済銀行／BIS（2019）によれば、銀行口座を持てないア
ンバンクトでも、携帯電話（mobile phone）を持っている人はお
よそ11億人、すなわち世界のアンバンクト人口の3分の2にも達
しているそうです。たとえば、ケニアなどでは、M-PESAとい
う電子媒体のマネーが流通しています。駅前に立派な建物など
なくても、携帯電話で十分金融機能を活用できているのです。

　また、外国への出稼ぎで稼いでいる人が多いフィリピンなど
の国々では、送金の際に多額の手数料がかかっています。すで
に皆さんのなかにも経験された方がいらっしゃるでしょうが、
スマホや携帯電話で送金した場合には、ほとんど手数料がかか
らずに決済や仕送りが簡単にできるようになっています。

　このようにこれまで金融機関という社会的インフラを活用で
きなかった人々も、いまではスマホや携帯電話を使用すること
によって十分その恩恵を受けることができるようになりました。
このことを金融の社会的包摂といいます。

　こうしたなかで中央銀行が発行する銀行券というキャッシュ
自体にもデジタル化の流れが生じています。中央銀行の発行す
る貨幣そのものをデジタル化する、すなわちデジタル通貨CBDC
（Central Bank Digital Currency）を発行している国が出てきていま
す。多くの島から成り立っているバハマなどでは、現金の輸送だ
けでも大変なコストがかかるため、中央銀行の発行するキャッ
シュ自体がデジタル通貨となっています。ちなみに、カンボジ
アではバコンというデジタル通貨が使用されていますが、これ
には、ソラミツという日本の企業が関わっています。いまや中
国やベトナム、そして先進諸国においてもCBDCの実証実験が

始まっています。

　下の図にあるように、貨幣の変遷について見ていくと、貨幣の歴史は、古代の自然貨幣から始まり、商品貨幣、金属貨幣、鋳造貨幣、紙幣へと徐々に移り変わっています。中島真志(2020)は、「通貨というのは、その時々に利用可能な素材を用いて、またその時代における最先端の技術（精錬技術、鋳造技術、製紙技術、印刷技術など）を使って作られてきた」と述べています。そして、既存の通貨の課題を解決するように、新たな形態の通貨が生み出されてきました。CBDCも現代における最先端のデジタル技術であることや、いまや多くの国々が実証実験を行っていることから、CBDCが次の通貨となることは歴史の必然といえるかもしれません。

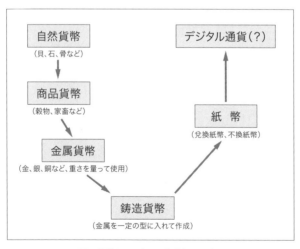

図　通貨の歴史とデジタル通貨[1]

1　出典:中島真志（2020）

（2）気候変動、地球温暖化問題への取り組み

　次に、人類がいま抱えている喫緊の問題として、地球温暖化問題、気候変動の問題があげられます。地球温暖化によって海面が上昇し、陸地が海面に埋没してしまう可能性のある国もあります。日本でも最近はゲリラ豪雨（線状降水帯）や猛暑が多発しており、地球温暖化、気候変動の問題はただ事ではないと考えられている方も多いでしょう。こうした気候変動の問題に対して、金融サイドから支援の方法を提供しようとしているのが、グリーンボンドの取り組みです（ボンドとは債券のことです）。

　野村ホールディングス・グループCEOの奥田健太郎（2022）によれば、「脱炭素やサステナビリティー（持続可能性）に関するファイナンスが増えている。脱炭素に要する資金は、2050年までの累計で122兆ドルにのぼるとの試算がある。邦貨換算で1京円を超える巨額の需要だ。このうち約50％超はアジアだ。日本を含め世界の企業にとって、ESG（環境・社会・企業統治）を本業のど真ん中に据えないとビジネスが成立しない」「企業の脱炭素はサプライチェーン全体でビジネスのあり方を変えていこうという話であり、大がかりな事業の見直しが必要になる。グリーン投資は成長ドライバーにもなる」とあります。アベノミクスの3本の矢、大胆な金融政策、機動的な財政政策、そして民間投資を誘発する成長戦略において、積極的な取り組みが行われずにきてしまったのが成長戦略ですが、この気候変動、地球温暖化問題への取り組みは、成長戦略の主要なトピックの一つにもなると思われます。

　これらはまだ緒に就いたばかりですので、ここでこれ以上扱うのは控えたいと思います。

　金融というと、「晴れの日には傘を貸すが、雨の日には取り上げる」というような血も涙もない存在のように言われることが

ありますが、金融は、「貧困をなくそう」「すべての人に健康と福祉を」「住み続けられるまちづくりを」「気候変動に具体的な対策を」等に関わる分野であることを、この本の読者対象である高校生などの皆さん方には知っておいていただきたいと思います。これからの時代を担っていく若い人々には、こうした視点からもさらに金融について理解を深め、人類の幸福、社会の繁栄[はんえい]に取り組んでいっていただきたいと思います。

5. 知っているようで知らないクイズ

　最後に、楽しく学べる金融に関するクイズをいくつかやってみましょう。

　次にあげる8問に挑戦してみてください。

1) 日本銀行本店・本館の屋上・屋根の部分は、日本円にちなんで「円」の字となっている。
2) 3000円のものが欲しいとき、100円硬貨30枚あれば、必ず購入することができる。
3) 金（きん）goldは、日本において、貨幣量（マネーストック）としてカウントされる。
4) 貨幣価値が大きいとは、金利が高いということである。
5) 公定歩合[こうていぶあい]の操作は、現在、日本における主要な金融政策手段である。（公定歩合：日本銀行が民間の金融機関に資金を貸し出す際の基準金利）
6) マイナス金利政策とは、私たち家計や企業が民間銀行に預けている預金の金利をマイナスにする政策である。
7) ゼロ金利政策や量的緩和政策は、日本銀行が世界に先駆けて行った政策である。

8) 1000万円の資金を、10年で2倍にしたいとき、年率何％の金利で運用すればよいか。

答えは、1）から6）まではすべて×です。正しくありません。7）は〇です。正しいです。

8）は、複利で運用する前提ですが、7.2％以上の金利で運用すれば、10年で2倍以上になります（複利：利息と元金の合計に対して利息をつけること）。

以下、簡単に解説をしておきましょう。

まず1）ですが、日銀の本店・本館を上から撮影すると、次のように見えます。

「Microsoft Bing」から使用

日本銀行本店・本館は、明治29年、東京駅の設計者として有名な辰野金吾氏の設計により建設されましたが、当時、日本円の「円」の字は、「圓」の字が使われていました。したがって、日本円の「円」にちなんで設計されたわけではありません。

2）日銀券は法定通貨といって、法律で定められた強制通用力を持つものですが、硬貨は補助通貨であり、法律で「額面価格の20倍まで」を限度として通用すると規定されています。つまり、20枚までなら貨幣として支払いが可能ということです。支払い

においてあまりにも多くの数の硬貨が使用された場合、保管や計算などに手間を要し、社会通念上、不便となることから、上限が設けられており、取引の相手方は受け取りを拒否することができます。もちろん、取引の相手方の了解が得られるならば、それを妨げるものではありません。したがって、現実には、100円硬貨30枚出せば、3000円のものを購入できるともいえますが、購入できないこともありえます。1円硬貨3000個で支払いが行われる状況を想像してみてください。

　3）日本において、貨幣量（マネーストック）の定義は、現金通貨プラス預金通貨であり、預金通貨の範囲によってM1やM3という指標があります。現金通貨は、いわゆるキャッシュで日銀券と硬貨であり、預金は銀行預金です。公共料金等の支払いの際、銀行口座からの引き落としが可能ですので、預金も貨幣として扱われます。しかし、金（きん）goldは対象外です。蛇足ですが、本章を含め経済学の金融専門のテキスト等では、おカネというカタカナ表記を一般的に用います。これは、金（きん）goldとおカネを区別するためです。

　4）貨幣の交換手段という重要な機能から、貨幣の価値とは、その貨幣でどれだけのものが手に入れられるかを意味します。たとえば、1万円札の価値とは、その1万円でどれだけのモノやサービスが手に入るかを意味するもので、モノやサービスの価格が上昇すれば、1万円でそれらを入手できる量は少なくなり、1万円の価値は減るわけです。このように貨幣の持つ購買力でもって貨幣価値をとらえます。したがって、貨幣価値が高いということは、金利が高く、利息がたくさん付くという意味ではありません。

　5）現在、日本銀行の金融政策の主要な手段として用いられているものは、公開市場操作であります。日銀は、公開市場操作

によって、金融機関を対象に国債をはじめとした債券を売買することを通じて資金を供給・吸収しています。こうして資金量をコントロールし、金利の調節をしています。かつて規制金利の時代には、金融機関に対して日銀が資金を貸し出す際の金利である公定歩合の操作が、金融政策の主要な手段として用いられていましたが、現在、公定歩合は主要な政策手段ではなく、名称も「基準割引率および基準貸付利率」に変更されています。

　6）中央銀行である日銀は、銀行の銀行であり、マイナス金利政策とは、金融機関が日銀に預けておく預金、日銀当座預金の一部分の金利をマイナスにするものであります。したがって、私たちの家計や企業が民間銀行と取引する際の金利がマイナスになるというものでありません。

　7）日本はこれまで、金融の世界だけでなく、様々な分野で、アメリカをはじめ先進諸国が行ったものに追随し、それを発展させるという形態で大きく成長してきました。しかし、ゼロ金利政策や量的緩和政策については、日本銀行が世界に先駆けて行った政策であります。バブル経済がはじけ、その後の失われた10年といわれる不況に対して、日銀は金利をどんどん下げて対応してきましたが、ついにゼロパーセントまで到達してしまいました。ゼロパーセントまで下がってしまったら、これ以上金利を下げることはできません。そこで、更なる金融緩和をするために考え出したのが、金利はゼロにしたまま、数量、すなわち日銀からの資金の供給量を増やすという未知の政策領域（量的緩和政策）に入っていったわけです。これらは世界で初めてのことですから、日銀としては恐る恐る行ったものであると思われます。

　8）これは金融の分野では有名な72の法則といわれるものです。金利×年数＝72の関係を満たせば、複利で運用した場合、

元の資金は2倍になるという法則です。大変便利なものですので、知っておいて損はありません。

　たとえば、金利が7.2％のとき、10年間、複利で運用すれば、7.2×10＝72ですから元の資金は2倍になります。$(1+0.072)^{10}$≒2ですので、元本をAとすれば、$A×(1+0.072)^{10}$≒2Aとなります。この法則を用いれば、もし、金利が8％であれば、9年間で、資金は2倍になります。一方、金利が3％であれば24年間かかるというものです。ゼロ金利のときのように、金利がほぼゼロの0.001％だと、なんと72000年もかかるということになります。

　この計算は単に数学上の公式ですから、金融以外の分野でも、成長や増加を考えるときに使える便利な法則です。たとえば、日本の高度成長期に当時の池田勇人首相が「10年で皆さんの所得を2倍にしてみせる」という所得倍増論を打ちだしましたが、これも年7.2％の経済成長率を達成させるという計算から出てきた数値です。

参考文献

池上彰（2017）『改訂新版　日銀を知れば経済がわかる』平凡社新書
奥田健太郎「ウクライナ危機下の市場」（「日本経済新聞」2022年4月4日付朝刊）
櫻川昌哉（2021）『バブルの経済理論』日本経済新聞出版
島村高嘉/中島真志（2020）『金融読本（第31版）』東洋経済新報社
陣内了「合理的バブルの理論」（「日本経済新聞　やさしい経済学」2022年3月）
中島真志（2020）『仮想通貨vs.中央銀行』新潮社
中曽宏 監修（2020）『デジタル化する世界と金融—北欧のIT政策とポストコロナの日本への教訓』金融財政事情研究会
BIS『BIS年次報告書』2019年

第4章

より良い社会を作っていくためのファイナンス

〈ファイナンス（Principles of Finance）〉

創価大学経済学部 准教授

佐久間貴之

1. 「ファイナンス」って何？

　皆さんは「ファイナンス」という言葉から、どういうものをイメージしますか？　「なんとなくお金に関する内容で自分たちの生活にも関係しそうだけど、なんだか難しそう」と敬遠する方々が多いのではないでしょうか？　一方で、株式投資に関する本を書店で見かけることも多いからか、「苦労しないでお金儲け（もう）ができる方法を教えてくれる学問」と思われることも少なくないかもれません。

　後者に関しては、私も学生時代にそう思っていました。学部では数学科に在籍していましたが、ある日新学期の教科書を購入するため大学の書店に行きました。その時、私が買おうとしていた教科書の横に置いてあった本にふと目が止まりました。金融工学に関する本で、それが私にとって金融、すなわちファイナンスとの初めての出合いでしたが、それまではファイナンスに興味すらありませんでした。何も知らない私は「もしかしたら苦労せずにお金を儲けられる方法でも書いてあるのかしら」と期待してその本のページをめくってみたのです。そんな期待が失望に変わるのに時間はかかりませんでした。その本を読んで、ファイナンスで最も重要な概念である「無裁定条件」を学んでしまったからです。

　裁定、もしくは裁定取引というのは、わかりやすく言うと「損をすることなく、確実にリターン（儲け）が得られる取引」を指します。無裁定というのはその反対。つまり「損をしないで確実にリターンが得られる」ということはあり得ない、「儲けられることもあるが、損することもある」という、よく考えてみれば当たり前です。確実に儲かるという話はあり得ない、ということです。

実は、この考えは「デリバティブ（金融派生商品）」と呼ばれる複雑な金融商品の価格を計算するために大変重要なのです。しかし私はこの「無裁定条件」を学んで、とても落胆しました。ファイナンスなんて当たり前のことしか教えてくれない価値のない学問である、とさえ思ってしまったのです。ただ落胆した一方で、「では、ファイナンスから何が学べるのだろうか？」という素朴な疑問も芽生えました。そして結局は、大学院で金融工学を勉強した後に銀行で働くことになりました。

　では、ファイナンスは私たちに何を教えてくれるのでしょうか？　まずミクロの視点から考えてみましょう。

　リスクなしで儲けることはできないというのは、人生においても同じです。皆さんにも将来はあれもしたい、これもしたいなど様々な目標、夢があり、それらを達成することで様々なリターン（利益）が得られると思います。しかし、それらを達成するためには現在の努力が必要です。そして努力には時間が必要なので、他のことをあきらめてその時間を努力に費やさなくてはいけません。しかしながら、どんなに努力をしても目標、夢が達成できないこともあります。その覚悟を背負ってでも、求める価値のある目標、夢なのかをふるいにかけて決め、今から努力を始めなくてはいけないわけです。ただし、その目標や夢が達成できなければ努力は無駄なコストに終わるのか、ということでは決してありません。

　私は高校スポーツ観戦が趣味で、特に夏の高校野球や冬の高校サッカーは現地観戦することもありますが、日本一になれる高校はたった一校です。その一校を除いた他の高校は全て途中で負けることになり、勝敗には時の運もあるでしょう。しかし負けてしまった高校の選手たちや、コロナ禍で大会にすら参加できなかった高校の選手たちも、日本一という目標を達成する

ため日々努力する過程で様々なことを学び、確実に成長しています。その目標、夢を追わなければ決して得られなかった価値あるものをたくさん得られるので、それらの価値も目標、夢の価値の中に含められるべきだと思います。

話を戻しますが、ここで問題なのは比較する対象が未来（目標、夢）と現在（努力）なので比較するための基準を統一する必要がある、ということです。時点の異なるものの価値を比較するために、ファイナンスには「現在価値」という考え方があります。将来に得られる価値を現時点における価値に変換し、現在費やさなくてはならないコストと比較する。そして将来の現在価値が今費やすコストよりも大きければ、それは挑戦するに値する目標、夢だと言えます。

会社における事業評価も同様です。ある事業を行うべきか判断する時、将来にその事業から得られるリターンを現在の価値に換算してからその事業にかかる費用と比較し、その事業を遂行するかどうかを決めるのです。

では、どのように将来の価値を現在の価値に変換したらいいでしょうか。それは将来の価値がどれだけ保証されているか、すなわち信用力の大きさに依存します。例えば、あなたがAさんとBさんの2人から同時に「100円を貸してほしい。その代わり1年後に110円で返す」と言われたとします。問題は、言われたとおりに貸すかどうかです。まず、Aさんは信用できる人なので、言われたとおり100円貸したとします。この時あなたは、「Aさんから1年後に受け取る110円の現在価値は100円」と見なしたことになります。

一方、Bさんは約束をあまり守らない人なので、Aさんほど信用できる人ではないとします。なので、Bさんがいくら「1年後に110円返す」と言ってきても、Aさんと同じ金額の100円は貸

したくないでしょう。ではいくらだったら貸してあげるでしょうか？　90円なら貸してあげてもいいと思うかもしれません。もちろん、1年後にはAさんと同じ110円を返してもらいます。この時あなたは、「Bさんから1年後に受け取る110円の現在価値は90円」と見なしたことになります。将来の価値はまったく同じなのに、現在の価値が異なるのです。これはAさんとBさんの信用力の違いから来ています。

　「ディスカウント・ファクター」という専門用語と使うと、Aさんの場合ではディスカウント・ファクターを100/110＝約0.91とみなしているのに対し、Bさんの場合ではディスカウント・ファクターを90/110＝約0.82とみなしていることになります。ディスカウント・ファクターが小さいほど信用力が低い、ということになります。

　少し専門的になりますが、ディスカウント・ファクター（DF）は以下の式を使って考えることができます。

$$DF = \frac{1}{(1 + r)^T}$$

　Tは時間を表し、rは割引率（利子率）と呼ばれます。Tとrはともに分母にあるので、これらが増えるとDFは小さくなります。先ほどの例で言うと「1年後」なので、年単位で表してT=1です。また割引率は、Aさんの場合

$$\frac{1}{1 + r} = \frac{100}{110} \rightarrow r = \frac{10}{100} = 10\%$$

と10％になります。同様にBさんの割引率を計算すると約22％になります。よってBさんの割引率が大きいのでDFは小さくなり、Aさんと比較して貸すリスクが高い、すなわち信用力が低いとい

うことになります。

　一方、時間つまりTが変わればDFの大きさも変わります。先ほどの例では、1年後に110円返してくれるとのAさんの言葉を信用して、100円を貸しました。ではTを200とした場合、つまりAさんが「200年後に110円返すから100円貸してほしい」と言ってきたらどうでしょう。あなたはAさんの言葉を信用できるでしょうか。医療技術の発達によって平均寿命が300歳くらいになれば信用できるかもしれませんが、それでも200年後にAさんがきちんと110円返してくれる可能性はかなり低くなりそうです。よって、この場合はさすがにAさんでも信用力が低くなります。先ほどの式で説明すると、TはDFの分母になるので、割引率を一定とすればT＝1の場合よりT＝200の方がDFは小さくなることがわかります。

　ディスカウント・ファクターは、将来の価値を現在の価値に変換する上で重要な概念です。ファイナンスを知らない人々は、「将来110円返す」という部分が同じなら現在の価値も同じだろうと考えてしまうのです。私の授業では、このディスカウント・ファクターを前半に学習します。

　ここまでは、将来にもらえるリターンと現在にかかるコストの比較、という観点で話をしました。他方で、人生には将来にかかるコストもあります。お子さんがいる家庭は、そのお子さんが将来大きくなって大学に行くことになった場合、授業料を払うことになるでしょう。そのコストを将来払うためには現在いくら必要か。足りなければ毎月いくら貯金すればいいのかなど、親御さんたちは計画を立てなくてはいけません。

　また、将来予期せぬ事故にあうかもしれません。今日健康な人でも明日事故にあって一生仕事ができなくなるかもしれません。皆さんは、生きていく上で様々な困難に直面するリスクを

抱えています。タイムマシンでも発明されない限り、将来がどうなるかは誰もわかりませんし、不測の事態を完璧に防ぐことはできません。ですから、そのような事態になった時にでも対応できる準備が大事です。私は銀行のリスク管理部署で働いていましたが、金融機関では日々そのようなリスク管理がされています。最近ではサッカーの試合でも「リスクマネジメント」という言葉をよく耳にしますが、ファイナンスにおける重要な考えがスポーツの世界にも浸透し始めているのは嬉しいです。

　長らく日本では、「お金」＝欲望を満たすためのやましいもの、不幸にするもの、というような一面ばかりが強調されてきたように思います。そして、お金の使い方を学問にするなんておかしい、投資なんてとんでもない、という考えを持つ人々もいます。しかし、大前提として知っておいていただきたいのは、「投資」は「投機」と違うということです。「投機」は購入した株などの金融資産が明日いくら上がるかを予想して、うまく売り抜けて稼ごうとすることで、いわば自分の利益のためのギャンブルです。これに対して本来の「投資」とは、例えばある会社の株を買うことでその会社を応援し、その会社を発展させることで社会がより良くなることに寄与しよう、ということです。

　近頃はSNS上などでも「うまい投資がある」というような情報が溢れています。FX（外国為替取引）や暗号資産など、ちょっと仕組みが難しいものだけど「絶対に儲かる」という話を、どこかで聞いたことがあるのではないでしょうか。私が学生に口を酸っぱくして話すのは、「そのようなうまい話があったら誰にも教えないし、すでにどこかの企業がその方法を使って利益を確実に出し続けているでしょう」ということです。先ほど「無裁定条件」について話した通り、「必ず儲かる」という話はあり得ないことを知っておいてください。

ファイナンスを学ぶことそのものを遠ざけてしまうと、大事な場面で判断を誤ってリスクを抱え込んでしまったり、怪しげな儲け話に騙されたりするのです。悔いなく一生を過ごすためにどのように人生設計をしたらいいか、その考え方をファイナンスから学ぶことができます。

2. 「信用」という人間的な学問

先ほどはミクロの視点からファイナンスについて考えてみました。今度はマクロの視点、つまり社会全体の視点から考えてみましょう。

貨幣経済が誕生する以前は、人々は物々交換をしていました。自分の作ったもの、持っているものと他人が持っている必要なものを交換することによってそれぞれの暮らしが豊かになり、その結果豊かな社会が形成されていたわけです。「必要としている人に必要なものが行き渡ること」が、より良い社会を作り続けていくために重要です。

しかし、国内や海外の様々な人々と物々交換するのは大変です。その大変さを解消するために、お金が使われているのです。皆さんの財布に入っているお金は、いろんな人の手に渡ってから皆さんの財布に入っています。お金は社会全体を循環していて、社会を人間の身体に例えるとお金は体中をめぐる血液のようなものです。この血液がどこかで滞ると大変なことになってしまいます。同様にお金の流れが社会のどこかで滞ってしまうと、望ましくない状況になってしまいます。

身近な例ですと、企業が儲かっているのであれば、その企業は従業員に儲かった分だけ給料を上げた方が良いのです。現在の日本では、給料がなかなか上がらないという問題があります。

そうするとモノが買えなかったりするだけでなく、将来に対する不安からお金を貯め込んでしまう。給料を上げないと会社にはお金が貯まりますが、従業員の財布から出ていかないので社会でお金が循環しないことになります。

　コロナ禍では、そうしたお金の流れが滞る現象が顕著になりました。政府が感染の縮小したタイミングを見計らいながら「Go To イート」「Go To トラベル」キャンペーンなどを実施したのも、人の流れができることでお金の流れをなんとか作り出そうとしたわけです。

　また、社会でお金の流れる量も重要です。例えば、マラソン選手は記録向上のために高地トレーニングを行うことによって体内のヘモグロビン濃度を増やすことができます。酸素を運ぶ働きのあるヘモグロビンの増加によって体中に行き渡る酸素の量が増え、持久力の向上につながるのです。

　私たちの住む社会でも同様です。時には、金融政策を用いてマネーサプライ（社会に流れている通貨の総量）を適切に調整することが必要です。例えば、ヘモグロビンの低下によって貧血になるのと同様、社会で回るお金の量が少なくなると「デフレ」と呼ばれる社会にとって望ましくない状態になります。

　一方、トレーニングをし過ぎると怪我をする可能性が高くなるので、これも望ましい状態とは言えません。例えば、社会に流れているお金の量が増え過ぎるとモノに比べてお金の価値が下がるので、インフレという状態になってしまいます。緩やかなインフレならいいのですが、度が過ぎると社会にとって望ましくない状態になる可能性が高くなります。

　よって、社会にとって適切なお金の量を循環させる金融政策が重要となります。日本では長い期間にわたってデフレ状態が続いていたので、流れるお金の量を緩和して多くすることで物

価を上げようとする「量的金融緩和政策」が採用されてきたのです。

　先ほど、現在は物々交換を効率よく行うためにお金が使われているという話をしました。例えば、食べ物は生きていくために必要ですから、食べ物は昔は物々交換の対象とされていました。しかし、皆さんが持っている千円札は、よく考えたらただの紙切れです。食べることはできません。なぜこの紙切れが千円という価値を持ち、食べ物を購入できるのでしょうか。簡単にいうと、この紙切れには千円という価値があると皆さんが信用しているからです。

　創価大学の創立者である池田大作先生は、ご自身の恩師の言葉を引いてこう言われています。「戸田先生は、〝青年に大切なものは、名誉でも地位でも財産でもない。信用である〟と教えられた」と。

　ファイナンスはともすれば「お金」という面ばかりが強調されがちで、一見、人間味の無い学問に見えるかもしれません。けれども、人間として生きていく上で大切な「信用」を土台として成り立っているのです。ファイナンスはどうしても数字のみを対象とした学問のように思えますが、その数字を動かしているのは人間です。ですから根本が人間らしさから離れることはあり得ません。これは私だけが主張していることではなく、ハーバード大学教授のミヒル・A・デサイ氏の著書『明日を生きるための教養が身につく ハーバードのファイナンスの授業』（ダイヤモンド社、2018年）に脈打っている考えでもあります。

　例えば、ファイナンスの授業で、「ポートフォリオ理論」を学習します。投資をする際、1つの株だけに投資するのはリスクが高くなります。では、2つ以上の企業の株に投資することにしましょう。しかし輸出企業の株のみに投資するとしたら、どうな

るでしょうか。一般的に、円安では輸出企業の株価が上昇する可能性は高いですが、逆に円高に進めばほとんどが下落してしまいます。一方、輸出企業だけでなく輸入企業の株にも投資をしておくことにより、投資している全ての株価が下落する可能性は低くなります。その結果、株価変動のリスクがなくなり、安定的な収益を出せる可能性が高まります。このようにリターンとリスクの最適な資産構成を考えるのが「ポートフォリオ理論」であり、今紹介した投資の方法は「分散投資」と呼ばれます。

デサイ教授は、同じことが人間関係にも当てはまると述べています。自分と似たような性格や考え、一緒にいたら楽しいという人たちばかりと一緒に過ごしていると、そんなにいい人生にはならないと言うのです。そうではなく、人生にも多様な考え方が大事だと。時には自分と正反対の考え方をする人たちからも学んでいく中で、自分の人生が豊かになっていく。同じようなタイプの人間関係で固まってしまえば楽かもしれないけど、後でふりかえった時にそれほど充実した人生を送れていない、というのです。

最も豊かな人間関係とは「普段の経験の外の世界に視野を広げてくれるような関係だ」とデサイ教授は語り、その関係をファイナンス用語で言う「不完全相関資産」になぞらえています。もともと「ポートフォリオ」は「紙挟み」「折カバン」の意味ですが、今では学生のレポートや活動記録をファイルしたものやアーティストの作品集、さらに金融や投資の世界では現金・預金・株式・債券・不動産などの投資家が保有している金融商品の一覧や、その組み合わせの内容を指します。

デサイ教授は、あえて対象を分散化して自分を異質な環境や経験にさらすことを、〝人生のポートフォリオをもっとも豊かにしてくれる資産〟だと語っています。社会に出てからはどうし

ても同質の人間関係に囲まれがちですが、大学時代というのは多様な人や価値観に触れられる貴重な時間でしょう。金融機関への就職を考えていない方々にもファイナンスに関心を持ってもらえたらと思っています。ちなみに、私のゼミの学生全員が金融機関への就職を希望するわけではなく、他の分野に就職する学生もいます。

3. 金融教育が欠如していた従来の日本

　ちょっと私自身の話もしておきたいと思います。アメリカのミネソタ大学で数学を学んだ後にニューヨーク大学の修士課程に入った時、当初は数理生物学を勉強しようと考えていました。生命を維持するシステムはとても複雑で、大変多くの遺伝子が関連し合っています。当時はその研究にいちばん関心があったのですが、ニューヨーク大学が金融街のウォールストリートから講師を招き、金融工学の授業を提供していることを知りました。その時に、数学が金融という分野にも使えるのだということを知ったのです。

　ニューヨークという街は世界の縮図のような場所で、それこそ人種問題から経済格差の問題まで、あらゆる課題が凝縮されていました。そうした光景に日々接するうち、社会に出て貢献したい、と考えるようになったのです。もちろん研究が好きだったので最終的には大学に戻ろうとは決めていましたが、ずっと大学という場所に閉じこもるのではなく、外の社会を経験しておきたいと考えるようになったのです。数学という自分が好きな分野で何ができるだろうかと思案しましたが、当時は数学を生かせるものといえば金融しか思いつかなかったのです。そして修士から博士に進む途中で、ひとまず帰国して銀行に就職し

ました。

　私がアメリカにいた当時、金融工学はすでに学問領域として認められ大学での学習プログラムも充実していました。しかし日本では、金儲けするための方法を学問として扱うのはいかがなものかという風潮があり、国内で学べるプログラムはほぼありませんでした。帰国した当時、日本では社会とアカデミックの分断が大きく、実利に関係なく学問は純粋に学問として楽しむものだ、という側面が強かったような気がします。

　アカデミックの世界に限らず、日本ではお金について勉強することに抵抗がある人々はいまだに少なくありません。一方アメリカでは金融教育を早い時期から行いますので、積極的に投資をする人々が多いのです。その投資によって企業にたくさんのお金が回り、そのお金が企業の成長を後押しします。その結果、日経平均株価指数はこの30年間、あまり変わらない一方で、アメリカのダウ平均株価は右肩上がりの上昇傾向が続いています。そして、GAFAM（Google〔現Alphabet〕、Apple、Facebook〔現Meta〕、Amazon、Microsoft）のような現在の世界をリードする大企業も誕生しています。日本では「タンス預金」という言葉に象徴されるように、使われていないお金が多いと言われています。投資を通して社会で有効に使われず、ただ貯められてしまっているのです。また金融教育が不十分なために、投資にお金を使うということ自体が悪いことのように思われがちです。「タンス預金」をしてお金を貯めている高齢世代ほど、そうした固定観念が強いと思います。

　しかし、日本でもようやく2022年から高校で金融教育が導入されるようになりました。今、これを読んでくださっている皆さんは「ファイナンスって何？」といった感じの方々が大半だと思います。さらに、ファイナンスは環境保全やSDGs（持続可

能な開発目標）からはほど遠い、というイメージを持たれている
方々も少なくないと思います。しかし、「人々が暮らす社会をよ
り良くしていきたい」という考えがファイナンスの根底にある
ことを、これまでの話から感じとってもらえばと思います

4. SDGsにおけるファイナンスの役割

　お金を必要とする、もしくはお金を使うべきところに流すの
が、ファイナンスの目的です。その観点からするとSDGsの達成
のためには、お金を必要としている所にお金を流す必要があり
ます。また、本来のファイナンスには人々が住みやすい社会を
作っていこうとする考え方があるので、社会をより良い方向へ
向けていくものにお金を流していくことは必然と思います。

　その役割の1つがESG投資です。「ESG」とは環境（Environment）・
社会（Social）・ガバナンス（Governance）のことです。従来の
財務情報に加え、これらの問題に対しての企業の取り組みの状
況から、その企業に投資するかどうかを判断します。ESG投資は、
2006年のPRI（国連責任投資原則）で提起されて以降、署名する
機関の数も投資額も増えています。日本でも年金積立金管理運
用独立行政法人（GPIF）が2015年に署名したことを受け、ESG
投資が広がってきました。SDGsが採択されたことで仕方なくそ
のような流れになっているのではなく、金融業界ではより早い
段階から社会や環境に配慮しようという潮流が生まれていたの
です。SDGsをゴールとすれば、ESG投資はその達成のためにファ
イナンスを活用した手段とも考えることができます。

　ESG投資の方法は様々です。最近注目されている金融商品の
一種にグリーンボンドと言われる債券（資金調達のために発行する
有価証券）がありますが、これは環境改善への貢献に特化したプ

ロジェクトが投資対象となっており、年々市場が拡大しています。「グリーン」というのは環境のことです。ある企業が「環境に貢献するプロジェクトをやります」と言った場合に、そのプロジェクトに対して債券の形でお金を投資し、そこから得られたリターンで投資家に返金するものです。

　これまでは、例えばガソリン自動車の排出するCO_2の削減など、環境に悪いマイナス要素を変えて環境に優しいものにしていくというやり方が主流でした。一方グリーンボンドは、環境に良い商品やプロジェクトを企業がゼロから立ち上げてそれに投資していくという、より積極的な流れです。

　日本では、2021年にNTTグループが3000億円規模のグリーンボンドを発行しました。このように新たな市場が活性化すればSDGsへの取り組みをポジティブに捉える企業も増えていき、社会全体のモチベーションも上がっていきます。コストをかけて既存のものを変えていくというよりも、これからは環境に優しいものをどんどん作っていきましょう、というほうが企業も取り組みやすいと思います。そのために新たなことに積極的に取り組むことで、企業が利益を上げられる仕組みを作っていくことも大事です。人間は理念だけで動かないという側面もあるため、このような仕組みを作って人々のマインドを動かしていくところに、一見、数字だけの無味乾燥なものに思われがちなファイナンスの〝人間的な面〟があるようにも思います。

　また、現在ファイナンスの分野では量子コンピュータを活用した試みが盛んです。量子コンピュータとは、量子という物理状態を利用したコンピュータです。取り扱う計算問題によっては、スーパーコンピュータでも1万年くらいかかる問題を200秒ほどで解いてしまう（Googleによる量子超越性の実証実験）ことがわかっており、次世代のコンピュータとして注目されています。

スマートフォンのようにPCはどんどん小型化されています。しかし、その小さくしていくことにも限界があり、現在のコンピュータの性能をこれ以上向上させるのは無理かもしれない、と言われているのです。

　量子コンピュータが注目されたきっかけは「暗号」でした。情報セキュリティに使われている現在の暗号システムは、整数のある性質を利用することによってスーパーコンピュータでも解読するのが非常に困難になるように作られています。ところが、量子コンピュータを活用すると簡単に解読されてしまうことがわかり、一気に注目を浴びました。そしてGoogleは、この解読に利用できそうな量子コンピュータを2029年までに実現することを目指しています。

　これまで量子コンピュータの実現は難しいと考えられていました。しかしあと10年以内に実現するとなれば、情報セキュリティにおいて大変な問題です。各国政府や金融機関は量子コンピュータでも解読できない暗号システムを早く完成させなければと、日々取り組んでいます。

　また、量子コンピュータはSDGsの観点からも注目されています。現在のコンピュータはたくさんの電力を使っていますが、量子コンピュータの場合は使用する電力が圧倒的に少ないので省エネが期待されているのです。例えば、金融業界に関わるコンピュータは24時間稼働して常に複雑な計算処理を行っているので、膨大な電力が消費されています。しかし量子コンピュータの普及によって省エネが加速されることで、SDGsへの貢献が期待されるわけです。

　創立者・池田先生は常々「大学は、大学に行けなかった人のためにある」と語られてきました。この本を読んでくださっている多くの皆さんは、少なくとも大学に進学することを人生の

選択肢として検討しているのだと思います。しかし、誰もがそのような選択肢を持っているわけではありません。この地球上に暮らす人類の全体から見れば、そうした選択の余地を与えられていない人々の方がまだ多いと言えます。

　先に紹介したデサイ教授は、次のように語っています。

　「ファイナンスとは何かと学生たちに聞くと『おカネ』という答えが返ってくる。ファイナンスの語源はラテン語の『フィーニス』で、借金を返すときの『最後の支払い、または決済』という意味だった。最初に『ファイナンス』という言葉が使われたのは、中世に描かれた『ベリンの物語（Tale of Beryn）』だ。チョーサーの『カンタベリー物語』の一部ともされている。この物語で、ある登場人物が自分の人生に思いを巡らせ、こんなことを言う。『過去のあやまちを正すには、ファイナンスを行え』。つまり、人生の救済を得たければ、期待を裏切らず、恩義を返しなさいということだ」──と。

　SDGsの本質は、今を生きる世代と未来を生きる世代との〝格差〟を是正することにあるとも言えます。大学で学ぶことの意義は、その幸運を与えてくれた人々や社会の恩義に報いていくためであり、自分が得た以上のものを未来の世代に与えるためだと私は思っています。

参考文献

ミヒル・A・デサイ（2018）『明日を生きるための教養が身につく　ハーバードのファイナンスの授業』ダイヤモンド社

第 5 章

新たな価値を
創造するための
データサイエンス

〈データサイエンス〉

創価大学経済学部 教授
浅井 学

SDGsとの関連性［GOAL 9,17］

1. データサイエンスを学ぶ意義

　スマホのおかげで、私たちの生活はさらに便利になりました。スマホで手軽に見ることのできるYouTube。YouTubeのレコメンド機能は、過去の視聴履歴などを考慮して一人ひとりの興味に合わせて動画を勧めてきます。自分で動画を探す手間が省けて、非常に便利です。身近な例としてYouTubeをあげましたが、さまざまな面で、好きなもの、大切なものは人それぞれです。

　一人ひとりの関心を大切にしながら、便利な生活、また豊かな暮らしを実現していくために、今「データサイエンス」が注目を集めています。「便利」というと先進国だけの問題に聞こえるかもしれませんが、そうではありません。フィンテック（後述）などの分野では、開発途上国であるケニアのほうが、日本よりも便利な技術が普及していたりします。

　データサイエンスとは、端的に説明すると「サイエンス（科学的な手法）を用いて、データから新たな価値を創造する学問」と言えます。

　今やデータは、人・モノ・お金につぐ第4の資源となっており、経営資源（企業経営に必要となる資源）の価値では石油を上回っています。図1は、2021年の「世界時価総額ランキング」（「時価総額」とは、企業を評価する重要な指標のこと。株価と発行済株式数をかけて求める）です。

　ここでは、主に2つのことに注目したいと思います。1つは、GAFAM（世界のIT産業を牽引するアメリカの5社「Google（現Alphabet）」「Apple」「Facebook（現Meta）」「Amazon」「Microsoft」の頭文字を並べた呼称：旧社名を含む）が、すべてトップ10に入っていること。もう1つは、サウジアラビアの国有石油会社「Saudi Aramco」と台湾の半導体企業「TSMC」以外のトップ10に入っている企

順位	企業名	国	時価総額（億ドル）
1	Apple	アメリカ	23,030
2	Saudi Aramco	サウジアラビア	20,400
3	Microsoft	アメリカ	17,010
4	Amazon	アメリカ	16,590
5	Alphabet(Google)	アメリカ	12,770
6	Tencent	中国	8,436
7	Tesla	アメリカ	8,010
8	Meta(Facebook)	アメリカ	7,772
9	Alibaba	中国	7,246
10	TSMC	台湾	6,150
11	Berkshire Hathaway	アメリカ	5,508
12	Samsung	韓国	5,284
13	Visa	アメリカ	4,522
14	Johnson & Johnson	アメリカ	4,258
15	JPMorgan Chase	アメリカ	4,112

（脚注）2021年1月22日時点　　（出所）Compames MarketCap strainer

図1　世界時価総額ランキング（最新版）

業が、すべて伝統的な企業ではなく、プラットフォーマー（インターネット上でサービスやシステムなどの基盤＝プラットフォームを提供している事業者）であることです。

　このように、データの価値が高まっている今、社会やビジネスにおける人材に求められているのは、それを効果的に使えるスキルです。データサイエンスを学ぶ意義は、そのスキルを身に付けることにあると言えます。

2. データサイエンティストに求められる3つのスキル

　では、社会やビジネスの現場でデータサイエンティストとして活躍するためには、どんなスキルが求められるのでしょうか。

図2をご覧ください。

　一般社団法人データサイエンティスト協会は、「データサイエンティストに求められるスキルセット」[1]として、①ビジネス力、②データサイエンス力、③データエンジニアリング力——の3つを掲げています。求められているスキルは、「データサイエンス力」だけではありません。

　前提となるのは「ビジネス力」です。ビジネスの現場では、しばしば「言われたことだけをやってるだけじゃ困る」「どんどんビジネスアイデアを出してほしい」「クライアント（顧客）と相談しながら進めてほしい」といったことが言われます。したがって、「課題の背景を理解した上で、ビジネス課題を整理し、解決していく力」が必要になります。ここで言う「ビジネス力」は、非営利団体における課題解決力も含まれると考えてよいでしょう。

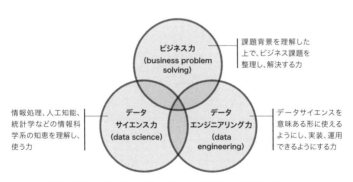

図2　データサイエンティストに求められるスキルセット

（出所）データサイエンティスト協会プレスリリース（2014.12.10）

1　PR TIMES「データサイエンティストのミッション、スキルセット、定義、スキルレベルを発表」一般社団法人データサイエンティスト協会
（https://prtimes.jp/main/html/rd/p/000000005.000007312.html）

「データエンジニアリング力」の「実装、運用できるようにする力」とは、具体的にはプログラミングをしたり、アプリを作ったりといった力のことを指しています。

なぜそうした力が必要なのか。ビジネスの現場ではしばしば、営業担当者が取ってきた仕事を技術者に回すと「こんなことは技術的に不可能だ」「この納期までには絶対にできません」といったことを言われたりします。この時、営業担当者の側に多少なりとも技術的な知識があれば、そうしたことは起きません。ゆえに「実装、運用できる力」、すなわち実際に手を動かす能力や知識が必要とされるのです。

ここで1つ紹介しておきたい言葉があります。それは、ビジネスの世界でAI（Artificial Intelligence：人工知能）の活用やAIプロジェクトの推進を行う野口竜司氏（株式会社ELYZA取締役CMO）が提唱している「文系AI人材」という言葉です。

野口氏は著書『文系AI人材になる――統計・プログラム知識は不要』（東洋経済新報社、2019年）の中で、すでにAIは「どう作るか」よりも「どう使いこなすのか」が大きな課題となっており、これからは理数系や技術系の「理系AI人材」と同じくらいに、ビジネスの現場のことを知っている「文系AI人材」が重要になる――といった趣旨のことを述べています。

私は、野口氏が言う「文系AI人材」は、理系分野が苦手な人でもデータサイエンティストとして活躍できる大事なポジションなのではないかと考えています。別の言い方をすれば、データサイエンスが分かり、データエンジニアリングの知識も有する、なおかつ文系の言葉でそれらについて語ることができる――そんなスキルが求められているとも言えるはずです。

3. データ駆動型社会を支えるテクノロジー

　データから新たな価値を創造したり、次の一手を導き出したりすることをIT分野では「データ駆動型」と呼びます。では、データ駆動型の社会はどのようなテクノロジーで支えられているのでしょうか。主に、①IoT（Internet of Things＝モノのインターネット）、②ブロックチェーン、③量子コンピュータ、④AI──の4つのテクノロジーがあげられます。

　1つ目の「IoT」とは、センサー機器や駆動装置、住宅などの建物、車、家電製品、電子機器などのさまざまな「モノ」が、ネットワークを通じてサーバーやクラウドサービスに接続され、相互に情報交換をする仕組みのことです。

　これらはすでに実用化されており、多くの人にとって身近なものの一つとしてAmazonの音声アシスタント「Alexa（アレクサ）」があると思います。スマートスピーカーと照明器具や家電をネットワークに接続し、スピーカーに向かって「アレクサ、電気つけて」「アレクサ、テレビ消して」と指示を出すと、家電がそのとおりに駆動してくれるという仕組みです。

　2つ目の「ブロックチェーン」とは、端的に言えばデータに信頼を持たせる仕組みです。事実上は改ざんが不可能な仕組みですので、美術分野の真作保証やNFT（Non-Fungible Token＝非代替性トークン〔暗号資産〕）などで活用されています。

　3つ目の「量子コンピュータ」とは、その名のとおり量子力学を計算過程に用いる次世代のコンピュータであり、理論上は現在のコンピュータを圧倒する処理能力を持つと言われています。したがって、例えばこれまではかなりの時間がかかっていた暗号解析が量子コンピュータでは瞬時に正解を導き出せます。日本では2018年の時点で慶應義塾大学がIBMの汎用量子コンピュ

ータを用いた研究拠点を開設しています。

　4つ目の「AI」は、データサイエンスにとって特に重要なテクノロジーですので、細かく説明をしたいと思います。

　そもそも「AI」は、「汎用AI」と「特化型AI」の2種類に大別することができます。「汎用AI」とは、すなわち人間レベルの知能の実現を目指すAIのことです。イメージしやすいのは、『スター・ウォーズ』のキャラクター「C-3PO」や「ドラえもん」などのキャラクターです。両者ともに、ロボットという設定ですが人間と遜色のない振る舞いができます。「汎用AI」は、現状ではまだまだ実現可能性が低く、IBMも「IBM Watson（ワトソン）」という意思決定のサポートや質問への応答を行うシステムの開発を進めているものの、「人間レベルの知能」という水準に達するまでには、まだかなりの時間がかかりそうです。

　一方の「特化型AI」とは、あるタスク（仕事）処理に特化したAIです。こちらはすでに実用化されているものが多く、Google DeepMindのコンピュータ囲碁プログラム「AlphaGo（アルファ碁）」や検索エンジン、AmazonやNetflixのレコメンド機能、FacebookやiPhoneの顔認証、AppleのiOS（基本ソフト）などに搭載されているバーチャルアシスタント「Siri」、自動運転システム、自動翻訳システムなどがあります。

　中でも特に話題になったのは、2016年から2017年にかけて「AlphaGo」が世界のトップ棋士らに勝利したことでした。それ以前からデータサイエンスやAIには注目が集まってはいましたが、囲碁のニュースが世界を駆け巡ったあたりで潮目がガラッと変わった印象があります。

　ちなみに、AIとセットで語られがちなテーマの1つに「シンギュラリティー」の問題があります。日本語では「技術的特異点」と訳されたりしますが、要はAIが人類の知能を超える日は来る

のか、それによって人間の仕事がなくなってしまうのではないか──という問題です。

　結論から言えば、人間の仕事がなくなることはないでしょう。なくなるのではなく、人間が行うべき仕事が変わると考えるのが現実的だと思います。データの価値が高まっている現在において、データサイエンスのスキルが求められているのも、すでに我々が直面しているその1つの事例と言えるのではないでしょうか。

4. データ解析とAI

　ここからはデータサイエンスに欠かせないデータ解析が、AIとどのように結びついていくかについて説明します。

　データ解析の役割については、主に4つのことがあげられます。すなわち、①予測、②グルーピング、③パターン発見、④最適化──です。そして、その手法としては、「回帰分析」「機械学習」「深層学習（ディープラーニング）」の3つが使われます。ここでは3つの手法について述べたいと思います。

　1つ目の「回帰分析」とは、要因となる数値（説明変数）と結果となる数値（目的変数）の関係を明らかにする統計的な手法です。身近な例をあげると、何かしらのお店の売り上げを目的変数とし、お店の売り場面積や駅からの距離、支店の数などを説明変数とした時に、それぞれにはどんな関係性が見られるかといったことを考える際に用いる手法となります。この時、注意をしなければならないのは、関係性は必ずしも因果関係ではないということです。目的変数に効果が出ない説明変数もあるので、そこを見極めていくことが大切になります。

　AIが直接的に関わってくるのは、次の「機械学習」と「深層

学習」からになります。2つ目の「機械学習」とは、コンピュータがデータから自動で学習し、その背景にあるルールやパターンを発見する仕組みです。この「機械学習」には、「教師あり学習」と「教師なし学習」があります。この2つの違いは正解となるデータがあるかないかです。

「教師あり学習」は正解となるデータが与えられているので、正解と不正解の線引きが明確な問題に使われます。他方、「教師なし学習」には正解となるデータが与えられていないため、そもそも正解が存在していないような問題に使われます。どんどんデータを取り込むことで、背景にあるルールやパターンを発見するのです。

「深層学習」は、この「教師なし学習」を活用しています。換言すると「深層学習」とは「機械学習」の一手法であり、ニューラルネットワーク（人間の脳神経回路を模した学習モデル）の階層を「機械学習」よりも増やして学習能力を高めたものと言えます。主に画像や映像、文字、音声などを認識する際に使われています。

ここで1つ「機械学習」に関する具体例をあげます。ビッグデータ（人間ではとても全容を把握しきれないほどの巨大なデータ群）を用いれば、「機械学習」によって画像認識や自動翻訳のAIをつくることができます。次頁の画像1をご覧ください。

ここでは、チワワの顔とマフィンの画像がランダムに並んでいる中から、チワワだけを判別する画像認識のAIを紹介しています。この画像認識のAIを使えば、他の犬種も含めた犬の画像データを蓄積すればするほど、多様な犬についても間違えずに犬であると認識できるようになります。

画像1で紹介されている画像認識のAIでは、チワワとマフィンを判別するだけでなく、画像の右のテキストに「Scared（98.0

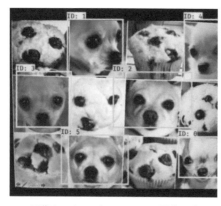

ID: 0
Type: Dog
Breed: Chihuahua (41.0%)
Emotion: Scared (98.0%)
Scared (98.0%), Angry (2.0%),
Happy (0.0%), Neutral (0.0%),
Sad (0.0%)

画像1　チワワとマフィンの画像の中でチワワだけを判別[2]

%），Angry（2.0%），Happy（0.0%）」とあるように、犬の感情
を読み取ろうとしています。画像データの蓄積があれば、そこ
までの判別ができるのです。

5. 今のAIにできないこと

　ここまでは「AIにできること」を紹介してきましたが、AIの
現状を知っていただくために「AIにできないこと」も一緒にお
伝えしていこうと思います。「AIにできないこと」については、
主に2つのことが言えます。

　AIによる自動運転車でこんなことが起きました。皆さんにも
馴染みがあるはずのラーメンチェーン店「天下一品」の看板を
認識した自動運転車が、なんとそれを進入禁止の標識と間違え
て、その場で停止してしまったのです（画像2参照）。これは技術

---

2 https://pursuit.unimelb.edu.au/articles/ever-wondered-what-your-pet-is-thinking

画像2　侵入禁止標識と「天下一品」のロゴマーク

が進めば解消される問題です。

　もう1つは、「フレーム問題」と呼ばれているAIが乗り越えなければならない最大の壁ともいうべき問題です。先述のとおり、AIには「汎用AI」と「特化型AI」があります。今、実用化が進んでいるのは「特化型AI」であり、これは「あるタスク処理に特化したAI」だと説明しました。「フレーム問題」は、この特化型AIが抱えている課題です。

　この問題を一言で説明すると、限られたタスク処理に特化したAIであるがゆえに、現実に起こり得るタスク処理のすべてには対応できないという問題——と言えます。つまり、こういうことです。

　ある人がAIを搭載したロボットに、机の上の書類を取ってくるように指示したとします。ロボットはカメラで撮影した映像から机の上にある書類だけを判別し、それを取ろうとします。ところが、書類の上にはコーヒーカップが置かれていました。それでも、ロボットが受け取った指示は「机の上の書類を取ってくる」ことなので、書類の上のコーヒーカップに注意を払う様子はありません。

　ロボットはコーヒーカップを載せたまま書類を取り上げて、指示を出した人のもとにそれを運びます。結果的に、指示を出した人が受け取った書類は、コーヒーで濡れてしまっていまし

た。ロボットが書類を取る時にコーヒーカップをひっくり返してしまったのです。「机の上の書類を取ってくる」という「限られたタスク」は処理できるものの、「そのために、ひとまず書類の上のコーヒーカップを別のところに移動する」という「現実に起こり得るタスク」の処理はできないわけです。

AIの判断には限界があることを知り、長所と短所をきちんと理解した上で適切に利用する必要があります。

6. 創価大学経済学部の データサイエンス教育

前半部分ではデータサイエンスそのものについての説明をしてきました。ここからの後半部分では、創価大学の経済学部で実施しているデータサイエンス教育についてお話ししたいと思います。

本学の経済学部では、すでに実社会で活躍しているデータサイエンティストやデータエンジニアと協力して、社会やビジネスに貢献していく〝文系AI人材〟の輩出を目指しています。

その一環として、2022年度からは全学部生の1年次必修科目として「データサイエンス入門」という科目を新設しました。専門科目としては、まずは「基礎統計学」の科目を受講したのちに、「データサイエンス」の科目に進んでもらうという流れです。

「データサイエンス」の科目では、基本的なデータ解析やプログラミングを学びます。その上で、もっと学びたいという方には、主専攻とは別に副専攻で「データサイエンス」を選択していただき、本格的なプログラミングの授業など、他学部の科目も取っていただくようにしています。

ちなみに、「副専攻」とは次のような制度のことを指します。

経済学部の学生は、経済学部が設置する専門科目を学ぶかたわらで、副専攻として「データサイエンス」を学ぶことができ、認定要件（単位数・通算 GPA〔Grade Point Average：成績評価指標〕）を満たせば、成績証明書や卒業証明書には「主専攻：経済学」「副専攻：データサイエンス」と記載されるのです。

　データサイエンスに関する授業は他に、共通科目として「データサイエンス演習」という科目を用意しており、ここでは社会課題やビジネスへの応用を学び、ビジネス力を磨いてもらっています。

　では、データサイエンスに関する科目ではどんなことをやっているのかについて、少しだけ具体的なお話をしておきます。最も重視しているのは、とにかくデータに触れてもらうことです。データを使って、仮説を立てて、検証までを行う。内容は何だって構いません。前述の説明変数と目的変数の関係性の分析をしてもよいですし、シンプルに経済理論を検証してもよいでしょう。

　「消費関数」という経済理論があります。「消費関数」とは、消費支出とそれを決定する要因との間にある関係性を示した関数のことです。一般的に、最も消費支出に影響を与える要因には所得があげられますが、それは中国経済のような特徴的な条件でも同じことが言えるのか。そういったことを、データを用いて検証してみるのも選択肢の1つです。

　データの取り方はさまざまです。シンプルなものだと政府統計でもよいですし、自分が関心を持った仮説があればGoogleフォームでアンケートを実施してみてもよいでしょう。学生が関心を持つことというのはすでに世界の誰かが関心を持って先行研究を行っています。だとすれば、まずは先行研究の論文を読んでみる。その論文に何か一言付け加えることができないかと、

アンケートなどを実施して分析をしてみてもよいかもしれません。あるいは、自分が思いついたビジネスアイデアに賛成か反対かといったアンケートを作ってみてもよいでしょう。

　アンケートを実施したり、データを取ってみたりして、自分自身で立てた仮説を検証してみる。学生のうちにそうした経験をしていると、いざ就職をして仕事を始めた時にそれが生きてくるはずです。

　例えば、ある企業が何かしらのプランを立てたとします。その効果の検証の仕方としては、「ABテスト」と呼ばれる評価方法を用いることが一般的です。すなわち、立てたプランを「実行する群」と「実行しない群」に分け、二つのグループを比較することで、そのプランに効果があるかどうかを検証するという方法です。こうした検証を学生の頃に自分自身の手でやったことがあるかどうかで、就職した後の仕事の仕方は大きく変わってくるように思います。

　データが膨大になると、さまざまなところに関係性が見える気がしてきます。ところが実際に検証をしてみると、関係性が見られない場合が多々あります。そうしたデータを「ゴミデータ」呼びます。データサイエンスを学ぶ学生には、この有用なデータとゴミデータを区別する力を養ってもらいたいと思っています。

　アメリカで石油王と称されるジョン・ロックフェラーは、原料が湧き出る油井ではなく石油の精製を行う製油所に目を付けて投資を行い、ピーク時には同国の石油市場をほとんど独占していました。原油から不要なゴミと必要な石油を区別したことで、ビジネスの世界で成功を収めたのです。学生の皆さんには、データはすべてが有用なのではなく、中にはゴミデータがあるということをまずは知ってもらいたいと思っています。ただし、

ある局面でゴミデータであるものが、別の局面では有用なデータになることは十分にあり得ます。だからこそ、自分自身の手で仮説を立て、検証し、区別していく力が必要になるのです。

授業の進め方に関して努めているのは、なるべくペアワークやグループワークを実践することです。特に仮説を立てる時には、1人だと限界を感じるはずです。他者に自身の仮説を聞いてもらって評価してもらったり、相談したりといったことをすると、多くの場合でブラッシュアップされ、仮説の質が高まります。

中にはグループが苦手で1人で仮説を立てたいという人がいるので、そうした人への配慮は行っていますが、往々にしてペアワークやグループワークで取り組んだ場合のほうが成績も上がりやすいように感じています。

7. SDGsとデータサイエンス

次に、国連が2030年までの具体的な指針として掲げ、創価大学もその達成に向けて尽力をしているSDGs（持続可能な開発目標）とデータサイエンスの関係性について論じたいと思います。

SDGsでは、「貧困をなくそう」「飢餓をゼロに」など17の目標が掲げられ、それぞれに細かなターゲットが設定されています。それらすべてのターゲットを合わせると169項目となります。各国によって、エビデンスを基に効果的な政策の策定や優先順位の判断、さらには施行された政策の評価が行われるわけですが、それらのすべてにおいてデータサイエンスは活用できます。

データサイエンスが重視され始める前までは、識者や専門家の暗黙知（経験や勘に基づく知識や、簡単に言語化できない知識、あるいは言語化できても理解するのに高度な知的水準が必要となる知識）

のみに基づいて、政策にかかわる意思決定や政策の評価が行われてきました。それが、データサイエンスが駆使できるようになったこれからは、そうした暗黙知にデータに基づいたエビデンスを援用することで、政策の策定や評価がこれまで以上に強化されるのです。

例えば、エチオピアで干ばつによって壊されてしまった生態系の再生事業を、データサイエンスを駆使して評価するというプロジェクトがあります。同プロジェクトには、本学経済学部の蝶名林俊准教授が携わっており、衛星データやリモートセンシング技術（離れた位置から情報を取得する技術）が用いられています[3]。

経験や勘に基づく知識は、時に効果の薄い政策を推し進めてしまいます。なぜなら、人間は情報をアップデートしているつもりでも、多くの場合において偏見にとらわれがちだからです。そのことを明らかにした興味深い本を紹介します。

2018年に刊行され、これまでに世界で100万部を超えるベストセラーなっている『FACTFULNESS——10の思い込みを乗り越え、データを基に世界を正しく見る習慣』（日経BP、2019年）という本があります。

この本の中には、著者のハンス・ロスリング氏が2012年に14カ国・1万2000人を対象に行った貧困問題の現状についてのオンライン調査の結果が紹介されています。

その調査では、貧困問題の現状に関する3択の質問が12問用意されています。1つ例をあげます。「世界中の1歳児の中で、なんらかの病気に対して予防接種を受けている子どもはどのく

---

3 「経済学部の蝶名林俊准教授の共著論文が国際的な学術誌に掲載されました」創価大学公式サイト（https://www.soka.ac.jp/_tag/2022/04/7152/）

らいいるでしょう?」という質問の選択肢は「(A) 20%」「(B) 50%」「(C) 80%」です。皆さんいかがでしょうか。正解は「(C) 80%」です。

こうした12問の質問に対して、なんと正解数の平均はたった2問だったというのです。しかも、大半の人は実態よりも世界は悪い状態にあると考えていたといいます。ちなみに、質問はすべて3択問題であるため、確率的には、チンパンジーが無思慮に選んだとしても平均を取れば4問は正解する計算になります。

人々はどうしてそんなにも世界を悲観的に考えてしまうのでしょうか。その原因を知るためのキーワードは「バイアス(偏見)」です。調査の結果として分かったのは、人間にはよりドラマチックなほうを選ぶ傾向があるということでした。そうした状況に対して、著者は次のように述べています。「多くの人が、世界は実際よりも怖く、暴力的で、残酷だと考えているようだ」──と。

これは、日本の人々を見ていてもよくある話だと感じています。我々は途上国に対して、日本より技術的な面で劣っている、と思っている人は多いと思います。そう思い込んでいる国々でも、ある面では日本よりも発展している部分があったりします。例をあげると、「Fintech(フィンテック)」(「Finance(金融)」と「Technology(技術)」を掛け合わせた造語で、金融サービスとITを組み合わせた新たな動き)に関しては、すでに日本よりもインドやケニアなどの国々のほうが先進的です。それらの国々は通貨制度の整備が進んでいなかったがゆえに、かえってフィンテックの導入が早かったわけです。

ここで、SDGsの目標の1つである「14 海の豊かさを守ろう」に関する企業の取り組みを紹介します。IBMは、海洋研究の非営利組織「Promare(プロメア)」へのサポートとして、完全自動航行船「メイフラワー号」に先進技術を提供しています。こ

の取り組みのどこにデータサイエンスが生かされているかというと、主に2つのことがあげられます。

　1つは、自動航行するメイフラワー号が、太陽光エネルギーを動力として機械学習による完全無人航海に挑んでいるということです。これまでは人が星の位置や波の高さ、風の強さなどを総合的に判断して航行していたところを、太陽光を動力とする機械学習のAI船長が代わりに航行するのです。それが1点目です。

　もう1つは、メイフラワー号が地球温暖化や海洋プラスチック汚染、海洋哺乳類の保護などの問題に関するデータを収集・送信する役割を担っているということです。完全無人航海ですので、これまで人間が簡単には行けなかった海域にも行ける可能性もあります。そうなれば、基礎データの蓄積が今まで以上に容易になります。人類が容易に行けない場所のデータを収集するという意味では、宇宙空間のデータの蓄積にもAIは活用できるはずです。

8. 創価大学のデータサイエンス人材像

　本学では2021年にデータサイエンス教育推進センターを新たに創設し、私がセンター長に就任しました。同センターでは、データから価値を創造する経験を積み、世界市民として現実社会に展開する素養を涵養するために、以下の3つの力を育むことを目的としています。

　①データから見える世界を先入観なく観察し、現実の社会の実相を深く認識する「現実認識力」

　②データの背後に隠れた一人ひとりに思いをはせ、問題を発見・定義し、解決への道筋を構想する「問題発見力」

③データから得た知見をよりよい意思決定と合意形成のため
　に生かし、善の連帯を築く「価値創造力」

　文部科学省の数理・データサイエンス・AI教育プログラム認
定制度（応用基礎レベル）について、2022年8月には私が担当し
ている「データサイエンス」の授業を含めた本学のプログラム
が同制度の認定を受けました。また、共通科目の「データサイ
エンス演習」という授業では現在、日本IBMの協力を得て同社
で働く本学の経済学部の卒業生に授業を担当していただいてい
ます。このあたりは、本学ならではの取り組みと言えます。

　日本政府が『統合イノベーション戦略2019』として、「デー
タサイエンス・AIの応用知識を持つ人材を、文系理系を問わず、
年間25万人育てる」という目標を掲げたのは、2019年6月でし
た。これに対して、創価大学は2019年度のスタート時点で副専
攻として「データサイエンス」をスタートさせています。

　なぜ政府に先駆けることができたのかというと、以前から馬
場善久前学長がデータサイエンスに関心を持たれており、2007
年頃から少しずつ手を打ってこられていたのです。まずは経済
学部と経営学部で「統計」の授業を必修化し、その後は簡単な
データ分析に関する授業や「統計入門」という授業を作り、最
終的には「基礎統計学」も必修化しました。その流れの中で、
2013年度に「データサイエンス」の授業を始めることになった
のです。

　2022年度の文部科学省教育プログラム認定制度で「応用基礎
レベル」に選定（国公私立大26校・うち私立大学9校が認定）
されたのも、時代を先取りした取り組みを着実に行ってきたか
らだと実感しています。

　2022年からは、創価学園の生徒に向けて「データサイエンス
入門」のオンライン授業を開講しています。登録料が多少かか

るだけで、受講料は必要ありません。最初の1、2回受けてみて、続けるかどうかを決められるので、学園生の皆さんにもぜひデータサイエンスがどんなものかを肌身で感じていただければと思っています。また2024年度から通信教育部でも「データサイエンス入門」を開講する予定です。

　さまざまな制度改革を進めていますが、学生一人ひとりが、自分のレベルに合わせて学んでいけるように制度面からも応援していきます。

参考文献

野口竜司 (2019)『文系AI人材になる——統計・プログラム知識は不要』東洋経済新報社
ハンス・ロスリング (2019)『FACTFULNESS——10の思い込みを乗り越え、データを基に世界を正しく見る習慣』日経BP

第 **6** 章

食料の不平等な「分配」が解消する世界へ

〈農業経済学〉

創価大学経済学部 准教授
近貞美津子

SDGsとの関連性［GOAL 1,2,12,15］

1. 農業経済学とは何だろう

最初に「農業経済学」って何だろうというお話からいたします。

日本での農業経済学の歴史を振り返ると、19世紀の終わり頃から、特にドイツから強い影響を受けながら発展しました。当時は農学の一分野として、農業経営学や農政学と混合した形で捉えられていました。1930年代になると、経済理論を土台とした農業経済学が台頭します。それが、マルクス経済学的視点からの農業経済学や、近代経済学的視点からの農業経済学です。特に後者は第二次世界大戦後に本格的に発展しましたが、アメリカやイギリスの農業経済学に強く影響を受けています。

皆さんも「ミクロ経済学」や「マクロ経済学」という言葉は耳にしたことがあると思います。「ミクロ経済学」のミクロは「微視的」と訳され、文字どおり小さいものを見るという意味です。例えば一人の生産者(ないし一つの企業)や一人ひとりの消費者(ないし一つの家計) などの個々の動きを捉えます。一方の「マクロ経済学」は、一国の経済政策など大きな視点になります。先ほど第二次世界大戦後に近代経済学ベースの農業経済学が発展したと申し上げました。これは、近代経済学、すなわちミクロ・マクロ経済学を使って農業や食料に関する諸問題を分析する分野です。例えば1980年代に速水佑次郎氏が著した『農業経済論』という本などは、体系的にこの分野を纏めており、おすすめです。

私自身、アメリカの大学の「農業経済学部」で学んだのですが、そうした名称の学部でありながら、実は「Agricultural economics (農業経済学)」という授業は存在しませんでした。この学部では、ミクロ経済学の理論と計量経済学の手法を使って農業や食料に関係する事象を実証分析する分野として、農業経済学が捉えられていました。

では、農業経済の授業では、どのようなことを学ぶのでしょうか？　例えば、2022年秋に世界人口がついに80億人を突破しました。飽食[ほうしょく]の先進国にはフードロスのような問題がある一方で、今も地球上の約10人に1人（2021年）は飢餓[きが]状態に置かれています。ご存じのように国連が2030年までの具体的な指針として掲げているSDGs（持続可能な開発目標）には、「貧困をなくそう」「飢餓をゼロに」「働きがいも経済成長も」「人や国の不平等をなくそう」といった項目があります。なぜこのような不公正が生じ、今なお解決されないのでしょうか。

　あるいは、ニュースなどでTPP（環太平洋パートナーシップ協定）という言葉を聞いたことがあるかと思いますが、こうした経済的枠組みに参加することによって日本の農業はどういう影響を受けるのでしょうか。また、日本では食料自給率が下がる一方です。そもそも食料自給率とは何でしょうか。また、上げるべきなのでしょうか。なぜ、日本ではアメリカやオーストラリア、カナダなどのように、穀物生産において効率的な大規模な農場での農業ができないのでしょうか。

　こうした問題を考えていく上で有効な学問が農業経済学です。

2. 農業の国際競争力を測るもの

　農業経済学では基本的にミクロ経済学の理論を使用しますが、両者には共通することが多い反面、決定的に異なる部分もあります。

　ミクロ経済学は都市的世界と工業を想定した理論で、農業経済学は当然ながら農業的世界と農業に基づくものです。例えばミクロ経済学では財の生産を考える時、「労働」と「資本」、そして「土地」を重要な生産要素として考えます。「労働」は労働

者のことで、これがなければ何も作れません。自分一人でやる場合も自分という労働力が不可欠なわけです。「資本」というのは、工場の建物だったり機械だったりです。

　もちろん、農業でもこの3つの生産要素が大事になります。しかし、この中の「土地」の重要度という点では、農業は他の産業と異なります。農業では、「土地」の重要性が際立ちます。

　あるいは需要と供給の面でも工業製品と農業製品は異なります。言うまでもなく、食料は私たち人間にとって命をつなぐ必需品です。とりわけ穀物は必需品としての性格が強く、コメや小麦といった穀物から人はかなりの栄養を摂っています。

　工業製品であれば、一般的に価格が下がれば私たちはより多く買いたくなるものです。もちろん穀物も、その価格が下がれば、需要量（消費者が買いたいと思い、かつ買うことができる量）が増加します。しかし、工業製品ほど需要量が増えないことも多いです。なぜならば、価格が下がったからといって、人間の胃袋にも限界がありますので、コメやパンの消費量を大きく増やすことはできないからです。このように価格の変化に対して需要量の変化がそんなに大きくない財のことを「需要の価格弾力性が小さい財（需要が非弾力的な財）」と呼びます。

　では供給についてはどうでしょう。作況変動という言葉がありますが、農家が「今年はこれだけ作りたい」と考えて植え付けをしても、最終的な収穫量は天候という条件に大きく左右されます。天候が良すぎて予想以上に収穫量が増える（豊作）こともあれば、平年並みの年もありますし、日照不足や台風被害などで凶作の年もあります。この変動が大きいのが農業の特徴で、これは今なおコントロールできません。技術の進歩によって収量（単位面積あたりの収穫量）の平均値は上がってきているとはいえ、その変動の幅は狭められないままです。

さて、先ほど食料、とりわけ穀物は需要の価格弾力性が小さい財であると述べました。非弾力的な需要の場合、需要曲線の傾きが急になります。経済学では需要曲線と供給曲線の交点で価格と取引量が決まると考えますが、以下のグラフ（図1）を見ていただくとわかるように、あまりに豊作になってしまうと価格が一気に下がってしまいます。もう少し詳しく説明させていただきます。図1では、収穫が平年並みの時の市場の価格はP_0、取引量はQ_0です。豊作の時の市場の価格はP_2、取引量はQ_2です。平年並みの時と比べて価格は大きく下落（$P_0 \rightarrow P_2$）していますが、この下落幅に比べて需要量はそれほど増えません（$Q_0 \rightarrow Q_2$）。この結果、この農家さんの収入はどうなるでしょうか。収入は価格×販売量で求まります。平年並みな時と比べ、価格は大きく減少し、販売量はあまり増加しませんので、収入は減少してしまいます。これを「豊作貧乏」と呼びます。価格の暴落を避けるため、穫れ過ぎた野菜が廃棄されているニュース映像などを見た人もいるかと思いますが、こうした理由が背景にあります。

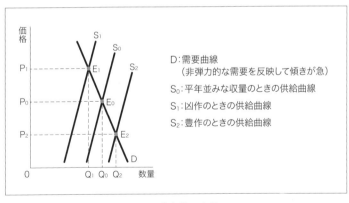

図1　農産物の市場

工業製品であれば、いつ、どれくらいの量を生産するのかはコントロールできます。「需要の価格弾力性が大きい財」は、仮に何かの理由で価格が下がったとしても、下がったことで人々がより多くその財を買います。価格が下がることは生産者の収入にとってマイナスの影響であるけれど、それを凌駕するくらいの量を買ってもらえるなら、結果的に収入は増えるわけです。

　農業の場合は先ほどの「豊作貧乏」の説明にあったように、天候などで生産量にコントロールが利かない上、豊作になったことで収入が減ってしまうという現象が避けられません。なので、価格が落ちた際に農家さんを保護するための何らかの政策を実施することも多いのですが、このあたりが理由の1つになります。

　一方、凶作になってしまうとどのような問題が起こるでしょうか。需要曲線の傾きが大きいために価格が一気に上昇してしまうのが問題です（図1の$P_0 \rightarrow P_1$）。これで被害を受けるのは消費者です。特に途上国の消費者の中には、この価格高騰によって十分な食を入手することができず、飢餓状態に陥る方々も多くいらっしゃいます。2006年から08年にかけて「世界食料危機」が生じましたが、当時はコメ・小麦・トウモロコシ・大豆の国際価格がすべて暴騰したため、多くの方が新たに飢餓に陥ってしまいました。

　農業では供給側の作況変動がコントロールできないことによって、特に露地栽培（ハウスなどの施設を使わず、屋外の畑で行う栽培法）などでは価格の変動がどうしても大きくなってしまうのです。

　ひとくちに農業といっても、アメリカなどではものすごく広大な農場を家族経営で行っていたりします。オーストラリアやカナダ、ロシアなどの大規模農場も、多くは家族経営です。イギリスでは産業革命が起きたあと、農業も会社経営のような形

態になり、「農民層分解」といって雇用する側の農家と雇用される側の農家にビジネスライクに分離し、世界もそれに倣っていくのだと考えられていました。しかし、実際にはそうはならずに産業革命の本家のイギリスでさえ、第二次世界大戦後、1970年代に借地権に関する政策変更があったことなども影響して、今では家族経営の農家が多くなっています。

　ここで参考になるのが、荏開津典生氏と鈴木宣弘氏の共著『農業経済学〔第5版〕』52-56頁における以下の説明です。ここでは主に穀物生産を前提とした議論がなされています。いわゆる農業の国際競争力というのは、簡単に言うと〝いかに安い平均費用で生産できるか〟で決まります。平均費用とは、生産量1単位あたりの総費用です。例えば、同じ1キログラムの小麦を作るのに、一番安く国際市場に出せる国があれば、その国の小麦が買われるのは当然です。仮に他の国が価格競争をしようと思っても、生産費が高い国が生産費の低い国と同じ価格で売ってしまったら、損をすることになります。

　平均費用は「総費用」を「生産量」で割ることで求められます。「総費用」、つまり農業にかかるコストを、単純化のために「肥料代」と「労働費用」、そして「農機具費」の合計であるとします。このうち生産量1単位あたりの肥料代は農場の大きさに関係なく一定であると考えることができます。残りの生産量1単位あたりの「労働費用」と「農機具費」は、農場の規模と密接に関係しています。

　前者の「労働費用」は「賃金率」に「労働時間」をかけることで求められます。賃金率とは、ここでは「1時間あたりいくらで人を雇うことができるか」であるとします。これは国によって差があり、基本的には経済発展するにつれて賃金率は高くなっていきます。

次に後者の「農機具費」は、使用する農機具の種類によって大きさが異なってきます。ここで同書では、以下のように3種類の農機具に分けて説明がなされています。

　まず1つ目は最も小型でプリミティブ（原始的）なもの、例えば鋤や鍬、鎌といったものです。このような零細農機具のコストは小さいので「農機具費」は一番低くすみます。ただし、こうした道具を使った農作業は人数と時間を要します。賃金率が極めて低いうちはいいとして、賃金率が上昇するにしたがって「労働費用」が大きく膨らみ、「総費用」も急増、よって平均費用も増加します。

　2つ目は中型農機具です。イメージとしては、動力の付いた機械ではあるけれど乗車するタイプではなく農家の人が手で押していくものです。これは、やはり鋤や鎌に比べると値段が高く、「農機具費」は大きくなります。一方、零細農機具と比べて効率が各段に良くなりますから、労働時間が削減できます。そのため、経済発展の過程で賃金率が上がっていきますと、零細農機具よりも中型農機具を使ったほうが労働時間をセーブでき、それが「労働費用」の節約につながるため、「総費用」を小さくすることができます。しかし、経済発展が進み、賃金率がさらに上昇し続けますと、中型農機具で削減できる「労働時間」では「労働費用」上昇を抑えることが困難になり、「総費用」における「労働費用」の負担がどんどん大きくなっていきます。「総費用」、また平均費用を少なくしようと思えば、もっと労働時間をセーブできる農機具を使う必要が出てきます。

　ということで、3つ目の農機具は、トラクターやコンバインといった自分で乗車するタイプの大型農機具です。「農機具費」は前の二者とは比較にならないほど高いですが、あっという間に作業が終えられるので「労働費用」はとても小さくなります。

経済発展に伴い賃金率が更に上昇すると、「労働費用」が「総費用」の中で大きな負担となっていきます。いかに「労働時間」をセーブして「総費用」の中の「労働費用」を少なくするかが平均費用を低く抑えるための大事な手段となります。しかし、大型農機具の労働効率性を十分発揮させるためには、かなり大規模な農場で農業を行う必要があります。これにより、平均費用の分母である生産量を大きくすることができ、高い賃金率の国でも国際競争力を持つことができるわけです。

では、ここまでの議論から何が読み取れるのでしょうか。賃金の安い国では零細農機具を使うことが適しています。中堅の国では、中型農機具がよい。そして、賃金率の高い国になると大型農機具を使い、大規模な農場で生産を行わなければ国際競争に勝てないことになります。

とはいえ、日本では農場の規模がそれほど大きくないので、大型農機具を使用して労働一単位あたりの生産量（労働生産性）を上げ、平均費用を下げることで国際競争力を持つことは難しいでしょう。これがアメリカなどの穀物畑になると約178ヘクタールくらいの農場が平均です。そこに巨大な機械を投入するので、一農場あたりの農業就業者は約1.5人となっています。アメリカの農産物の国際競争力が強いのは、こういった理由からです。

日本が穀物で国際価格競争に勝とうとすれば、何よりも地続きの広い農場を持つことから始めなければなりません。この点で日本が抱えているのが「零細分散錯圃」の問題です。図2の零細分散錯圃イメージ図のような小さく分割されて所有者が入り乱れた農地が少なくないのです。

なぜこのようになっているかというと、水へのアクセスを共同体の中で平等にするために、歴史的にそうなったわけです。

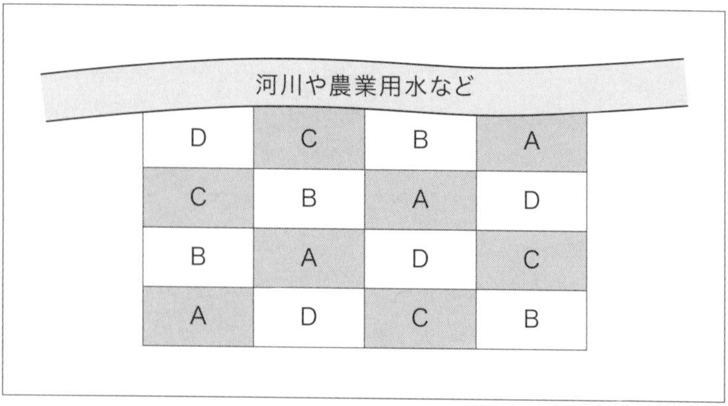

		河川や農業用水など		
D	C	B	A
C	B	A	D
B	A	D	C
A	D	C	B

図2　零細分散錯圃のイメージ図

　また、複数の場所に農地を分散していれば自然災害の被害を分散することができるという利点もありました。では、互いの土地を交換すれば、それぞれが地続きの広い農地を持てるのではないでしょうか。図2でもAさんとBさんが土地を交換する、あるいはBさんとCさんが交換すれば、お互いに地続きの広い土地を持てます。この農地の流動性を高めることが日本の農業の課題ですが、そう簡単にはいきません。

　1つには「家」の問題があります。「農家」という表現は日本独特で、ここで言う「家」は「核家族」を指すのではなく昔ながらの「一族」を指します。その一族が先祖代々受け継いできた土地なのです。おまけに、その土地の表面30センチくらいまでの耕土とよばれる土壌（どじょう）をいかに肥沃（ひよく）なものにするかで、生産量も大きく変わってくるのですが、そのために一族が精魂込めて長い間耕してきたわけですから、そう安易には手放せません。したがって、隣と交換するということの心理的苦痛がとても強くなります。

TPPへの加入の是非を問う議論が活発になされていた時、いかに日本の農業の国際競争力を上げていくかといったことも話題にのぼっていました。そういった議論の際には、農業経済学の上記のような知識が役に立つかと思います。

3. 創立者が示された世界食糧銀行構想

　農業と貿易というのはとても重要な問題です。「ウルグアイ・ラウンド（以下、UR）」という言葉を聞いたことがあるかもしれません。これは1986年から93年にかけてウルグアイで行われたGATT（関税および貿易に関する一般協定）での多角的貿易交渉のことです。当時、アメリカもヨーロッパ（EC）も農業を保護するために域内の農家から作物を高く買い取って、低い輸出価格で国際市場に出すために差額を政府が負担するなど、安売り合戦をしていました。しかも、双方とも膨大な在庫を抱えていましたから、その維持管理がさらに財政を圧迫します。

　国際農産物市場が混乱し、これではいけないということで、GATTのURで初めて農業貿易を中心に据えた議論がなされました。米と欧の交渉が難航の末にようやく妥結して、その後まもなくWTO（世界貿易機関）が誕生します。

　SDGsに関わることで言うと、世界の食料問題があります。FAO（国連食糧農業機関）が毎年発表するアニュアルレポート（年次報告書）でも、近年フードロスが食料問題の大きな原因の1つとして取り上げられるようになりました。背景には、SDGsに先立って国連で採択されていたMDGs（ミレニアム開発目標）からSDGsへつながっていく人々の問題意識の変化があったと思います。

　先に世界の約10人に1人が飢餓状態に置かれていると述べま

したが、世界全体の食料の供給量と需要量を比べると、圧倒的に供給量が上回っています。つまり、食料は十分に足りているはずなのです。それにもかかわらず多くの人が飢餓状態にあるのは「分配」が上手く機能していないからです。

東西冷戦の渦中にあった1968年から73年にかけて、アフリカで大干ばつが起きました。欧米などの先進国は穀物の在庫に頭を悩ませていたところだったので、東西両陣営ともアフリカへの食料援助をします。それだけなら援助する側もされる側もウィン・ウィンですが、二国間援助が主流だったので、やはりギブに対するテイクが出てくる。例えば港湾を軍事用に使用させるとか基地を作らせるとかです。食料という人間が生きていく上で一番大事なものが、政争の具とされていたわけです。

そうした中で、本学の創立者である池田大作先生は1973年から74年にかけて「世界食糧銀行」の構想を提言されています。食料援助が見返りを求めるものにならないよう、かつ一時的なものに終わらないよう、第三者的な機関が各国の余っている穀物を備蓄・管理し、緊急に援助が必要な場合に迅速に分配していく。長期的には援助に頼らなくて済むようになるため、途上国の農業の支援もしていく——そうした機関を設立すべきであるという提言でした。創立者は同74年に行われたソ連のアレクセイ・コスイギン首相（当時）との会見でもこの構想を提案されています。

ちなみに国連にはWFP（世界食糧計画）という機関が存在します。ここは食料危機が起きた地域に対して資金的に支援をしています。というのも、例えば小麦を主食としている地域に日本のコメを運んでも、莫大な輸送コストがかかる上に、現地の人たちはコメを食べる文化がないので困るわけです。輸送の間に劣化するという問題もあります。支援を受ける側の人々にも尊

厳や権利があります。自分達が食べたいもの、文化にあったものを援助してほしいのはあたりまえでしょう。

　WFPの人にインタビューをした際に、食文化圏が似通っている近接の地域内で融通し合うのが一番いいのだといったことを聞いたことがあります。そういう事情もあって、WFPは資金援助を行っているのです。

　今世紀に入ってからも、前述のように2006年から08年にかけて世界食料危機がありました。それを受けて、創立者は09年の第34回「SGI（創価学会インタナショナル）の日」記念提言でも、再び世界食糧銀行の必要性に言及されています。この時に「仮想備蓄」という言葉が使われました。

　この「仮想備蓄」のシステム構築については、その是非も含め、国際的な話し合いの場で話題にのぼっております。ただ、世界食糧銀行はまだ実現できていません。どうすれば実現していけるのかは、これからの時代を作っていく人たちに課せられた宿題だと思っています。

　今のところ、前述したように分配の問題こそあるものの、世界全体の食料供給量が需要量を常に上回っていますので、食料の総供給量が総需要量を下回るという「マルサス的食料問題」はまだ起きていません。しかし、懸念材料はいくつもあります。

　1つは気候変動です。これにより、食料生産が影響を受ける可能性があります。また、異常気象の頻発によって、農産物の生産量が大きく減少する地域も多く見られるようになりました。そして、気候とも関連して懸念されるのが水問題です。例えば、アメリカの大規模な穀倉地帯などでは地下水を汲み上げてシャワーのように散水していますが、干上がっているところが増えてきているのです。

　農業の近代化というのは中世以来続いていて、「二圃制」、「三

圃制」、「四圃制」など、農地の地力低下を防ぎながら収穫を上げる改良が続いてきました。20世紀の中盤には、化学肥料や農薬を大量に投入することで穀物の収穫量を大幅に上昇させる、いわゆる「緑の革命」が起きます。

ただ、化学肥料や農薬の大量投入は土壌に負荷をかけます。農用地は地球上におおよそ47億ヘクタールありますが、実際に農作物を栽培できているのはこのうちの約30パーセントの耕地のみで、残りは牧草地のような使われ方となっています。世界中で新しい耕地が開墾されているにもかかわらず、全体の耕地面積はほとんど増えていません。開墾と同じスピードで、作物栽培ができなくなった土地も増え続けているからです。

その意味では、需要の伸びに対して供給の伸びは鈍化しています。需要の伸びというのは単に人口増だけが要因ではありません。戦後の日本がまさにそうであったように、所得が増えていくと、肉食が増えていきます。すると、直接私たちが口にする穀物だけではなく、家畜の飼料としての穀物の消費も急増するのです。この点、世界全体の需要はさらに増えることが見込まれますので、分配をしっかりしていくシステムの必要性がますます急務になってくると思います。

4. 世界の人々への想像力を持ってほしい

農業経済の分野においては、やはり多様性を重視していくことが人間主義経済につながっていくのではないかと私は思います。

確かに穀物を大量に安く生産するという点では、アメリカやカナダのような大規模農場が効率的な面はあります。しかし、それを日本で実施するというのは現実的ではありません。農業

にもいろいろな種類があるわけで、「量」ではなく「質」で勝負をするというやり方もあるでしょう。

興味深い例を挙げます。世界の農産物や食料品の輸出高では最近オランダが常に2位にランキングされています。国土の面積が日本の九州くらいしかないオランダがアメリカやブラジルに肩を並べているのです。なぜでしょうか。1つは、ヨーロッパの中央に位置している上に、港湾も持っているという立地の良さがあります。国境を隣接しているのはEU加盟国ですから関税の面でも有利です。

同時に、オランダは企業や研究機関も巻き込み、世界から人材を集めて一大研究集約地としてフードバレー（シリコンバレーから着想した食の集積地）なども作っています。地の利を生かして、南欧から仕入れた農産物や畜産品を加工して付加価値をつけ、それを北欧に輸出したりもしています。

こうした事例をみてみると、日本も自国の得意な分野を伸ばしていくことが重要ですし、そのポテンシャルは持っているのではないかと思います。

私のゼミは始まってちょうど14年になりますが、数人のゼミ卒業生が農業や農業関連分野で働いています。また、農業を営むご両親やご親戚の役に立ちたいと、農業経済の授業を履修してくださる学生の方もおられます。とてもありがたいことだと思っています。

最後にちょっと余談になりますが、私がなぜ農業経済学を学ぶことになったのかをお話しします。

中学3年生の夏休みにたまたま祖父母の家にあった創立者の著書『ヒューマニティーの世紀へ』（読売新聞社、1975年）を読んだことがきっかけです。その中に、あの世界食糧銀行の構想が示されていたのでした。

アフリカでの大規模な飢餓を受けて、国連は1974年11月5日から16日までローマで世界食糧会議を開催します。ここで世界食糧銀行の必要性が俎上（そじょう）に載（の）り、創立者は11月17日のある会合で、この世界食糧銀行の必要性に言及されます。ただし、ここでも創立者が強調されていたのはむしろその理念であり、見返りを求める援助であってはならないことや、援助を受ける諸国の立場をあくまで尊重し、その土地の自然条件や文化的伝統を十分に踏まえる必要性を述べられています。

　さらに、同じ本に収録されていたフランスの作家であるアンドレ・マルロー氏との対談の抄録でも、創立者は世界食糧銀行の設立を提起されています。これは、ソ連のコスイギン首相との会談と同じ1974年5月、すなわちローマでの世界食糧会議の半年前に行われた対談でした。

　この本で見た世界食糧銀行という言葉がなぜか記憶に残っていて、高校時代に進路を決める時に調べてみたらまだ設立されていませんでした。それで、何か農業や食料問題に関する勉強をして、そういう仕事に就きたいなと思って担任の先生に話したところ、モノ・ヒト・お金の流れを扱う経済学がよいのではないかと推薦していただき、今に至ります。創立者は2009年の「SGIの日」記念提言で、2006年から08年にかけて起きた世界食料危機に言及され、これは天災ではなく人災であると指摘されました。つまり、同時期にアメリカで起きたサブプライムローン問題（住宅購入のためのサブプライムローンが不良債権化した問題）の影響で投機マネーが穀物市場に流れ込んだことと、エネルギー需要が増加してバイオ燃料の生産が増えたために食用穀物の生産が落ち込んだことが、価格の急騰を招いた背景にあると述べられているのです。

　私の授業でも、なぜ天災ではなく人災なのかという点を、需

要曲線と供給曲線を使って説明します。世界がグローバル化し、穀物など食料は世界全体で貿易しています。日本も世界から多くを輸入しています。そうなると、サブプライムローンの問題による金融市場の動きのように、世界のどこかで起きた出来事が、仮に農業とは直接関係がなかったとしても、めぐりめぐって身近な食品の価格を高騰させてしまうのです。

　あるいは、日本の私たちにとっては「ちょっと暮らしづらいな」という程度の価格高騰の場合も、所得の大部分を食費に割かなければならないような国や地域では、1日3食だったのを1日1食にしなければならなくなる場合もある。私たちの身の回りで起きている小さな変化が、世界ではどれほどの影響を及ぼすのかという敏感さや想像力を身につけてほしいということを授業でもお話ししています。

　農業経済学は、農業に限定された学問ではなく、むしろ世界のすべての人の尊厳や生存に関わってくる学問です。多様な人間の尊厳・生存を重視するという意味で、人間主義経済の一側面を担うものだとも感じます。持続可能で公正公平な世界を実現していく上で、とても大事な役割を担っているのではないかと思うのです。

参考文献

速水佑次郎（1986）『農業経済論』岩波書店
荏開津典生・鈴木宣弘（2020）『農業経済学〔第5版〕』岩波書店
池田大作（1975）『ヒューマニティーの世紀へ』読売新聞社

第 **7** 章

社会へ出る前に
学びたい
労働経済学

〈労働経済学〉

創価大学経済学部 教授

増井 淳

※ 本文中で「(ボネット, 2018)」などと記されている箇所は、参考文献に記した著者名もしくはレポート名と書籍もしくは論文の発刊年または発表年を表しています。

SDGsとの関連性 [GOAL 5,8,10]

1. はじめに——問題の設定と現状の認識

「妻に偏りがちな家事・育児時間を、夫婦間で適切に配分するためにはどうしたらよいか」——。

労働経済学という学問分野についてお話しするために、はじめに多くの人々が日常生活の中で直面する（高校生の読者はいずれ直面する）はずのこうした問いを立ててみました。

まずは新聞などでも報じられている女性の立場に関する現状を確認します。世界経済フォーラム（WEF）が毎年公表している男女格差を測るジェンダーギャップ指数で、2022年の日本の順位は146カ国中116位でした。156カ国中120位だった2021年と比べてもスコア・順位ともにほぼ横ばいとなっており、その水準は先進国の中では最低レベル、アジアの中でも韓国や中国、ASEAN（東南アジア諸国連合）諸国よりも低くなっています。ジェンダーギャップ指数は「政治」「経済」「教育」「健康」の4つの分野のデータから作成され、日本は特に「政治」「経済」の分野における順位が低く、これが全体の順位を押し下げているようです（内閣府男女共同参画局, 2021）。

この状況を打開するために日本の政府や企業はさまざまな取り組みを行っており、確かに前回よりもスコアこそ上がっているものの、順位はほとんど変わっていません。これは、日本の取り組みが他国と比べて後れを取っていることを意味しています。

ひとつ象徴的な例を挙げます。政治の分野を見てみると、世界では女性が一国のリーダーになることが珍しくありません。イギリスの元首相マーガレット・サッチャー氏やドイツの前首相アンゲラ・メルケル氏は、日本でもよく知られていると思います。また最近では、スウェーデンのマグダレナ・アンデション首相、フィンランドのサンナ・マリン首相といった女性の首

相が誕生しています。

　どうすれば政治分野で活躍する女性が増えるのか。その問い
は非常に重要かつ興味深いものの、ここで扱いたい内容の範囲
を超えるため、これ以上は触れないことにしておきます。ただ、
女性のロールモデル（規範）が増えることがジェンダーに関する
固定観念（ステレオタイプ）を崩す可能性があることは、例えば
行動経済学者のイリス・ボネット氏などが指摘しています（ボネッ
ト, 2018）。関心がある方は、ぜひ参考文献リストに記してある
彼女の著書を読んでみてください。

　次に、夫婦の家事時間に焦点を当ててみます。図では、1日当
たりの「家事時間」「育児時間」「介護時間」「仕事等時間（学業、
通勤時間含む）」の4つの時間を、「単独世帯」「夫婦のみ世帯」「夫
婦＋子供（就学前）世帯」（夫婦で有業者）の3つのパターンに分
類して示しています（内閣府男女共同参画局, 2020）。

　単独世帯では、男女間で「家事時間」にほとんど差は見られ
ません。それが「夫婦のみ世帯」「夫婦＋子供（就学前）世帯」

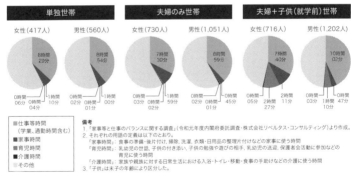

図　1日当たりの家事等時間と仕事等時間（有業者：仕事のある日）
(出所)『共同参画』2020年9月号

になると、女性が男性の約2倍の時間を家事や育児に費やしていることがわかります。この男女間における「家事時間」や「育児時間」のアンバランスが、女性の社会進出の機会を奪っているのではないかと考えられます。

ただし、図のような結果を見ると「男女で働き方（雇用形態）が違うのだから、家事・育児に割ける時間が異なるのは当たり前だ」と思う人がいるはずです。確かに、統計的な分析を行う上で、比較対象となる人々が置かれている状況を揃えることは非常に重要です。では、働き方が同じであれば、男女間で家事・育児時間に差は生じないのでしょうか。いくつかの文献を調べて見ると、条件を揃えた上での研究が見つかりました。

例えば、社会学者の筒井淳也氏は、年齢や働き方を揃えたとしても、他国と比べて日本の女性の方が長い家事時間に従事していることを指摘しています（筒井, 2015）。その理由として、①男女間の家事スキルの差、②家事サービスに対する男女間の希望水準の不一致——の2つが挙げられています。

ここで気になるのは、家事スキルがある男性は結婚後に家事を手伝う傾向が強いのかという点です。これについては、経済学者の孫亜文氏が、結婚前に一人暮らしをしていた男女が結婚後に配偶者・パートナーと暮らすようになる状況に注目し、家事スキルを持っている男女の家事時間が結婚前後でどのように変化するのかを調べています（孫, 2020）。その調査で孫氏は、結婚後は女性の方が家事時間の増加分が大きくなり、男女がともに正社員であったとしても、両者の家事時間には依然として明確な差があることを指摘しています。

ここまでの話をまとめると、まずはジェンダーギャップに関する日本の状況を踏まえた上で、男女の働き方に差がなかったとしても、家事時間には無視できない差が存在することを確認

しました。これは解消すべき問題だと私は考えています。

ジェンダー格差へのアプローチ

　この問題に対するアプローチの仕方はさまざま考えられますが、ここからはヒトが長時間を労働に費やす理由に注目しながら、次節で労働経済学という学問分野の考え方を紹介します。

　すでにさまざまな改革が行われてきた現在においても、日本における労働者（特に正規社員）の労働時間は他の先進諸国と比べて長い状況にあります。働く時間が長ければ、自宅で過ごす時間が短くなり、家事・育児に割くことができる時間も当然短くなります。したがって、ヒトが長い時間を労働に費やす理由や仕組みを理解することは、男女間での家事・育児時間の偏りを改善する上で必要だと思われます。

　加えて、女性に偏りがちな家事時間を夫婦でバランス良く負担することができれば、女性が家事・育児をこなしやすい仕事ではなく、自身の能力やスキルを発揮しやすい仕事に就くことが期待できます。これまで以上に女性が活躍する場が増えれば、少子化・高齢化が進む日本経済の活性化にもつながるはずです。

　例えば、2011年に内閣府の男女共同参画会議が発表した資料によると、単純な試算ではあるものの、342万人の女性の力が発揮されれば、約7兆円（GDP比にして約1.5%）の新たな付加価値の創造につながることがわかっています。また、ジェンダーギャップ指数と一人当たりGDPの間や、女性の就業率と労働時間1時間当たりGDPの間には正の相関が見られるようです（男女共同参画会議, 2011）。

　夫婦間で偏った家事・育児負担の改善を目指すことには、女性が置かれている環境を改善するという目的だけではなく、長時間働くことが当たり前となっている男性が置かれている状況

も変えていくべきだというメッセージも含まれています。「労働時間が減る」＝「家事時間が増える」とだけ考えるとネガティブなイメージになってしまいますが、「家事時間が増える」＝「家族との時間が増える（子どもの成長を実感できる）」や「労働時間が減る」＝「自由な時間が増える」と前向きに捉えることが大切です。

2. 労働経済学とはどんな学問分野か

　労働経済学という学問分野を説明する際には、まずは「経済学とは、はたして何を明らかにしようとする学問か」についての話から始める必要があります。

　この問いに対して、私の場合は「限りある資源をどのようにうまく配分し、人々が感じる幸せの総量を増やすことができるかを考える学問」であると答えています。「資源」というと、多くの人は石油などの天然資源を連想するかもしれません。ここでの「資源」、すなわち経済学における「資源」とは、もっと一般的な「時間」や「お金」といった限りあるもの全般を、指しています。この「時間」や「お金」などの限りある資源を、自分が持っている選択肢にどのように配分していくかを考えるのが経済学という学問なのです。

　では、労働経済学とはどんな学問分野なのか。一言で述べれば、「働き手の視点に着目し、自分の満足度を最も高めるために、限られた時間を何にどのくらい配分するかを考える学問」です。「働き手の意思決定を考察する学問」とも言えます[1]。例えば大学生

---

1 ここでは詳細を述べませんが、「どうしたら優秀な人材を採用できるか」「どうしたら働き手が高い意欲を持って働いてくれるか」など、採用（企業）側の行動を分析することも、労働経済学の主要なトピックです。

の場合、限られた時間を学業やアルバイト、友達との遊びなど
に配分しているでしょうし、家族がいる社会人であれば会社で
の労働や家庭生活、自分の趣味などに時間を配分しているはず
です。

　こうした選択は、婚姻や子どもの有無によって変わってきま
すので、労働経済学では人々がそれぞれのライフステージでど
のような行動を取るのかを分析することになります。働き手の
時間に焦点を当てると、職場での労働時間が長い（残業が多い）
ほど家庭で過ごす時間が短くなり、家事や育児に従事すること
が難しくなることは容易に想像できます。したがって労働経済
学の見地からは、男性の働き手の労働時間を減らすことが、男
女間の家事・育児のアンバランスな負担を改善する上で、まず
もって思い当たる対策だと言えます。

　労働時間を減らすために、政策面でどのような取り組みが行
われているのかも紹介しておきます。2018年の労働基準法改正
によって、同法制定以来初めて罰則付きで正規雇用の労働者に
おける時間外労働（残業）の上限が設定されました[2]。これについ
ては、上限が高すぎるとの批判がある一方で、画期的だという
声もあります。また、育児に参加する男性を増やす政策としては、
厚生労働省が主導する「イクメンプロジェクト」があります[3]。

　これらの政策が、人々の労働時間にどのような影響を及ぼす
のか。あるいは、結果として家事・育児の分担が進むのか。そ
うした分析を行うことは、労働経済学の重要なトピックです。

---

2 「働き方改革関連法のあらまし（改正労働基準法編）」（https://www.mhlw.go.jp/
　content/000611834.pdf）を参照してください。
3 「イクメンプロジェクト」公式サイト（https://ikumen-project.mhlw.go.jp/）を参照し
　てください。

伝統的な経済学では「最善の行動を選ぶ」

　ここで、伝統的な経済学で想定されている人物像について説明しておきます。伝統的な経済学では、人々は合理的に行動することを念頭に置きます。自分自身の好みを知り、稼いで得た所得や、余暇を過ごすことの満足感などを比較しながら、自分にとって最適な労働時間を決定する——伝統的な経済学では、人々はそのように合理的に行動すると見なしているのです。こうした自己利益の最大化を目指して行動する主体のことを経済学の用語で「ホモ・エコノミクス」と呼びます。

　しかし、少し考えてみるとそうした前提には疑問が生じるはずです。もし人々が自らにとって最善の行動を選ぶことができるのであれば、日々疲れ果てるまで働いてしまったり、過労死してしまったりといった現実に起きている人々の行動・状況はどのように説明するのだろうか、という疑問です。

　では、どのようにすればそうした事実を説明できるのか。次節では、その点について話を展開していきます。

3. 人の心理や行動特性を取り入れた新しい経済学

　疲れ果てるまで働いてしまったり、過労死してしまったりといった現実の問題をうまく説明できないのであれば、経済学の分析手法に限界があるのではないか。そう考える人がいるかもしれませんが、そうした問題に対しても、さまざまな形で対応する試みが行われています。

　例えば、労働経済学者の黒田祥子氏と山本勲氏が2016年に論文を発表しています（Kuroda and Yamamoto, 2016）。そこでは、人々は働くことで疲れを感じるだけでなく、高揚（満足）感も抱

いている可能性があり、それらの効果のうち後者の影響が大きくなると無意識に長時間労働に従事してしまうことを指摘しているのです。

この研究によると、1週間の労働時間がある一定の時間（約55時間）を超えると働くことに満足感を抱き始め、それが同時に感じる疲労に気づきにくくさせることにより、健康を損なう可能性があるとのことです。

さらに、「外向的」「神経質」「誠実」「愛想がいい」など、どのような性格の人が働き過ぎる傾向にあるのかも分析されています。結論を言うと、先に挙げたものの中では「外向的」な人が最も長時間労働に従事してしまう傾向があるようです。意外な結果だと思われた方が多いのではないでしょうか。

この研究の面白い点は、働くことは疲労のみを伴うという従来の前提を見直し、ある条件を満たすと労働は同時に快楽も生じさせるという心理的側面を取り入れたことにあります。

労働経済学では行動経済学の知見も活用

さて、労働経済学の分野では、近年注目されている行動経済学の知見を利用した研究も数多く行われています。

行動経済学は、伝統的な経済学とは違った人間観を持っています。つまり、ヒトは完全な情報と計算能力を持って自分の満足度を最大にするべく合理的に行動するわけではない──という前提に立つのです。ヒトの計算能力や情報収集力には限界があり、直感や感情にもとづく意思決定をしたり、自分と他者を比べて嫉妬心を抱いたり、あるいは優越感を抱いたりする。そうした人間観を持っているのが行動経済学です。

経済全体の動きなどをマクロの視点で考察する際には合理性はそこまで問題になりません。現代の経済学的分析においても、

その多くはこれまでどおり合理的な人間を仮定しており、必ずしも合理性そのものが良くないという話ではないことを、ここで付け加えておきます。合理性に問題が生じるのはミクロの視点、すなわち個々の人間に焦点を当てる場合です。

　ちなみに、行動経済学が主要な学問分野であるという認識が広まったのは2000年代に入ってからのことです。行動経済学者がノーベル経済学賞を最初に受賞したのは2002年で、ダニエル・カーネマン氏というアメリカの経済学者でした。その後は2017年にアメリカのリチャード・セイラー氏が受賞しています。

　個々の働き手の労働供給行動（働く上での意思決定）を分析の対象とする労働経済学では、こうした行動経済学の知見を取り入れた研究が多数行われており、これまでにも興味深い結果が得られています。そのひとつが、行動経済学者の黒川博文氏、佐々木周作氏、大竹文雄氏が2017年に発表した論文です（黒川, 佐々木, 大竹, 2017）。

　この論文は、子ども時代、夏休みの宿題にどのように取り組んだかという姿勢が社会人になった時の労働時間（総残業時間や深夜残業時間）にどのような影響を及ぼすかを明らかにしています。研究結果を見ると、夏休みの宿題を後回しにし、休みの期間が終わるギリギリに取り組んでいた人ほど、深夜残業をしやすい傾向にあることが示されています。また、自分だけ損をすることを嫌う人は総残業時間が長く、自分だけ得をすることを嫌う人は深夜残業時間が長くなることがわかっています。

　このような研究は、長時間労働を是正するための取り組みを行う企業にとっても有用です。総残業時間や深夜残業時間を減らそうとする際、職場環境を残業しにくい状況に大きく変えようとすると多額の費用がかかってしまいます。そうすると企業は及び腰になる。ところが、もし長時間の残業の原因が職場環

境ではなく個人の行動特性によるものならば、そうした癖（くせ）を回避させるような施策の実施によって低コストで残業時間を減らせる可能性があるのです。

　具体例を挙げます。一般的な企業では、残業する際にはなんらかの申請が必要になるはずです。この申請を複雑化して、社員にとって「面倒くさい」ものにすると、それが障壁となってなんとか所定内の就業時間に仕事を終わらせようとする人が増える可能性があります。

　あるいは、自分だけ損をしたり、得をしたりすることを嫌う人に向けては、「誰もそんなに残業していませんよ」「どうしてあなただけそんなに残業しているんですか」というメッセージを明確に発する。そうした施策も考えられます。これらの取り組みは、長期的に効果が続くかはわかりませんが、少なくとも短期的には効果があると言われています。

　この残業申請の複雑化については、「デフォルト（標準の状態）効果」という人間の心理的傾向に訴えかける施策であると言えます。

4. 妻に偏った家事負担を改善するための2つの論点

　ここまでは、家事・育児に費やす時間を捻出（ねんしゅつ）するために、どうすれば人々（特に男性）の労働時間を減らすことができるのか——を念頭に置いて話を進めてきました。

　あらためて確認すると、夫婦間での偏った家事・育児負担を改善する目的は、①女性が自身の能力やスキルを発揮しやすい仕事に就けることであり、その結果として②少子化・高齢化が進む日本経済の活性化につなげること——でした。

では、労働時間の削減の他にどのような論点が挙げられるでしょうか。ここでは、主に2つの点について述べてみたいと思います。

　1つ目は「労働時間が減ったとしても、それが本当に男性の家事・育児時間増加につながるのか」という点です。そして、2つ目は「男性の家事・育児時間が増えると、正社員として働く女性は増えるのか」という点です。1つ目だけでなく、2つ目にまで踏み込まなければ、男性の労働時間が短くなることが、本当に女性の社会での活躍につながるとは言えないはずです。

　1つ目の男性における労働時間と家事・育児時間の相関については、男性の意識による部分が大きいかもしれません。とりわけ家事・育児が苦手だという自覚を持つ男性にとっては、不慣れな自分よりも慣れている妻が行った方が効率的だと考える可能性は大いにあり得ます。私は、そんな男性にこそ、育休の取得が大きな意味を持つのではないかと考えています[4]。

　私がそう思ったきっかけは、歌手で俳優のつるの剛士氏があるインタビューで語っていた言葉でした。つるの氏は、今以上に男性の育児休暇が普及していなかった2009年の時点で育休を取っています。そんなつるの氏は、インタビューの中で次のように述べています。

　「育休は、『イクメン』じゃない人にこそ必要な制度なのよ」「(育休は)やってみればわかるけど、まったく〝休暇〟じゃないからね。『休み』なんて生やさしいものじゃなくて、ホントに〝家庭訓練〟くらいに思っておいたほうが実態に近いと思うよ」[5]。

4　ドイツの事例になりますが、制度改革により男性の育休取得が進むと、家事や育児に対する男性の積極性が長期にわたって上昇するという結果があります（Tamm (2019)）。

5　「育休はまったく〝休暇〟じゃなかった。つるの剛士がR25世代に伝えたい『男と仕事と家庭』」『新R25』(https://r25.jp/article/675165955092843362) を参照してください。

育児休暇はイクメンが取るものではなく、働く親なら一度は経験する価値のある「家庭訓練」の期間である。つるの氏のこの考え方はとても重要だと思います。

　会社では、入社時にOJT（現任訓練）などの職業訓練を受けることで仕事を覚え、スキルを磨（みが）き、一人前になっていくものです。それと同じことが家事・育児でも必要なのではないでしょうか。つまり、家事・育児においても一人前になるためには家庭内で何かしらの訓練を受ける期間が必要だと思うのです。それが家庭生活の安定につながるのです。

　人は夫婦になればすぐに完璧に家事をこなせるようになるわけではないし、子どもができたからといってすぐに一人前の親になれるわけでもない。だからこそ、育休を家事・育児の訓練として捉え、しっかりと取得するべきなのです。

　とはいえ、実際には「育休を取ると出世が遅れてしまう」「戻ってきた時に自分のポストがなくなってるのではないか……」といった懸念から、多くの男性が育休を取得できないのが現実です。これについては、前出のイリス・ボネット氏も主張しているとおり、ロールモデルの存在が非常に重要になります。つまり、職場において立場が上の人が率先して育休を取る。上司がロールモデルになれば、部下たちも育休を取得しやすくなるからです。

　あるいは、先のデフォルト効果も有効かもしれません。また他の人たちの目を気にするようであれば、「他の人も取ってるんだからあなたも取っていいんだよ」といったメッセージを発する。こうした施策により、育休取得に対する懸念を和らげることが可能です。

　制度面の話をすれば「育児休暇」だけでなく、婚姻後のタイミングなどに取得できる「家事休暇」のような仕組みがあって

も良いのかもしれません。つるの氏が指摘するように、「休暇」ではなく「訓練」という名称にするのもひとつのアイデアだと思います。男性がそうした訓練を積んでおけば、働く時間が減った時にも自信を持って家事・育児に取り組むことができるはずです。あるいは、妻の要求水準を満たす家事サービスを提供しやすくなり、妻の側も外で働きやすくなるのではないでしょうか。

　働き方に関して補足しておくと、欧米の国々で採用されているジョブ型雇用の導入も検討の余地があります。欧米では職務を定義して雇用するジョブ型雇用が一般的ですので、仮に誰かが出産や育児で休暇を取ったとしても、同じ職務を遂行できる人材を社内で異動させたり、社外から雇用したりして、補うことが可能です。

　その一方で、日本のメンバーシップ型雇用では、職務を限定せずに総合職として採用し、社内教育や配置転換をしながら経験を積ませます。「仕事に人をつける働き方」と言われるジョブ型とは異なり、「人に仕事をつける働き方」がメンバーシップ型と言われたりもします[6]。

　日本ではすでにメンバーシップ型雇用が広く定着しているため、今すぐにジョブ型に転換するというのは実現可能性が低いと言わざるを得ません。しかし、この先のどこかでやってくるだろう転換点においては、大きな変革を迫られるはずです。

　2つ目の論点は「男性の家事時間が増えると、正社員として働く女性は増えるのか」ですが、これについては、女性の就労環境に注目する必要があります。もし女性が結婚・出産を機に仕事を辞めた場合、その後に再就職をしようとするとパートタ

6　ジョブ型雇用について関心がある方は、濱口（2021）を参照してください。

イマーなどの非正規雇用者として働くことが多い現状があります。加えて、状況は少しずつ改善されているとはいえ、諸外国と比べた時に、日本は非正規雇用から正規雇用への転換が起きにくい国であるという事実にも目を向ける必要があります。

　では、こうした状況はどのようにすれば変えられるのでしょうか。企業で自らの経験やスキルを生かして活躍する女性を増やしていくためには、まず何よりも結婚・出産のタイミングで離職する女性の数を減らすことがポイントになります。

　この点に関連して、労働経済学者の川口章氏は、ジェンダー間の離職確率の差が大きい企業ほど女性の活躍・登用に消極的であり、女性に創造性が高い仕事をさせない傾向があることを示しています（川口, 2008）。そのような状況では、女性は仕事にやりがいを見出せず、それが結果的に高い離職率につながってしまうわけです。

　川口氏の指摘は、別の言い方をすれば「統計的差別」を支持している企業がまだまだ存在していることを意味しています。例えば入社試験の際、会社側は就職希望者のすべての情報を知り得ているわけではありませんし、その能力や離職可能性について見極めるのは簡単ではありません。そんな場合に、過去の統計データに基づき合理的な判断を下そうとして、性別や人種、国籍などを判断基準として用いることで差別を生じさせてしまう──こうした問題を「統計的差別」と言います。

　具体的には、企業側が「女性は結婚・出産のタイミングで辞めてしまう場合が多いから、初めから昇進させないでおこう」と考え、そのように振る舞ったとします。そうすると、女性労働者は「だったら頑張る気になれないし、結婚・出産のタイミングで辞めよう」という発想になり、実際に離職してしまう。

　これに対して、企業側は「やっぱり女性は結婚・出産のタイ

ミングで辞めてしまう」と思って、女性を昇進させない方針が正しいと確信するようになる。こうした循環が「統計的差別」を引き起こしているのです。

　しばしば女性の就業率だけを単純に比較して、北欧こそが理想だとする意見を耳にします。確かに30代女性の就業率に着目すると、北欧は日本と比べ物にならないくらい高く、正社員として働く女性の割合も高い。それは疑いようのない事実です。

　では、どうして北欧でそれが可能なのかと言うと、北欧諸国と日本とでは、そもそも女性が働く環境に違いがあるのです。ご存じのとおり、北欧の国々は税金が高く、その分手厚い福祉サービスが国民に提供されています。そうすると、福祉サービスを提供する公務員が多数必要になります。北欧では、この公務員として働く女性が多いのです。

　「公務員であろうが、女性が働けているのであればそれでいいじゃないか」と思われるかもしれませんが、北欧には北欧の問題があります。例えば、女性が働きやすくなるような制度が整えられ、それらを利用しやすくなることで、かえって民間企業が女性の積極的な登用や採用を控えるようになり、男性と女性の間に職域分離が生じるという北欧なりの性別による差が生じているのです。このことは「福祉国家のパラドックス」と呼ばれています。皆さんは、手厚い福祉サービスを受けられるものの、たくさん税金を支払い、女性の働き口はほとんど公務員に限定される社会をどう思われるでしょうか。この点について、一概に良いとか悪いとかは言えないと思っています。

　以上を整理すると、日本において女性が社会で活躍するためには、女性が働きやすい職場環境を整えることを目的としたワークライフバランス施策に加えて、夫である男性が家事・育児に従事しやすい環境の整備が重要になります。

そのためには、短い労働時間で仕事を済ませられる環境を普及させていくことが必要です。例えば、政府が多様な限定正社員（職種・労働時間・勤務地を限定して雇用する正社員）の導入を企業に促したり、通常の正社員と限定正社員との間の転換を保証したりすることで、男女問わず労働者がライフステージに応じた働き方を選択できる仕組みを整えることができます。

そうした取り組みが進められることで、女性の離職率は下がり、企業で活躍し続けられる女性の増加が期待されます。

5. おわりに——何のための労働経済学か

「経済」というと、多くの人は「景気」や「株価」などを思い浮かべるのではないでしょうか。経済学に慣れ親しんでいない人にとって、夫婦間で偏った家事・育児時間のバランスをどう改善するかという問いは、経済とは関連がないトピックだと感じられていたかもしれません。しかし、ここまでに述べてきたように、夫婦間における家事・育児時間のアンバランスの解消も、限られた時間をどう配分するかという観点では、十分に経済学的な分析の対象になり得ます。

このような日常生活の中に存在する身近な問題に対して、伝統的な経済学に基づく既存の枠組みだけでなく、人間の心理的側面や行動特性を踏まえた新たな手法を用いて解決策を考えられるのも経済学の魅力と言えるでしょう。

冒頭に設定した「妻に偏りがちな家事・育児時間を、夫婦間で適切に配分するためにはどうしたらよいか」という問題は、国連が2030年までの具体的な指針として掲げているSDGs（持続可能な開発目標）の17の目標のうち、「⑤ジェンダー平等を実現しよう」「⑧働きがいも経済成長も」「⑩人や国の不平等をな

くそう」──の3つに関わります。

　ぜひとも、皆さんの柔軟な発想と経済学的思考を組み合わせることで、社会に潜むさまざまな格差や不平等を取り除く手立てを考えていただきたいと思います。

　大学卒業後に社会に出て働く際に、自分はどのような環境に身を置くのか。長時間労働の問題や性別などによる差別がある中で、どのような制度が自分を守ってくれるのか──労働経済学を学ぶ学生の方々には、社会に出る前にそれらのことを理解し、より良い人生を送っていただきたいというのが私の願いです。

参考文献

川口章（2008）『ジェンダー経済格差』、勁草書房.

黒川博文，佐々木周作，大竹文雄（2017）「長時間労働者の特性と働き方改革の効果」、『行動経済学』第10巻、50-66.

厚生労働省（2020）「働き方改革関連法のあらまし（改正労働基準法編）」、https://www.mhlw.go.jp/content/000611834.pdf.

厚生労働省（2022）「イクメンプロジェクト」、https://ikumen-project.mhlw.go.jp/（2022年7月29日取得）.

新R25（2019）「育休はまったく"休暇"じゃなかった。つるの剛士がR25世代に伝えたい「男と仕事と家庭」」、https://r25.jp/article/675165955092843362（公開日 2019.05.09）.

孫亜文（2020）「男性は結婚すると家事をしなくなるのか？」、https://www.works-i.com/column/works04/detail016.html.

男女共同参画会議（2011）「女性の活躍による経済社会の活性化」、https://www.gender.go.jp/kaigi/renkei/subcommittee/economic_activity/03/pdf/mat03-03.pdf.

筒井順也（2015）『仕事と家族』、中央公論新社.

内閣府男女共同参画局（2020）『共同参画』、令和2年10月号、内閣府.

内閣府男女共同参画局（2021）『共同参画』、令和3年5月号、内閣府.

濱口桂一郎（2021）『ジョブ型雇用社会とは何か: 正社員体制の矛盾と転機』岩波書店.

ボネット, I（2018）『WORK DESIGN: 行動経済学でジェンダー格差を克服する』NTT出版.

Kuroda, S., and Yamamoto, I. (2016) "Why Do People Overwork at the Risk of Impairing Mental Health?" RIETI Discussion Paper Series, 16-E-037.

Tamm, M. (2019) "Fathers' parental leave-taking, childcare involvement and labor market participation." *Labour Economics*, 59, 184-197.

第 **8** 章

過去との対話から 未来を展望する

〈西洋経済史〉

創価大学経済学部 教授

西田哲史

※1 本文中で「(List, 1841/1970, p.33-180/p.67-179; 諸田, 2003, p.3-4, p.90-93, p.270-272) などと記されている箇所は、参考文献に記した著者名と書籍もしくは論文の発刊年または発表年、該当頁数を表しています。
※2 本文中で「(David, 1985)」などと記されている箇所は、参考文献に記した著者名と書籍もしくは論文の発刊年または発表年を表しています。

SDGsとの関連性［GOAL 1,8,9］

1. はじめに

　経済史とは、文字通り経済の歴史を研究する学問分野であり、それが研究対象とするのは、広く経済現象や経済活動の歴史である。この経済現象や経済活動は、たとえば、ある国の内部で営まれる一国経済の問題として扱われる場合もあれば、貿易、移民（労働力移動）、資本取引といった国をまたいだ国際経済の問題として扱われる場合もある。そして「グローバリゼーション」という言葉で象徴される現在の緊密な国際経済関係が形成される歴史の研究もまた、経済史の重要な課題である。さらに、いまだ「未完のプロセス」といってよいヨーロッパ連合（EU）のような複数の国家にまたがる地域経済圏と各国経済あるいは国際経済との関わりの歴史も経済史の研究対象といえる。

　さて、法学、政治学、経営学等と並んで社会科学の重要な学問領域である経済学は、現代の経済問題を解決することを目標にしている。経済史もその点では例外ではない。しかしながら、そのアプローチの仕方に相違があるといえる。こんにち私たちが直面しているさまざまな経済問題——たとえば、貿易摩擦、経済格差・貧困、開発と環境破壊、地球温暖化など——は、どれをとってみても、過去の時代の達成を遺産として継承し、また、過去の時代の失敗を負の遺産、つまり重荷として背負っている。その意味では、現代の諸問題はすべて過去の歴史の延長上に起こったもので、そこには過去の歴史が深く影を落としているといえる。現代の諸問題を解決する場合にも広い歴史的な視野が必要になるわけである。

　実際に、第一級の経済学者は広い歴史的視野を持っていた。彼らは、それぞれに、過去の歴史から学んだことを基礎にして、彼らの時代の現状に対する批判や提言を打ち出している。たと

えば、その好例が19世紀前半に活躍したドイツの国民経済学者フリードリッヒ・リスト（Friedrich List）である。彼はドイツ関税同盟の結成に尽力した人物として、高校の世界史の教科書にも登場するので、知っている読者も多いかもしれない。リストの若い頃、ドイツにはアダム・スミス（Adam Smith）とその流れをくむ経済学がイギリス[1]から入ってきて、『国富論』の焼き直しのような教科書が氾濫（はんらん）していた。フランス革命からナポレオン時代と続いた長い戦争が終わり、自由な貿易が再開された途端に、イギリス製品が津波のような勢いで流れ込んできた。すると幼弱（ようじゃく）なドイツの工業は各地で大打撃を受けた。

　自由な貿易によって経済は繁栄する、と教科書には書かれているのに、現実には、ドイツの工業は貿易が再開された結果、繁栄に向かうどころか崩壊に瀕（ひん）しているではないか。イギリスから入ってきた経済学は、そのままでは、ドイツのような後進国には通用しないのではないか——これが若きリストの感じた素朴な疑問であり、また彼がその後、アメリカ合衆国やドイツの国民経済学を構想するいわば原体験であった。

　実際、リストは国民的鉄道網の建設や国民的貿易政策の実現の運動に忙殺（ぼうさつ）されながらも歴史の勉強を継続し、『政治経済学の国民的体系』という大著を20数年後の1841年に完成させる。リストはこの本の第1編「歴史」で、過去500年ぐらいの欧米諸国民の貿易政策の歴史を展望して、どういう貿易政策をとった国

---

1 本章では、「イギリス」と「イングランド」を意図的に使い分けている。私たちがイギリスと呼称してる国は4つの構成国からなる連合王国（United Kingdom）で、そのうちの一つがイングランドである。1536年にイングランドがウェールズを統合したのに始まり、1707年にスコットランドとイングランド（ウェールズを含む）が連合協定を結び、グレートブリテン王国となり、1801年のアイルランドの連合参加により、グレートブリテン及びアイルランド連合王国となった。さらに1922年に北の一部を除いたアイルランドが独立国になったことにより、国名はグレートブリテン及び北アイルランド連合王国となり現在に至っている。

民経済が繁栄し、どういう貿易政策をとった国が衰退したのか、という過去の歴史から学んで、現実にドイツがとるべき貿易政策を提言したのである（List, 1841/1970, p.33-180/p.67-179; 諸田, 2003, p.3-4, p.90-93, p.270-272）。

　このように経済史を勉強する利点の一つは、広い歴史的な視野のなかで問題を捉え、過去の歴史から発展の原因や衰退の原因、あるいは現在の諸問題の解決のヒントを得られるということにあるといえる。

　以下、経済史から多くを学べることを、さらに経済史研究が現在の複雑な時代を生きる私たちにとっても示唆的で有益であることを、誰もが知る歴史上の出来事あるいは大事件を例に解説していこう。

2. 歴史の分岐点

　歴史は過去・現在・未来と切れ目なく流れていくものである。しかし、それは決して平坦ではなく、絶えず変化している。その変化はさざ波的なものもあれば、舞台が一回転するほど大きなものもある。たとえば、20世紀だけでも2度の世界大戦、世界恐慌、ベルリンの壁崩壊などがすぐに想起されるであろう。21世紀に入ってまだ四半世紀も経っていないが、それでも9.11同時多発テロ事件やリーマン・ショック、新型コロナウイルス感染症（COVID-19）の世界的パンデミック、ロシアによるウクライナ侵攻など、予想だにしなかった出来事が次々に起きている。

　たとえば、新型コロナウイルスの感染拡大は、私たちの生活様式を大きく変えるとともに、行動制限により世界各国で工場が操業を停止し、サプライチェーン（一連の経済活動）が一時的に停滞するなど、グローバル化した世界経済にも多大な影響を

与えた。歴史を振り返ってみると、古くはペスト（黒死病）や20世紀初頭のスペイン風邪など、私たちは幾度となく世界的なパンデミックと対峙してきた。ここで、歴史的出来事がのちの世界の経済・社会に与えた影響について、経済学部の専門科目「西洋経済史」でも扱う、14世紀中葉の中世ヨーロッパで大流行したペストを例に見ていこう。

1346年、ペスト菌が黒海沿岸・ドン川河口の港町のタナに到達した。それはクマネズミに寄生するノミを媒介にして、シルクロードを往来する商人によって中国から運ばれたものであった。当時、シルクロードはアジアを横断する通商の大動脈であり、ジェノバの商人によって船の積み荷などとともにクマネズミは、ノミとペストをタナの町から地中海全域へとまたたくまに広げていった。1347年までに、ペストはコンスタンチノープルに達し、同年10月にはイタリアのシチリア島の都市メッシーナに上陸した。1348年1月にはジェノバ、ピサ、ベネチアに達し、同年春頃には、ローマ、フィレンツェ、マルセイユ、そして北アフリカなど地中海沿岸に広がり、さらにアルプス以北のヨーロッパにも伝わり、パリ、ボルドー、ロンドンといった主要都市を中心に、西はイングランドから東はロシア西部まで、ヨーロッパのほぼ全域に波状的に拡大していった。

この中世ヨーロッパを襲った黒死病の死亡推定率の変動は、株式市場と同じくらい一定しないといわれるほど、正確な死者数を算出するのは困難であるが、ヨーロッパの死亡率は33％という説が定着している。これを実数でいうと、ペストがシチリア島に上陸した1347年からモスクワの手前に広がる平原に到達した1352年までに、ヨーロッパ大陸の人口7500万人のうち2500万人が死亡したことになる。ただし、ヨーロッパ各地で均等に死者が出たわけではない。イタリアの都市部、フランスの

農村部、イングランドの東部では、場所によって死亡率はかなり高く、40～60％に達している（ケリー, 2008, p.30-31; 宮崎, 2015, p.95-112）。

　こうした大惨事は社会の諸制度に多大な影響を及ぼすことがある。そして、まさにこのペストによる影響は、社会的・経済的・政治的な変化を中世ヨーロッパ社会にもたらすことになった。14世紀初頭のヨーロッパは、封建的な秩序が支配的な社会だった。その基礎となるのは、封建領主制と呼ばれるもので、上級領主である国王とその臣下である下級領主の諸侯や騎士との階級関係であり、その底辺には農民がいた。封建領主の間では、相互に契約に基づいた主従関係が結ばれ、国王は臣下に土地を与え保護するかわりに、臣下は主君である国王に忠誠を誓い、軍役の義務を果たす必要があった。次に土地を下賜された諸侯や騎士が農民に土地を貸与すると、農民はその見返りにさまざまな負担を義務づけられた。人頭税や結婚税・死亡税とともに、地代を支払わなければならなかった。当初は賦役（労働地代）が中心であったが、次第に貢納（生産物地代）や貨幣地代へと移行していった。農民は奴隷ではなかったものの、領主の「所有物」に近いものがあった。土地に縛り付けられ、移動の自由はなかった。領地が売られる場合、それと一緒に売却された。そのため、当時の農民は「農奴」と呼ばれていた。こうしたシステムは非常に収奪的で、富は多くの農民から少数の封建領主へ吸い上げられていたのである。

　ペストによる人口減少は、穀物価格の低落と労働賃金の上昇を招いた。これは農業経済の長期にわたる恐慌を引き起こし、領主と農民の関係に大きな影響を与えた。封建領主はさまざまな手段でこの領主制の危機とでもいう状況に対応したが、その方法とそれがもたらした帰結はヨーロッパの西と東では大きく

異なっていた。

　西ヨーロッパでは、ペストによって生じた大幅な労働力不足のために封建的秩序の土台が揺らぐことになった。すなわち、ペストは農民に対して状況の変化を求めるインセンティブ（誘因）を与えることになった。たとえば、イングランドでは、一方で、各地で農民が賦役や地代の削減を要求し、実際、多くの場所で彼らは無給労働や封建領主に対するさまざまな義務から解放されるとともに、賃金も上昇し始めた。他方で、政府はこうした自分たちに不都合な状況の打開をめざし、1349年と1351年に労働者規制法（Ordinance of Laboureres 1349 / Statute of Labourers 1351）を制定し、農民たちの行動に規制をかけようとした。ここで、1351年の労働者規制法がどんなことを謳っていたのかを実際の法律から引用してみよう。

　「多くの人々、とりわけ職人（workmen）や奉公人（servants）がいまやあのペストで死亡したため、雇い主の苦境及び奉公人の圧倒的な不足を目にした一部の者たちは、法外な賃金を得られない限り働かず、ある者は働いて生計費を得るよりは怠惰に物乞いしたほうが良いと思っている。我々は、とくに農夫と労働者（labourers）の不足がもたらす重大な不都合を考慮して（中略）、次のとおり命ずることに決定した。イングランド王国のすべての男女は（中略）、雇い主の求めに従って就労しなければならず、またイングランドの現治世の20年目 [エドワード3世治世下の1346〜47年にあたる]、あるいはそれに先立つ5〜6年において、彼らの就労場所で支払われることになっていた賃金（wages）、仕着せ（livery）、報酬（meed）、または俸給（salary）のみ得ることができる。」[2]

---

2 The Statute of Laborers; 1351, https://avalon.law.yale.edu/medieval/statlab.asp（2022年6月6日アクセス）

ここに引用した法律は、労働者の賃金をペスト流行以前の水準に固定しようとするものであった。さらにこの法律は、定められた期間の年季雇用契約を強制し、冬季に仕事のため居住していた場所から夏季に他地域に移動することを禁止した。これに違反する労働者は最低3日間の晒し台刑か、あるいは投獄刑に処された。しかしながら、ペストの影響で生じた制度と賃金の変化を食い止めようとするイングランド政府による試みは、結局のところうまくいかなかった。1337年に始まった百年戦争（イギリス王とフランス王の戦争）の戦費調達のために農民に課された人頭税徴収への反発も加わり、1381年にワット・タイラーの乱と呼ばれる農民反乱が起こった。反乱集団は農奴制の廃止や地代の軽減などを要求して、ついにはロンドンを占領するに至った。指導者のワット・タイラーは殺害され、反乱は鎮圧されたものの、労働者規制法を強制しようとする試みは二度となされなかった。これ以後、賦役などの封建的な労役は徐々にその姿を消し、イングランドには包括的な労働市場が出現し、賃金も上昇した。

　一方、東ヨーロッパでも、ペストによる人口への影響は、西ヨーロッパの場合と同じだった。通常、労働力不足になれば賃金は上昇するはずである。しかし、ペストによってもたらされた状況は、封建領主に労働市場を収奪的に、農民を奴隷状態にとどめようとするインセンティブを与えることになった。紙幅の都合上、詳細は省くが、ペストのあと、とりわけ東ヨーロッパの領主たちは、貢租の引き上げに成功したばかりでなく、農民の土地を取り上げて領主による農場経営を拡大し、農民に賦役義務を課して彼らを農奴化していった。都市は弱体化し人口も減少し、そして労働者は自由になるどころか、すでにあった自由をも奪われることになった。「再版農奴制」と形容される体

制の基礎が、中世後期に作られたのである。この体制は中世初期の原型とは異なり、さらに過酷なものであった。こうしたことが可能だった要因の一つとして、諸侯や騎士からなる領主たちより上位の、領邦君主や国王の権力がこの地域で脆弱（ぜいじゃく）だったことがあげられる。

　ペストがヨーロッパに到達する前の1346年時点では、政治・経済制度の点で東西ヨーロッパにはそれほど相違はなかったにもかかわらず、17世紀までに両者はまったく別世界になってしまった。ここで注意してほしいのは、こうした制度変化は急進的に生じるのではなく、ノーベル経済学賞を受賞した経済史家ダグラス・ノース（Douglass C. North）が指摘するように、制度変化の進行プロセスは「圧倒的に漸進的（ぜんしん）」（overwhelmingly incremental）であるということである。時に数世紀を要することもあるのだ（North, 1990/1994, p.89/p.117）。また、国家の繁栄・衰退を左右する要因は「制度」にあると強調する経済学者のダロン・アセモグル（Daron Acemoglu）とジェイムズ・ロビンソン（James A. Robinson）は、このペストこそが、社会における既存の経済的・政治的バランスを崩す大事件、すなわち歴史の道筋を左右する「決定的な岐路」（critical juncture）となった生々しい実例だと説く。ただし、この決定的な岐路は同時に、国家の軌道を急旋回させる可能性のある諸刃（もろは）の剣（つるぎ）でもある。上述のイングランドの事例は、収奪的制度のサイクルを壊す道を開き、より包括的な制度の出現を可能とした。その一方で、東ヨーロッパにおける「再版農奴制」のように、収奪的な制度の出現を誘発することもある（Acemoglu and Robinson, 2012/2013, p.100-101/p.148-149）。この中世ヨーロッパを襲ったペストの事例は、歴史上の決定的な岐路が、経済制度や政治制度の道筋をいかに形成していくのかを理解することの重要性を私たちに教

えてくれる好例だといえる。

3. 過去に縛られる現在：「経路依存性」

ペストのようなパンデミックに限らず、戦争、革命、そして自然災害などが決定的な岐路となり、その後の制度やシステムの変化を誘発する要因となる一方で、一度定着してしまった制度やシステムを変えるのは容易ではない。これを「経路依存性」（Path Dependence）という。

経路依存の問題について、経済史家がより注目するきっかけとなったのが、経済学者のポール・デーヴィッド（Paul David）によって発表された「ClioとQWERTYの経済学」という論文であった（David, 1985）。「Clio」とは、ギリシャ神話に出てくる歴史をつかさどる女神クレイオを指す。では「QWERTY」とは何を指しているのだろうか。そう、読者の皆さんもスマートフォンやタブレット、あるいはパソコンで文字を打つ時に目にしているキーボードの配列である。これは1872年にタイプライターのキー配列として考案されたものである。この論文で、デーヴィッドは、タイプライターのキーボードの特殊な配列が、どのように標準化され、その後、より効率的な代替案が登場しても、なぜ当初の結果が持続し固定化（lock in）されていったのかを、説明しようとしている。QWERTY配列は、元々、機械式のタイプライターが開発された時に、連続したタイプ打ちでもタイプライターの活字を動かすアームが絡まないようにするという目的で考えられた配列であった。その後、1932年にこのキー配列よりも合理的で効率的なキー配列（Dvorak配列）が考案されるのだが、90年後の現在でも非効率的なQWERTY配列が市場シェアをほぼ握っている。このQWERTY配列のように、たまたま最

初に使われたという「偶然の出来事」によって、それが定着・固定化してしまう現象を経路依存性は説明可能にしてくれる。

このQWERTY配列のような——科学技術に関連する——事例としては、たとえば、鉄道のゲージ（軌間／軌条幅）の統一規格があげられる。1825年にスチーブンソン父子が製造した蒸気機関車が投入され、ストックトン・ダーリントン鉄道が開業した。この時のゲージが1435ミリメーターで、これが世界各地で採用されていく「標準軌」の始まりとなった。ほかの路線でスチーブンソン社の機関車を採用した場合、その幅にレールの幅を合わせるようになり、工学的な観点や輸送増大の観点からは、より効率的で利点が大きいはずの「広軌」が「標準軌」に圧倒されていくことになった（鳩澤, 2021, p.391）。さらに私たち日本人にも身近な例として、家庭用ビデオテープ規格における、ベータマックスとVHSの争いなどがあげられる[3]。

経路依存とは、ある国やあるいは地域に存在する制度やシステムが、歴史的経緯によって維持存続されている状態を示す概念と捉えることもできる。上述した「再版農奴制」という収奪的な制度は19世紀まで継続したが、ペスト流行後の東ヨーロッパの支配者たちが求めたのは、西ヨーロッパのやり方（制度）を導入することではなく、経路依存的な変化であったといえる。それは、農民の大半を抑圧していた制度を次の段階に進めるものにすぎなかった。

このような制度に関する経路依存の事例は現在でも多く存在する。たとえば、第二次世界大戦後の日本の経済成長を長らく支えてきたといわれる「年功序列」や「終身雇用」といった雇

---

3 政治学者のピアソン（2004/2010, p.23/p.29）は、そのほかにもアメリカの軽水炉型原子炉の勝利、コンピューターのDOS型とマッキントッシュ型の規格争い、電流の規格争いなどの例をあげている。

用慣行は、1990年代初頭のバブル崩壊以来、その制度疲労が指摘されているにもかかわらず、いまだに大きな変化が生じているとはいえない[4]。制度変化の進行プロセスは「圧倒的に漸進的」であることを考慮すれば当然かもしれない。しかし、バブル崩壊が最初の衝撃波を与え、2008年のリーマン・ショック、そして2020年に起こった新型コロナの感染拡大が第2、第3の衝撃波となり、変化の進行を加速させる可能性も否定できない。

　また、地域という視点からみれば、現在のEUにも経路依存が作用しているといえる。EUでは決済通貨として「ユーロ (Euro)」という共通通貨が使用されており、欧州中央銀行によって一元的な金融政策がとられている。他方で、財政政策に関する主権は各国が有しているが、財政赤字をGDP比3％以内に抑制する義務を負っていると同時に、自国の財政運営に関する中期的目標を定めたプログラムを策定し、欧州委員会に提出する必要がある。このように、各国は独自に財政政策を運営する主権を有しているが、同時に一定の制約も受けている。ここで、とりわけ問題になるのは、ユーロを導入した国同士の間では為替レートを変更できないことである。これは、不況に陥った国が為替レートの切り下げによって国際競争力を回復し、輸出主導で経済回復する道が閉ざされていることを意味している（池本 2019、p.214）。こうした制約・問題がある、つまり非効率にもかかわらず、EUは、イギリスの離脱（ブレグジット）という事件があったものの、現在も解体することなく存続している。

　EUとは、第二次世界大戦後に本格化したヨーロッパ統合とい

4　櫻川（2021、p.129、p.149-151）は「バブルが崩壊した1992年は日本経済にとって歴史的な分岐点であった」という。さらに、日本では転職市場が未発達であったために、「年功序列」や「終身雇用」といった雇用慣行が生き残り、日本企業の保守化に拍車がかかったと指摘している。

う「未完のプロセス」の現在地といえる。今後EUがどう変わっていくにあたっても、経路依存性という視点は重要であると考えられる。過去に誰がどのような決断をしたのかを学ぶことで、EUが現在のような形になった理由が分かるだけでなく、今後EU加盟国が取り得る方向性にどのような選択肢があるかが決まってくる。

4. 経済史研究とSDGs

　2015年9月、ニューヨークの国連本部で開催された「持続可能な開発サミット」において、2030年までの開発アジェンダである「持続可能な開発目標（Sustainable Development Goals:以下、SDGs）」の合意が成された。SDGsは「誰一人取り残さない（No one will be left behind）」[5]をコンセプトに、途上国と先進国の経済格差問題の解決、そして持続可能な社会の構築をめざしている。創価大学も2019年4月に「SDGs推進センター」を開設し、SDGs実現へ向けて多角的かつ具体的な取り組みを開始している。そして経済学部でも「人間主義経済×SDGs」を掲げ、学部教育が行われている。経済史研究とSDGsがどう結びつくのか。おそらく両者の関係性について今ひとつ明確なイメージを抱けない読者も多いのではないだろうか。

　以下、この点について、「産業革命（the Industrial Revolution）」という歴史的出来事を通して考えてみたい。

　イギリスにおける歴史的な工業化、すなわち産業革命は、経

---

5 Transforming our world: the 2030 Agenda for Sustainable Development (Resolution adopted by the General Assembly on 25 September 2015), https://www.un.org/ga/search/view_doc.asp?symbol=A/RES/70/1&Lang=E （2022年6月30日アクセス）

済史学のなかでも人口に膾炙（かいしゃ）したテーマといえる。この用語自体は、1837年にフランス人経済学者ジェローム＝アドルフ・ブランキ（Jérôme-Adolphe Blanqui）が、自国の政治的変革であるフランス革命と比較して、対岸の隣国であるイギリスで展開された経済上の変革を観察した時に用いられたのが最初である[6]。しかし、「産業革命」という言葉が歴史用語として定着したのは、19世紀末の経済学者アーノルド・トインビー（Arnold Toynbee）が、その著書の表題に用いたことに始まるとされる。トインビーはオックスフォード大学においてイングランド経済史の講義を担当していたが、1883年にこの講義を完成させることなく30歳の若さで亡くなってしまう。翌年には、この時の講義録を中心とした遺稿集が、『18世紀イングランド産業革命論講義』として公刊されている[7]。

　余談だが、トインビーといえば、本学の創立者・池田大作先生が1972年5月にロンドンで初めて対談をされ、その後対談を重ねられて対談集『21世紀への対話』を発刊したことで知る読者も多いだろう。この池田先生が対談集を編まれたトインビー博士は、本名をアーノルド・ジョーゼフ・トインビー（Arnold Joseph Toynbee）といい、20世紀を代表する歴史家の一人である。実は、「産業革命」という言葉を広めるきっかけとなったトインビーは、彼の伯父にあたる人物である。この早世した伯父の名にあやかって、アーノルドと名付けられたのは有名な話である。

6　ブランキ（1845/1965、p.181/p.396）は、自著のなかで「ワットとアークライトとの天才からようやく生まれ出たばかりの産業革命（la révolution industriell）は、イギリス全土を席巻し始めていた」と述べている。
7　1884年に初版が刊行されているが、本章では、1887年刊行の第2版を参照した。また邦語訳は複数あるが、塚谷・永田（1958）を参照した。ただし、この邦語訳は、原著の「産業革命」のパートのみの訳となっている。

閑話休題。産業革命という歴史的出来事に対して、多くの人がポジティブなイメージを抱いているかもしれない。まずここで、私たち人類2000年の長期的な成長の趨勢を確認しておこう。表から読み取れるように、過去1000年間（1000年〜2003年）に世界の人口は24倍近くにまで増大し、人口一人当たりの実質GDPは14倍となり、世界の実質GDPは約340倍に膨張した。それ以前の1000年間には、世界の人口は約1.2倍になっただけで、人口一人当たりのGDPは0.96倍とマイナス成長であった。1000年から1820年までの成長でみると、人口一人当たりGDPの増加は遅々としていて、世界平均で1.5倍に増えただけだった。1820年以後になると世界経済の発展は、それ以前の時代と比較して、はるかに躍動的になる。2003年までに一人当たりGDPは9.8倍にまで増大し、人口は6倍になった。今度は同じ指標をイギリスについて確認してみると、1000年から1820年までの人

	紀元1年	1000年	1500年	1820年	1870年	1913年	1950年	1973年	2003年
一人当たりGDPの水準（1990年国際ドル）									
イギリス	400	400	714	1,706	3,190	4,921	6,939	12,025	21,310
西ヨーロッパ	576	427	771	1,202	1,960	3,457	4,578	11,417	19,912
世界	467	450	566	667	873	1,526	2,113	4,091	6,516
人口（1000人）									
イギリス	800	2,000	3,942	21,239	31,400	45,649	50,127	56,210	60,095
西ヨーロッパ	25,050	25,560	57,323	133,040	187,504	260,975	304,941	358,825	394,920
世界	225,820	267,330	438,492	1,041,695	1,271,919	1,791,091	2,525,502	3,916,493	6,278,620
GDPの水準（100万・1990年国際ドル）									
イギリス	320	800	2,815	36,232	100,180	224,618	347,850	675,941	1,280,625
西ヨーロッパ	14,433	10,925	44,138	159,851	367,466	902,210	1,396,078	4,096,764	7,857,394
世界	105,402	120,379	248,445	694,598	1,110,951	2,733,365	5,331,689	16,022,888	40,913,389

（注）GDPの単位は購買力平価で換算した実質ドル（1990 International Geary-Khamis dollars）。
（出所）マディソン（2015）、475、478、481より作成。

表　イギリス、西ヨーロッパ、世界の一人当たりGDP、人口、GDPの水準
　　（紀元1年〜2003年）

口一人当たりのGDPは4倍の増加、1820年から2003年のそれは12.5倍の増加と、世界平均を大きく上回る結果となっている。

　図は先の表の「一人当たりGDPの水準」の部分をグラフ化し、紀元1年から2003年までの一人当たりGDPを世界（破線）、西ヨーロッパ（点線）、そしてイギリス（実線）に分けて表示したものである。18世期半ばを境に、一人当たりのGDPが増加し始めている。世界の趨勢と比べても、とりわけイギリスの急激な増加が顕著であり、その様子が視覚的にも確認できる。こうした経済の指標からも、この時期のイギリスにおいて何かしら大きな変化が起こっていたことが容易に推測される。トインビーは、フランス革命前後の1760年から1830年頃にイギリスで社会経済の大変革が起こっていたと論じた。しかし、彼の見方は決してポジティブなものではなかった。すなわち、自由競争が経済の原理として定着して、農業と工業が資本主義化され、その結果、階級分裂が生じて、資本家が富を蓄える一方で、多くの労働者が犠牲になって窮乏化するという事態が急激に起こった、とい

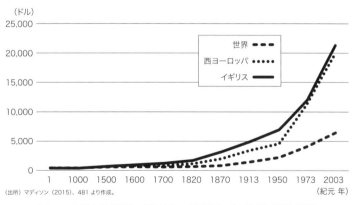

（出所）マディソン（2015）、481 より作成。

図　一人当たりGDP、紀元1年～2003年（1990年国際ドル）

うのである[8]。

　長い目で見ると、産業革命はイギリスをはじめ資本主義国の人々の生活を豊かにしたが、それにはそれなりの歳月が必要であった。当初、産業革命はランカシャー地方のマンチェスター、スコットランドのグラスゴーのような中心的工業都市、またリバプールのような港町など、さまざまな都市を劇的に発展させた。必然的に都市人口は急増し、人々の生活様式も変化していった。その結果、失業や貧困・伝染病など多くの社会問題を生み出した。とりわけ、都市人口の急増に伴い、都市の労働者の住宅では、上下水道や衛生環境といったインフラストラクチャーの整備が追いつかなかった。そのために都市の生活環境は劣悪で、栄養失調、結核をはじめとして、チフスやコレラなどさまざまな病気は日常茶飯事であり、とりわけ児童死亡率が高かった。

　イギリスの社会改革者エドウィン・チャドウィック（Edwin Chadwick）が1842年に提出した調査報告書によれば、マンチェスターの労働者の死亡平均年齢は17歳、リバプールでは、なんと15歳であった（Chadwick, 1997, p.157/p.159; 角山・川北, 1982, p.96）。こうした労働者の労働・生活条件は、その後、「工場法」や「公衆衛生法」などの制定によって少しずつだが、改善されていくことになる。きれいな水を安定的に供給し、排泄物を除去するために、効率の良い水道管や排水溝や下水道の整備が喫緊の課題であったわけである。SDGsの目標6は「安全な水とトイレを世界中に」であり、現代的な課題である。実際、

8　このような見方は「激変説・悲観論」と呼ばれるが、その後の精緻な実証研究の積み重ねのなかで、さまざまな批判を受け、修正を加えられていくことになる。トインビーに始まる「産業革命」をめぐる議論の変遷については、経済史家キャナダイン（1984）の論考が参考になる。

屎尿処理を含め公衆衛生をめぐる歴史は、社会経済史研究のなかでも重要なトピックである（有本, 2022, p.24）。そのほかにも、目標3「すべての人に健康と福祉を」や、ターゲットとして「強制労働の根絶」「児童労働の禁止及び撲滅」を掲げた目標8「働きがいも経済成長も」といった課題に対しても、当時のイギリスの経験は多くの示唆を与えてくれる。

　SDGsの決まった目標とは直接的な関連はないかもしれないが、たとえば、ノーベル経済学賞を受賞した経済史家ロバート・フォーゲル（Robert W. Fogel）の推定によれば、1780年のイギリスでは、5人に1人が栄養不良で肉体労働ができない状態だったが、その後栄養状況が改善されるにつれて、労働者の生産性も上昇し、1790年から1980年の間のイギリスにおける一人当たり所得の成長の約30％は、栄養の改善に起因するものであったという（Fogel, 1994, p.383）。現在でも開発途上国の人々にとっては、栄養不良は生産性の上昇と生活水準の改善に対する障害となっており、解決すべき喫緊の課題である。こうした問題に対処する際にもイギリスの経験は参考になるはずである。このように過去の歴史研究から現代の課題解決のためのヒントを得られるという意味で、「経済史」は重要な拠り所となる。

　また、産業革命のグローバルな視点での影響についていえば、産業革命を経て「世界の工場」になったイギリスは、のちに産業革命を経験する欧米の「後進資本主義国」とともに、圧倒的な工業生産力で世界各地を変容させていった。イギリスをはじめ、それに追随した国々は工業原料・食糧・工業製品の市場の確保という要請に則して、多くの植民地や従属国を形成していった。その結果、植民地・従属国にされていった国々においては、例外なく伝統的な経済構造は破壊され、宗主国の利害に則したモノカルチャー経済へと経済構造が再編成されてしまった。こ

のようにして、植民地が「自立的」に発展するための原動力が奪われ、「困窮化」していくことになる。まさにイギリスで始まった産業革命は、「富める北半球」と「困窮する南半球」という「南北問題」の原形をも作りあげ、現代社会の格差・貧困問題のルーツでもある。歴史のレンズを通すと、現代の問題の本質をより深く理解できるようになるのである。

5. おわりに

　本章では、経済史研究が現在の複雑な時代を生きる私たちにとっていかに有用であるかについて、実際に授業でも扱うテーマである、中世ヨーロッパを襲ったペストやイギリスの産業革命を引き合いに出しながら説明を試みた。中世ヨーロッパと聞くと、日本人の自分とはまったく関係ないどこか遠い時代・世界の話と思うかもしれない。しかし、それは私たちの歴史に対する向き合い方次第である。経済史に限らず、歴史を学ぶうえで大切なのは、自分とは異なる人々の経験に思いを馳せながら「他者」に対する「想像力」を持つことである。過去の人々の経験や生きざまを通して、私たちは、どう前に進むべきかを考える場合の「素材・材料」を得ることができるのである。

　「すべての歴史は現代史である」とは、イタリアの歴史哲学者ベネデット・クローチェ（Benedetto Croce）の言葉である[9]。これの意味するところを、イギリスの歴史家E・H・カー（E. H. Carr）は、「歴史というのは現在の眼を通して、現在の問題に照らして過去を見るところに成り立つもの」と説いた（カー，

---

9 1917年の著作のなかで、クローチェは「すべての眞の歴史は現代の歴史である」（1952、p.17）と記し、また1938年の著作では、「あらゆる歴史的判断の根底に存在する実践的欲求は、あらゆる歴史に『現代史』としての性格を与える」（1988、p.13）と記している。

1962, p.24-25)。先に「歴史は過去・現在・未来と切れ目なく流れていく」と記したように、私たちは、過去の歴史を学ぶことを通して自分たちの現在の立ち位置を知り、そしてそこから今後をどうしていくかを考えることができるのである。その意味で、歴史は未来を指向した学問でもある。経済史を学ぶ、あるいは研究することが、より良い経済・社会の構築に寄与することは間違いない。本章を読み経済史に興味・関心を持ち、より深く学んでみようと思う人がいたならば、嬉しい限りである。

参考文献

有本寛（2022）「『経済史』と“Economic history”」『経済セミナー』No. 724：23-28。

池本大輔（2019）「欧州統合の再出発——単一欧州議定書とマーストリヒト条約，1984〜1993年——」益田実・山本健編著『欧州統合史：二つの世界大戦からブレグジットまで』ミネルヴァ書房：196-227。

カー，E. H.（1962）『歴史とは何か』清水幾太郎訳，岩波新書。

クロォチェ（クローチェ）（1952）『歴史の理論と歴史』羽仁五郎訳，岩波文庫。

クローチェ，B.（1988）『思考としての歴史と行動としての歴史』上村忠男訳，未来社。

ケリー，ジョン（2008）『黒死病：ペストの中世史』野中邦子訳，中央公論新社。

櫻川昌哉（2021）『バブルの経済理論：低金利，長期停滞，金融劣化』日本経済新聞出版。

角山榮・川北稔編（1982）『路地裏の大英帝国——イギリス都市生活史』平凡社。

鳩澤歩（2021）「鉄道」社会経済史学会編『社会経済史学事典』丸善出版：390-393。

マディソン，アンガス（2015）『世界経済史概観：紀元1年−2030年』（公財）政治経済研究所監訳，岩波書店。

宮崎揚弘（2015）『ペストの歴史』山川出版社。

諸田實（2002）『フリードリッヒ・リストと彼の時代——国民経済学の成立』有斐閣。

Acemoglu, Daron and James A. Robinson (2012), *Why Nations Fail: The Origins of Power, Prosperity, and Poverty*, New York: Crown Publishers.（鬼澤忍訳『国家はなぜ衰退するのか：権力・繁栄・貧困の起源』上・下，早川書房、2013年）

Blanqui, Jérôme-Adolphe (1845), *Histoire de l' économie politique en Europe depuis les anciens jusqu' à nos jours*, t. II, Paris, Guillaumin, 3e edition.（吉田啓一訳『欧州経済思想史』有信堂、1965年）

Cannadine, David (1984), "The Present and the Past in the English Industrial Revolution 1880-1980", *Past & Present*, No. 103: 131-172.

Chadwick, Edwin (1997), *Report on the Sanitary Condition of the Labouring Population of Great Britain*; with a New Introduction by David Gladstone, Routledge/Thoemmes Press, Reprint of the 1842 edition.

David, Paul A. (1985), "Clio and the Economics of QWERTY," *American Economic Review*, 75 (2): 332-337.

Fogel, W. Robert (1994), "Economic Growth, Population Theory, and Physiology: The Bearing of Long-Term Processes on the Making of Economic Policy", *The American Economic Review*, Vol. 84, No. 3: 369-395.

List, Friedrich (1841), *Das nationale System der politischen Oekonomie. Erster Band: Der internationale Handel, die Handelspolitik und der deutsche Zollverein*, Stuttgart und Tübingen: Cotta' schen Verlag. (小林昇訳『経済学の国民的大系』岩波書店, 1970年)

North, Douglass C. (1990), *Institutions, Institutional Change, and Economic Performance*, Cambridge: Cambridge University Press. (竹下公視訳『制度・制度変化・経済成果』晃洋書房、1994年)

Pierson, Paul (2004), *Politics in Time: History, Institutions, and Social Analysis*, Princeton: Princeton University Press. (粕谷祐子訳『ポリティクス・イン・タイム——歴史・制度・社会分析』勁草書房, 2010年)

Toynbee, Arnold (1887), *Lectures on the Industrial Revolution of the 18th Century in England; Popular Addresses, Notes and Other Fragments*, together with a short memoir by B. Jowett, London: Rivingtons, second edition. (塚谷晃弘・永田正臣訳『英國産業革命史』改訂版, 邦光書房, 1958年)

第 **9** 章

経済史から見る
近世の農民たちの暮らし

〈日本経済史〉

創価大学 副学長・経済学部 教授
神立孝一

1. 歴史を学ぶ意義

　日本経済史とは、その名のとおり日本の経済の歴史についての学問です。歴史を学ぶわけですので、授業では経済史そのものについて論じる前に、まずはもう少し広い視野に立って〝歴史を学ぶ意義〟についてお話しするようにしています。

　はじめに、歴史を学ぶ意義と面白さを実感してもらいたいので、日本史に関する次の4つの問いを投げかけます。

（1）第2次世界大戦はいつ終わった？

　1つ目は「日本において、第2次世界大戦が終了したのは、いつですか」という問いです。いかがでしょうか。おそらく多くの方々は「1945年8月15日」と答えるはずです。ところが、これは2つある説のうちの1つです。もう1つの説は、戦艦ミズーリ号上で降伏文書の調印が行われた「9月2日」です。このことについて、京都大学の佐藤卓己氏は、『ヒューマニティーズ 歴史学』（岩波書店、2009年）のなかで「日本の国民世論が八月一五日を終戦記念日として受け入れるためには、九月二日『降伏記念日』が忘れ去られることが必要だった」と述べています。では、どのようにして降伏記念日は忘れ去られたのか。佐藤氏は同書で次のように指摘しています。

　「（サンフランシスコ）講和条約調印の一九五一年を境に『九・二降伏記念』記事は新聞から消え去った。『八・一五ジャーナリズム』が一般に定着するのは、GHQの占領が終わって『九・二降伏記念日』が忘却された一九五五年『終戦一〇周年』イベントからである。それは『降伏』の屈辱を忘れたい旧軍人にも、『八・一五革命』の神話に賭けたい社会主義者にも好都合な記念日であった（中略）八月一五日は左右の『国民的』世論が背中合わせ

にもたれかかる心地よい均衡点であった。」(「(サンフランシスコ)」
は筆者)。

　「現行の『八・一五終戦記念日』の法的根拠は戦後一八年も経
過した一九六三年五月一四日に第二次池田勇人内閣で閣議決定
された『全国戦没者追悼式実施要項』であり、正式名称『戦没
者を追悼し平和を祈念する日』は鈴木善幸内閣が一九八二年四
月一三日の閣議で決定している。終戦記念日の起源は、予想外
に新しい。この意味では、八・一五終戦記念日は戦争の記憶に
ではなく、戦後の忘却の上に成立している」。

(2) 江戸城の正門と皇居の正門は違う？

　2つ目は「江戸城の内廓の主な城門は、大手、竹橋、半蔵、西
の丸大手など14の門がありますが、正門はどれでしょうか」(図
1参照) という問いです。これは大人でも答えられる人は多くな

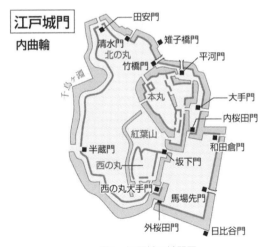

図1　江戸城の城門図

いはずです。

　正解は図1の左方にある「半蔵門」です。ただし、現在の皇居の正門は「西の丸大手門」となっています。では、どのタイミングで「西の丸大手門」が正門となったのか。答えは明治21年（1888年）です。同年に現在の皇居の中に明治宮殿が造営され、そのタイミングで正門が変わったのです。

　「半蔵門」が正門だったことは、外廓まで範囲を広げて俯瞰（ふかん）するとその理由がよく理解できます。図2をご覧ください。

　図上には内廓の「半蔵門」と外廓の「四谷門」を示しました。2つの門をつなぐ道は甲州街道で真っすぐに伸びています。実は、この「半蔵門」と「四谷門」以外に内廓の門と外廓の門が真っすぐの道でつながっている箇所はありません。それが「半蔵門」が正門である理由なのです。創価大学の「正門」も、この原理

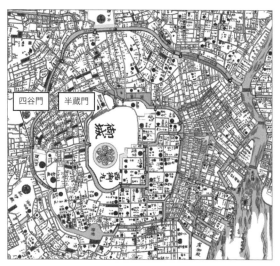

図2　江戸城における半蔵門と四谷門

に基づいているのではないかと思えます（谷野町の交差点から正門をつなぐ道があることから）。

(3) 聖徳太子は実在した？

　3つ目は「聖徳太子は実在したと思いますか」という問いです。ここでは明確な答えを出すというよりは、聖徳太子の存在を学術的に否定している方の主張を紹介します。歴史学者の大山誠一氏が『天孫降臨の夢——藤原不比等のプロジェクト』(NHK出版、2009年）の中で書いている一文です。

　「本来あったはずの未開から文明への葛藤、つまり考古学が明らかにした日本固有の社会が巨大な中国文明を認識し、悪戦苦闘しながら学び、その上で取捨選択し、その結果として独自の秩序と文化を構築するという、そういう長期にして困難かつ複雑な価値観の相克を、聖徳太子という一人の聖人の出現ですましているのである。たった一人で、儒教・仏教・道教の聖人を兼ねるのも変だし、その歴史叙述はあまりにも安易なものと言えないだろうか」。

　大山氏がそう考える1つの論拠は、聖徳太子によって作られたとされている「十七条憲法」のなかに出てくる「国司（くにのみこともち）」という官名にあります。「国司」とは、国を単位として行政的な支配を行う官人のことなのですが、その語が生まれたのは701年に編纂された大宝律令以後とされています。ところが、『日本書紀』では厩戸王子（聖徳太子）が亡くなったのは621年となっている。大山氏は『〈聖徳太子〉の誕生』(吉川弘文館、1999年）の中で、その矛盾を指摘しています。

(4) 日本はいつ誕生したのか？

　4つ目は「日本という国は、いつ誕生したのですか」という、

日本史にとっては根源的な問いです。この問いに即答できる人はどのくらいいるでしょうか。

　普通であれば、小中学校や高等学校で歴史を勉強する際、最初に考えなければいけないのはこの問いだと思います。ところが、実際にはそうはなっていない。例えばアメリカでは、1776年の7月4日に独立宣言が公布されたところから国の歴史の流れが始まります。同様に、中国の建国は1949年10月1日と明確になっています。

　では、日本という国はいつ誕生したのか——この点について、歴史学者の山本博文氏は『歴史をつかむ技法』(新潮新書、2013年)のなかで、次のように綴っています。

　「『日本』の国号が正式に定められたのも天武天皇の時代だとされていますが、国号がとくに意味を持つのは対外関係においてで、孫の文武天皇の時代、七〇一（大宝元年）年の遣唐使が、中国に対して初めて用います。中国の歴史書『旧唐書』には『日本国は倭国の別種なり、その国、日の辺にあるをもって、ゆえに日本をもって名となす』と書かれています」。

　このように、歴史というのは立場や時代によって見方が大きく変わります。為政者たちの都合でいいように、恣意的に書き換えられることもある。歴史を学ぶ上で、まずはそのことを知ってもらいたいと思って、授業の冒頭ではこのような話をしています。

2. 経済史とは何か

　授業では次に、経済史の概要について話します。経済史とは、歴史学の一部であると同時に、経済学の主要な一分野でもあります。

経済学には、①理論、②政策、③歴史の3部門があります。このうちの「歴史」は、「経済の事実ないし事実関係に基づいて、経済生活の発展過程を記述する学問」と言えます。

　では、経済史はいったい何を研究対象とするのか。経済学と歴史学のそれぞれの視座から言えることがあります。経済学の視座からは「経済生活がどのように発達してきたのか」が、歴史学の視座からは「時間・時をどう把握し、どう捉えるのか」＝「時の流れ」が対象になると私は考えています。ここでは特に「時の流れ」について話を展開します。

　実は、歴史学における難題の1つは「時代区分」だと言われています。「時代区分」の発祥は西洋史における「古代」「中世」「近代」の三区分法です。日本では、この三区分法をもとに明治の初めに「古代」「中世」「近世」「近現代」という四区分法が作られました。

　ただし、「時代区分」には、そもそも〝区切り方〟の問題があります。時代を区切るからには、室町時代と安土桃山時代ではその境目に明確な線が引かれます。最近の話をすれば2019年4月30日までは平成時代で、同年5月1日からは令和時代に入ったわけです。この時代の区切り方は、いわば〝政治史的〟と言えます。

　ところが、生活者の実感はどうでしょうか。2019年の4月30日と5月1日で、何かが劇的に変わったわけではなかったはずです。では、生活者の実感ではどのように時代は変わっていくのか。例えば、携帯電話が登場し、固定電話や公衆電話が徐々に世の中からなくなっていく。つまり、ある時期を境にスパッと区切られるわけではなく、ある時期を起点に斜めに線が引かれるようなイメージです。これが〝経済史的〟あるいは〝文化史的〟な時代の区切り方なのです。

日本史の詳細な時代区分については、時代ごとにいくつかの傾向が見られます。1つは、「縄文」「弥生」というその時代に使われていた土器の名称が時代にも使われている点です。その後の「奈良」「平安」「室町」「安土桃山」「江戸」になると、首都が置かれた地名が時代の名称になる。そして、「明治」「大正」「昭和」「平成」「令和」は、いわば国家の意図によって決められた名称（元号＝天皇名）になっています。

　「時代区分」というのは、それを行う人間の思考法によって変わるものであり、その思考法こそが「歴史観」と呼ばれるものなのです。天皇の交代が時代の変わり目となっている現代は「天皇史観（皇国史観）」と言えます。こうしたことに敏感であることが、歴史を学ぶ1つの大きな意義だと思います。

3. 教科書が正しいとは限らない

　授業では経済史に関する具体的な事例として、さまざまな史料を取り上げながら話をしています。いつも冒頭で話しているのは、教科書に書いてあることが正しいとは限らない一例として紹介する「慶安御触書」に関するエピソードです。

　かつて、「慶安御触書」は江戸時代の農民を統制する典型的な幕法として慶安2年（1649年）に発令されたと言われてきましたが、最近では慶安の時期（1648〜1652年）よりも後にできた文書であるという説が有力視されています。元禄10年（1697年）に甲府徳川領で公布された藩法「百姓身持之覚書」を原型に、そこからさらに後年である文政13年（1830年）に、美濃国岩村藩（現在の岐阜県）が出版した木版本『慶安御触書』が、決定的な役割を果たしたのではないかと言われているのです（山本英二『慶安の触書は出されたか』山川出版社、2002年）。ゆえに、かつて

は小中学校や高等学校の教科書には『慶安御触書』が必ず掲載されていましたが、今は掲載されていません。

　成立の経緯だけではなく、その内容を子細に見ても、検討し直さなければならないことがあります。「慶安御触書」は農民を統制するものであり、これが発令されたことで「農民たちは非常に苦しんだ」というのが通説になっています。しかし、実際の文書を読んでみると、私にはむしろとても楽しく生活をしていた農民たちの様子が目に浮かぶのです。

　例えば「酒茶を買のみ申間敷事。妻子同前の事」（酒や茶を買って飲んではいけない。妻や子どもも同じである）という一文。通説では、この一文を「事細かく農民の生活を規制している」と解釈するわけですが、私はそうは思いません。酒や茶を禁じるということは、当時の農民たちは酒や茶を飲んでいたわけで、それらを買うお金があった。そうでなければこんな御触書は出てきません。

　こんな文章もあります。「夫婦ともに稼ぎ申すべし。然ば、みめかたちよき女房成共、夫の事をおろそかに存じ、大茶を飲み、物まいり遊山ずきする女房を離別すべし」（夫婦ともに稼ぎなさい。たとえ美しい女房であっても、夫のことをおろそかにし、茶を飲み、寺社への参詣や遊山を好む女房とは離別すること）。

　ここから読み取れるのは、女性がお茶を飲んで友達らとおしゃべりしたり、寺社への参詣やら観光やらを楽しんだりしていることです。それらはいずれも平和でなければできませんし、何よりお金と時間がなければできません。

　このように、「慶安御触書」は農民が豊かな生活をしていたことを示す史料としても読めるわけです。ただし、これだけでは大抵の学生は信じてくれない。そこで私は、より学生たちに実感してもらえるように、創価大学がある八王子市に関わる史料

を取り上げて具体的な事例を示しています。

4. かつての八王子の人々の暮らしを読み解く

　日本経済史研究者の安澤秀一氏が「倹約申合村法」という史料を紹介してくれました（安澤秀一『近世村落形成の基礎構造』吉川弘文館、1972年）。この村法は八王子の谷野村（現在の八王子市谷野町）のものであり、ちょうど創価大学の正門を出て、目の前の坂を下ったあたりがその村になります。

　この村法には「今度風損ニ付、当村内ニて費成る義仕間敷候事」（この度の風害につき、私たちの村の中では浪費をしないこと）との一文があります。何が浪費かというと、「酒之儀、一切買申間敷候」（酒は一切買わない）、「たはこ之義、来年九月廿二日迄一切すい間敷候」（たばこは来年9月22日まで一切吸わない）とある。

　では、当時の人々はいったいどのくらい酒を飲んでいたのか。調べてみると、同じ八王子の上恩方村（現在の八王子市上恩方町）の史料の中に「上恩方村酒法度」という村法が見つかりました。これも、前述した安澤秀一氏が著書の中で紹介しているものです。

　そこにはまず村の状況として、「当村の儀ハ、山中谷合地狭之場所故、田畑少く平日夫食不足ニ而、漸く今日を経営罷在」（私たちの村は、山奥の谷合にある狭い場所に立地しているため、田畑は少なく、食糧も不足し、やっとのことで毎日の生活をしている）と書かれています。そして、こんな文章が続きます。「然る所当戌六月諸国一統大洪水ニ付、米穀其外諸色高直ニ相成、甚難儀至極仕候、此上困窮之程難斗存候間、此度惣百姓相談之上、村内酒法度ニ致候定ニ御座候」（今年の6月に起きた大洪水で、米や穀物などの価格

が高騰し、非常に困窮している。そこで村中のすべての百姓が相談の上、村内での飲酒を禁止することになった）――と。

　ポイントはここからです。法度には禁酒によってどの程度の倹約になるかについての言及があり、「壱ヶ年ニ付四五百両ツヽハ村方一同之潤ニ罷成」（1年につき400〜500両ずつが村の人々の潤いになる）と書いてある。つまり、この村では1年に400〜500両を酒代として支払っているわけです。この情報をもとに、現在の貨幣価値に置き換えて考えてみましょう。

　まずは金1両が現在の貨幣価値でいくらになるか。金1両は銭4貫文に、銭1貫文は1000文になります。現在の貨幣価値と比較するための基準を、そば1杯の値段とします。江戸時代のそばの値段は、1杯16文でした。金1両は銭4貫文すなわち4000文ですから、4000を16で割るとちょうど250杯のそばを注文できることが分かります。

　一方で、現在のそばの値段はひとまず400円ということにしておきます。400円のそばを250杯となると10万円。これでおおよその金1両の現在の貨幣価値が分かりました。あとは、先にあった年間の酒消費額である400両（少なく見積もって）に10万円をかけると現在の貨幣価値におけるこの村の酒消費額が出てきます。その金額は、なんと4000万円です。

　法度の文末には「惣百姓一一八人連印略」と書かれていますので、4000万円を118で割ってみると33万8983円という1世帯あたりの年間酒消費額が出てきます。これを月間酒消費額に換算すると2万8248円。つまり、毎日1000円弱の酒を飲んでいることになります。

　ここで思い出してもらいたいのは「田畑少く平日夫食不足ニ而、漸く今日を経営罷在」という箇所です。毎日1000円弱の酒を飲んでいながら「やっとのことで生活をしている」と書いて

いるわけです。古文書は文字どおり読むと間違える——その典型例がこの法度なのです。

　ここまで来ると、もう1つ気になることが出てきます。なぜ「山中谷合地狭之場所」に住む上恩方村の人々がそれだけのお金を持っているのか——ということです。これも文献が出てきました。「元禄八年十月付の答書き」という文書に同じ上恩方村の柏葉販売に関する記述があったのです。

　柏葉とは、今でも端午の節句の際に食べる柏餅に巻かれている葉です。塩漬けにした葉を餅に巻くわけです。「答書き」には次のような文言があります。

　「恩方村高千石之所より毎年四月十日頃より柏葉取、八王子え出し商売仕候、廿八日より五月二日迄ハ三百駄程ツヽ付出し、一駄ニ付四、五百文ツヽ程ニ売申侯」（恩方村の村高が千石のところにおいて、毎年4月10日頃から柏葉を取り、八王子へ出して商売をしています。28日から5月2日までは、およそ馬に載せる荷物300駄ずつ運び出し、1駄につき400〜500文で売っています）。

　1駄400文として、1日300駄ずつを5日間売ったということは、銭にして60万文、金にして150両、現代の貨幣価値にして1500万円分の売り上げとなります。仮に葉を取り始めた4月10日から27日までの18日間にも1日につき100駄の出荷ができていたとしたら、銭で72万文、金で180両、今の貨幣価値にして1800万円の売り上げになります。すると、この上恩方村の柏葉販売における4月10日から5月2日までの3週間強の売り上げは3300万円となり、4000万円という年間酒消費額の8割強を占めることになります。

　もちろん他にも仕事をしていたはずですが、少なくとも3週間強の柏葉販売だけでも年間酒消費量の8割強を稼ぎ出すことができていたわけです。やはり「やっとのことで生活をしている」

という言葉は字義どおりには受けとめることができません。

5. 農民は豊かだった

　現代を生きる私たちは、往々にして「近世の農民は貧しかった」というイメージを抱いています。そんなイメージを揺るがす事例は他にもあります。それは近世の年貢（ねんぐ）の仕組みについての話です。

　近世の年貢は主に2つのシステムに支えられていました。1つは「石高制（こくだかせい）」であり、もう1つは「村請制（むらうけせい）」です。

　「石高制」とは、その土地の農業生産力を米の量に換算した生産高表示方法です。「石高」は田畑の租税負担能力を示す単位だけでなく、大名や武家の知行高（ちぎょうだか）（所領高）を示す単位としても用いられました。

　この「石高制」は「検地」が前提となったシステムです。「検地」とは、土地の面積や収穫量、生産高などの調査をすることです。農民の田畑一筆（たはたいっぴつ）（一筆＝1区画の意味）ごとに間竿や縄などの道具を使って測量し、村単位でその内容を記録した「検地帳」が作成されます。

　この検地の結果、村高（むらだか）（村の生産高の総計）が算出され、これが年貢の賦課（ふか）（割り当て）基準になるのです。したがって、領主たちが関心を持つのは、戸別の農民たちの年貢の納入高ではなく、支配している村からの村高になるわけです。

　ここで登場するのが、近世の年貢を支えたもう1つのシステム「村請制」です。「村請制」とは、村の名主（農業経営者）が戸別の農民たちの年貢の納入高を管理・徴収する制度です。

　ポイントはここからです。年貢の賦課が村高で決まるということは、例えば「五公五民」という賦課だと戸別の生産高に対

する「農民の取り分」と「年貢納入」は50％ずつとなります。50％も取られて大変だと思うかもしれませんが、そんなことはありません。なぜなら、賦課の基準が村高である限り、それが年貢の最大徴収高になるからです。もう1つは、あくまでも耕作地にのみ課せられた年貢ですから、それ以外の収入は無関係であり、副業や農間稼ぎ（農民のアルバイトのようなものです）はそのまま農民の取り分になります（前述の上恩方村の柏葉による収入にも、年貢は課せられないのです）。

　つまり、村高を基準とした村請制の年貢制度は、「十公〇民」という賦課でも、理論上は村による年貢の納入が可能なのです。つまり、定められた村高以上を賦課することができないということになります。換言すると、村高を基準とした「村請制」は、村高以上の収穫を想定していない制度なので、戸別の農家らが村高以上の収穫をしたとしてもそれを年貢として徴収できない仕組みになっているのです。村高は、年貢の最上限ということになります。

　したがって、村高以上の収穫は、働いた分だけ手元に残る。だからこそ、農民たちの労働のインセンティブ（誘因）は高まるに決まっています。ここに経済合理性を理解した近世の農民らの実像があると私は考えています。

　しかし、こうした話をしても学生から反論されることがあります。興味深い反論は「農民が貧しくなかったのなら、どうして彼らは一揆を起こしたんですか」というものです。私はいつも次のように答えています。「一揆というのは、生活が豊かな人たちが起こすものなんです」──と。

　私がそう考える理由は、青木虹二氏の『百姓一揆の年次的研究』（新生社、1966年）に依拠します。同書では、17世紀の初めからのおよそ250年の間に起きた百姓一揆については、地域によっ

て発生する回数に差があることが示されています。特に多かったのは、信濃国（現在の長野県）や越後国（現在の新潟県）だそうです。共通点は大穀倉地帯であることです。

　では、一揆の原因は何か。これについては、面白いことに約250年の間の前半と後半で変わっています。前半（1611〜1720年）は「年貢の減免」を求めた一揆だったのが、後半（1721年以降）になると「物価の値下げ」を求めた一揆に変わったのです。

　後半の時期には、三大飢饉と呼ばれる「享保飢饉」（1732〜1733年／中国地方）「天明飢饉」（1783〜1784年／北関東地方）「天保飢饉」（1833〜1839年／太平洋側東北地方）が起きています。このことを受けて「飢饉で苦しんだ農民たちが一揆を起こした」と捉える場合が多いのですが、後半に起きた一揆の要求は「物価の値下げ」でした。

　つまりこういうことです。飢饉が起きた際には幕府が救援物資用に米を買い上げます。すると、飢饉が発生した場所ではない地域でも、一般の市場では米の供給不足が起き、価格が高騰します。そこで、農民たちが「物価の値下げ」を求めて立ち上がる。つまり「飢饉で苦しんだ農民」と「物価の値下げを求めて立ち上がった農民」たちは、別の地域の農民なのです。

　ここまでは、「近世の年貢」と「百姓一揆」を取り上げて、農民が決して貧しくなかったことを論じてきました。では、どうして多くの人々が農民は貧しかったと信じているのか。そこには近現代以降の政治権力の思惑があると私は考えています。

　近世までの人々は非常に苦しんでいたけれど、明治以降は政治形態が非常に優れているために人々は苦しんでいない——政治権力が国民にそう思わせるためには、近世の農民たちには貧しくあってもらわなければならないわけです。

　最後に、エンゲルベルト・ケンペル（1651〜1716）というド

イツ人の医師が書いた『日本誌』という書物の中の一節を紹介します。

「この民は、習俗、技芸、立居振舞いの点で世界のどの国家にも立ちまさり、国内交易は繁盛し、肥沃な田畑に恵まれ、頑強強壮な肉体と豪胆な気性をもち生活必需品はありあまるほどに豊富であり、国内には不断の平和が続き、かくして世界でも稀にみるほどの幸福な国民である」。

教科書には為政者たちが書いてきた歴史も載っています。大切なのは、教科書であっても鵜呑みにしないこと。そして、自分の目で見て、証拠を集めて、判断することです。とりわけ、ここまで述べてきたような〝庶民の歴史〟は、教科書をただ読んでいるだけでは見えてきません。史料を通して人間を知る――これも日本経済史を学ぶ醍醐味の一つなのではないでしょうか。

参考文献

佐藤卓己（2009）『ヒューマニティーズ 歴史学』岩波書店
大山誠一（2009）『天孫降臨の夢 藤原不比等のプロジェクト』日本放送出版協会
大山誠一（1999）『〈聖徳太子〉の誕生』吉川弘文館
山本博文（2013）『歴史をつかむ技法』新潮社
山本英二（2002）『慶安の触書は出されたか』山川出版社
安澤秀一（1972）『近世村落形成の基礎構造』吉川弘文館
青木虹二（1966）『百姓一揆の年次的研究』新生社
エンゲルベルト・ケンペル（1989）『日本誌 改訂・増補』霞ケ関出版

第 **10** 章

未来の担い手たちに送る「環境経済論」

〈環境経済論〉

創価大学経済学部 教授
碓井健寛

SDGsとの関連性［ GOAL 1,3,4,5,8,10,11,12,16,17 ］

1. 「習うより慣れろ」——反転授業の試み

どうすれば私が「環境経済論」の授業でやっていることを読者の皆さんにお伝えできるか、悩みました。本当であれば、学生たちと一緒にじっくり議論を深めていく様子を余さず紹介できたらいいのですが、本書で割り当てられた紙幅を考えると、それは難しい。そこでまず、私が環境経済論の授業をどのように設計したのかを本章の前半で示したいと思います。

科目の概要を手っ取り早く知りたいという人にとって、授業がどうやって組み立てられているのかという事情は、あまり本筋と関係のない舞台裏の話だと思われるかもしれません。しかしこの設計にこそ、環境経済論、あるいはより広く経済学そのものの面白さを発見する入り口があるのではないかと私は考えています。

ただし、授業の仕組みを紹介するだけだと環境経済論の具体的な内容がよくつかめないと思うので、本章の後半で授業の内容を一部取り上げることにします。今回選んだテーマは、ごみ処理の有料化とごみ減量の関係です。多くの人にとって身近な家庭ごみの事例を通して、環境経済論はどんな視点やアプローチ（手法・研究法）を提供するのか、そこで実感してもらえたら嬉しいです。

おそらく私の授業に参加する人が真っ先に知りたいと思うのは、この科目で何が学べるのかではないかと思います。環境経済論とは、環境問題を経済的に解決することを目指す学問のことです。私が授業の冒頭で説明するのは、だいたいこれくらいです。「え、それだけ？」と戸惑う人もいることでしょう。最初から学生に〝答え〟を押しつけないよう、教員側から提供する情報はあえて少なくしています。合言葉は「習うより慣れろ」

――授業での実践を通して自分なりに学び、「こういう科目なのか」と体得してもらうのが狙いです。

　とはいっても、授業を受けるにあたって何の情報もないのでは、学ぼうという意欲もなかなか起きないでしょう。講義の仕組みを大まかにでも伝えるため、私はシラバス（講義概要）とは別に授業の〝ローカルルール〟を用意し、事前に学生たちと共有するようにしています。そこには環境経済論で学ぶ内容に関する事項だけでなく、授業の手法や構成も記し、ある程度こちらの意図を理解してもらえるように工夫しています。

　基本的に授業は、「自主学習」→「協同学習（ディスカッション）」→「振り返り」のサイクルを1つのユニット（ひとまとまり）として、これを毎週繰り返す形で進めます。授業は週に2回、同じ曜日に続けて行います。そのうち学生が実際に参加するのは1回で、もう1回は事前の自主学習に充ててもらっています。実際に参加してもらう授業では、グループごとによるディスカッションの時間をたっぷりと取り、その後に全体の振り返りをしています。

　また、私の授業では、毎週の予習レポートと授業後のまとめ、すべての単元が終わった後の振り返りレポートなど、書く機会をたくさん設けています。「環境経済論」で一人当たりの学生が書く文字数を合算すると、およそ3万字。なぜこれほど言語化を重視する必要があるのでしょうか。

　例えば、毎回の授業後に、新たに学んだ点や疑問点、あるいはモヤモヤした違和感などを言葉で書き表すことで、自分の考えた道筋を客観的に振り返ることができます。自分は何を感じ、発見したのか。それを見出す契機になるのです。

　そして、「自分はこう思う」という気づきは、「自分と立場が異なるあの人ならこう思うかもしれない」という他者への配慮

にも結びついていきます。言語化の実践は、自分の反対側にいる人たちが感じたり考えたりしていることを想像する力とも無縁ではないのです。

言葉で書くことを重視するのにはもう1つ理由があります。従来の経済学では、どちらかというと言語化の訓練が看過（かんか）されがちでした。教員から「教科書を読め」とは言われるけれども、「教科書を読んでどう理解したか」といったことを問われる機会はあまりなかった。いわば経済学の弱点であり急所とも言えるこの領域を補うような授業がしたいという思いが強くありました。

そもそも私がこのような授業の手法をとるようになったきっかけは、大学生の頃までさかのぼります。学生時代には、サークルやボランティア活動など、特定の目標に向かって集団で取り組む機会があると思います。私もそんな学生の1人でした。複数の人が集まって、みんなで1つのゴールを目指す時、どうしても意識に差が生まれます。そのなかで、置き去りにされる人を出さないためにはどうすればいいかを考えるようになりました。

もっとも簡単なやり方は、意識のある1人、もしくは少数の人たちが意思決定をし、その内容をトップダウンのやり方で展開する方法です。しかし、私は上から下へと直線的に指示する手法に疑問を持っていました。それでは必ずこぼれてしまう人が出てくるだろうと。ではどうやったら一人ひとりが自主的に意識を高めようと思えるだろうか。私が見出した答えは、グループのなかで何でも話し合える環境を作ることでした。それがのちに、議論しやすい環境をこちらで整えて、学生たちにディスカッションしてもらうという授業の手法につながっていったのです。

海外への留学や大学院への進学を目指している学生であれば、いい成績を取ろうとして自分一人でも勉強を進めてくれます。

教員の役割は、そういった明確な目標のない学生であっても、自ら学びたいと思える環境を用意することです。自分の発言で議論に貢献したり、誰かの発言で新たな視点を得たり、グループのディスカッションを通して学びを深めたりという経験をすれば、たとえ成績という目に見えるインセンティブ（誘因）がなかったとしても、自発的に勉強してくれるのではないかと私は考えました。全体をトップダウンで管理するのではなく、一人ひとりのモチベーションを引き出し、意欲的に取り組ませる。この仕掛けはまさに、経済学的な発想（行動経済学など）に通じると言えます。

　さて、私の「環境経済論」のように、自主学習を行った後に参加型の授業を実施する方法は、一般に「反転授業」と呼ばれています。通常の授業では、教師と学生が顔を合わせる場で知識のインプットを行い、その後宿題などの自主学習を通して、各自で知識をアウトプットする練習をしたり、応用力を養ったりします。一方、反転授業ではそれが逆になって（＝反転して）います。つまり、知識のインプットを自主学習で行ってもらい、その後に参加型の授業を実施して、アウトプットの訓練をするというわけです。

　私はコロナ禍以降、オンラインを活用しながら反転授業を行っています。特に2020年度と2021年度の2年間については、以下のようなやり方で完全なオンライン授業を実施しました。週2回の授業のうち、自主学習の回は事前に録画した講義を視聴してもらい、実際に学生が授業に参加する回はオンライン会議システムを使うというやり方です。

　実は、完全なオンラインでは反転授業は成立しないというのがこれまでの定説でした。コロナ禍における2年間の試行錯誤を通して、工夫しだいでオンラインでも反転授業は可能であるこ

とを示せたのではないかと自負しています。

　反転授業で特に重要なのは、質の高い予習を確保することです。「環境経済論」では、学生が自分の都合のよいタイミングで視聴できる講義の動画を用意し、それを見てもらった上で予習レポートを作成してもらっています。

　完全にオンラインでやる場合は、安定したインターネット環境のある場所から参加したり、自分の顔や氏名を表示したりするなど、明確にルールを決めておくことも必要でしょう。「環境経済論」では、本章の最初のほうで触れた〝ローカルルール〟を明文化することで、何をすべきか、あるいは何をすべきでないかを学生たちと共有しています。

　またオンラインでの授業では、すべてを一人でやろうとするのではなく、誰かにサポートしてもらうことも大切です。大学には、上級生が授業の補助を行うスチューデント・アシスタント（SA）の制度があります。ディスカッションのモニタリング（状態を把握）や、注意事項のアナウンスなど、あらかじめSAの役割を決めておけば、授業はよりスムーズに進むでしょう。その他詳しい考察は2022年に論文として発表しましたので、興味のある方はぜひお読みください[1]。

　2006年に講師として創価大学に着任して以来、私はさまざまな教授法を試しながら、どうすれば学生主体の授業が実現できるかを模索してきました。教育学部の先生方が主催する講習などでヒントをもらい、自分で実践して、後から振り返ってみる。その繰り返しのなかで見つけた手法が、反転授業でした。

　学生が自発的に授業に参加するようになればなるほど、学習

1　碓井健寛「完全オンラインでの反転授業においてディスカッションはうまくいくのか？」（『創価経済論集』51）

の質も向上する——このことは、毎回の授業後に書いてもらっ
ている自由記述のアンケートを見ても明らかです。興味深いこ
とに、みんなで同じ単元をやっているのに、一人ひとり受け止
め方が違うんです。私はこれも、教員から〝答え〟を提示しな
いというやり方の成果だと思っています。

　また嬉しいことに、私の授業やゼミで学んだ学生のなかには、
自ら課題を見つけ、その解決に向けて活躍している人がいます。
ある人は、子どもやその親に食事を提供する「子ども食堂」を
八王子市で立ち上げました。自主夜間中学の運営をサポートし
たいと名乗り出た人もいます。これからも学生たちが主役の授
業を目指して、試行錯誤を続けていくつもりです。

2. ごみ処理の有料化 ——環境経済論の実践例

　続いて、環境経済論の授業で実際に取り上げている内容を、
ほんの一部ですがご紹介したいと思います。今回は創価大学で
学ぶ学生にとって身近な八王子市の例などを用いて、ごみ処理
の有料化によって家庭ごみは減るのか、またその場合、どんな
要因がごみの減量と関わっているのか、そして、しばらくして
再びごみが増えるリバウンドは起きるのかどうか——について
考えていきます。

　ここで言う「ごみ処理の有料化」とは、自治体ごとに収集用
のごみ袋を指定し、有料で販売することを指します。全国にあ
る約1700の市区町村のうち、ごみ処理の有料化を導入している
のは600以上。これらの自治体はなぜ有料化に踏み切ったので
しょうか。まず背景として、家庭ごみの現状を知っておく必要
があります。2000年頃までごみの総排出量は右肩上がりで増え

続け、その後一時的に減った時期はあったものの、いまだに高止まりの状態が続いています。では、なぜ自治体はごみの量を減らしたいのでしょうか。理由は大きく2つあります。

　第1に、コストの問題です。有料化をしない場合、各自治体の地方税（市町村税）を使ってごみを処理することになるのですが、それにどれくらいの費用がかかっているのかを計算してみましょう。2008年のデータによると、全国の一般廃棄物の処理費用は2兆557億円で、廃棄物の総排出量は4523万トン。前者を後者で割ると、1トンあたり約4万5450円かかっていることがわかります。この単位だとピンとこないと思うので、皆さんがごみを出す時によく使っているであろう10リットルの袋1枚あたりの値段に換算してみましょう。すると、10リットルのごみを処理するのに75円から99円かかっていることになります。

　第2に、埋立処分場が限られている点です。自治体のなかには、八王子市のように埋め立てる場所が十分に残されていないところが少なくありません。以前の埋立地から浸出液が漏れて、公害を引き起こすケースも報告されています。埋立処分場を拡大できない市区町村にとって、いかにごみを減らすかというのは切実な問題なのです。

　以上の2点から、なぜ自治体はごみの量を減らしたいのかが理解していただけたと思います。このような家庭ごみの現状があったから、自治体は有料化に踏み切りました。有料化すると、1つは、費用を地方税でまかなう代わりに、使用した分だけ住民に課金してコストを削減することができ、もう1つは、ごみを減らすための動機づけにすることができるのです。

　有料化の背景と理由を確認したところで、本題に入ります。ごみ処理の有料化に減量効果は実際あるのかについて、八王子市のデータを使って検証していきましょう。

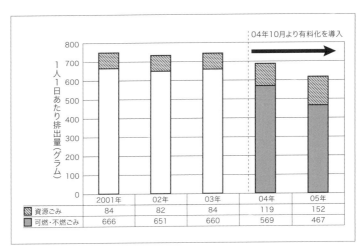

04年10月より有料化を導入

	2001年	02年	03年	04年	05年
資源ごみ	84	82	84	119	152
可燃・不燃ごみ	666	651	660	569	467

図1　八王子市のごみ排出量の変化

　図1をご覧ください。これは、2001年から05年にかけての八王子市のごみ排出量を、資源ごみと可燃・不燃ごみに分けて図にしたものです。八王子市が有料の指定袋を導入したのは2004年10月。01年から03年までは1人1日あたりの総排出量がだいたい750グラムであるのに対して、04年には700グラムを下回り、05年になると600グラム近くまで減少していることが見て取れます。

　効果をもっと詳しく把握するため、同じ図の資源ごみと可燃・不燃ごみの数値に注目してください。ごみ処理の有料化が導入された04年を境に、可燃・不燃ごみが減っている一方で、資源ごみは増えています。これは何を意味するのか。ごみ処理の有料化によって、トータルで見た時にごみの総排出量が減っただけでなく、資源ごみの分別収集が促進されたということです。

　八王子市ではごみの減量に付随して、副次的な効果も認めら

れました。例えば二酸化炭素の排出量が以前と比べて12％減ったこと。さらに特筆すべきなのは、3基あった清掃工場のうち、老朽化が進んで改装する予定だった1基を削減できたことです。これによって、150億円から200億円の建設費用を節約することができました。

　八王子市やその他の市区町村で有料化の実効性が確認されている反面、その効果は限定的であると指摘する研究者もいます。1995年に書かれた山川肇氏らの論文によると、指定袋を導入している49の自治体にごみの減量についてアンケート調査したところ、「減量した」という回答が56％、「減量していない」という回答が44％でした[2]。「56％」という微妙な数値から推測できるのは、有料化によって大幅にごみが減量するとは必ずしも言えないということです。

　では、減量効果が認められる自治体とそうでない自治体を分けている要因は何なのでしょうか。それを探るため、大学院生だった1997年に私は自分で調査をし、のちに論文として発表しました[3]。データを集めてわかったのは、指定袋の値段と減量効果の間に関係があることです。

　財政の規模や有料化導入の背景など、さまざまな理由によって指定袋の値段は自治体ごとに異なります。いまとなっては当たり前の事実ですが、当時は値段がバラバラであることも世間にはほとんど知られていませんでした。調査を行った1997年時点で約3200ある市区町村のうち、家庭ごみの有料化を導入していたのは618。その一つひとつに電話とメールで連絡し、40リッ

2　山川肇、大野木昇司、寺島泰「指定袋導入による市町村のごみ減量効果」（『第50回土木学会年次学術講演会講演概要集Ⅱ-B』）
3　碓井健寛「ごみ処理サービス需要の価格弾力性──要因分析と予測」（『環境科学会誌』、2003年）

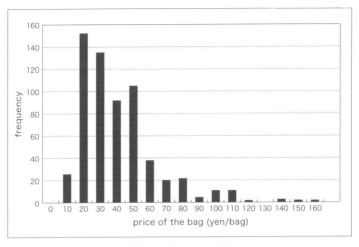

図2　指定袋1袋あたりの料金分布[4]

トルから50リットルくらいの大きな袋の値段を聞いて回りました。

　調査で集めたデータをもとに1袋あたりの料金の分布を示したのが図2になります。横軸は料金、縦軸はその料金を採用している自治体の数を表しています。一見して明らかなのは、1袋あたり20円と30円を採用している自治体が多いことです。他方、160円や150円というように高い料金を採用している自治体が少ないこともわかります。

　この料金分布から、指定袋の値段がごみの減量効果に影響しているのではないかという仮説を立てました。有料のごみ袋が指定されている場合と自由にごみ出しできる場合を比べた時に、当然ながら有料のほうが金銭的に損をします。そうすると、対

4　1997（平成9）年有料化導入 618 自治体（碓井,2003より引用）

象の地域に住む人たちはできるだけお金がかからないように、ごみを減らそうと努力するであろうと予想できるでしょう。問題は、ごみの減量効果の差がどんな因子によって決まるかです。

データを分析した結果、指定袋の料金が高ければ高いほど、ごみの減量効果も高まっていることがわかりました。加えて、指定袋の料金が同じであっても、ペットボトルやプラスチックなど分別できる種類が多いほど、そして可燃ごみの収集頻度が少ないほど、やはり減量効果が増大することも判明したのです。分別数が多いと、ごみを分ける選択肢が増える分、可燃ごみの排出量が減るのはなんとなく理解できるのではないでしょうか。

一方の収集頻度に関しては、可燃ごみが家に蓄積しやすい環境では、資源ごみの分別により積極的に取り組もうという動機が働くのかもしれません。いずれにしても、この研究で各自治体の制度的な違いが、ごみ処理有料化の成否につながっていることが統計的に裏付けられました。

指定袋の料金が高いと、ごみの減量効果も増すというくだりを読んで、当たり前だと感じた読者も多いのではないでしょうか。経済学ではこのように、既存の理論や人間の傾向性から、分析の結果を前もって予測できる場合が珍しくありません。重要なのはその先、つまり実際に十分なデータを集めて、統計的に検証することなのです。緻密な分析を経てはじめて、「うちの自治体はこの値段でごみ処理の有料化を進めよう」というように、政策決定をする際の材料として役立つようになります。

最後に、ごみ減量のリバウンドについて検討したいと思います。指定袋の料金設定など一定の条件に応じて、ごみ処理の有料化には減量効果が認められるという話をこれまでしてきました。他方、その効果の持続性については、経済学者の間からも疑問の声が出ています。例えばある研究は、有料化によって一

時的にごみの排出量が減ることはあっても、対象の地域に住む人たちはやがて指定袋の値段に慣れ、その効果は徐々に弱まっていくと指摘しています。また別の研究は、ごみを減らすには分別をきちんとするなど労力が求められるので、住民たちは「しばらくすると面倒になって止めてしまう」と結論しています。

　このような疑義に対して、私は神戸大学の竹内憲司氏と協力して2014年に論文を書き、ごみの減量効果が持続するのかどうかを検証しました[5]。分析の手法そのものは、従来の研究と大きく異なりません。その上で私たちは、効果の持続性を確かめるため、パネルデータを用いました。パネルデータとは、ある時点において複数の項目を横断したデータ（クロスセクション・データ）と、時間による変化を表した時系列データ（タイムシリーズ・データ）を組み合わせたもの。性質の異なる2種類のデータを扱うことで、複数の対象を相互に比較するとともに、経年変化を明らかにできるという特徴があります。ごみ処理の有料化に関していうと、政策の行われた自治体と行われていない自治体を比較して、前後の変化を観察することが可能になるのです。

　具体的には全国都市清掃会議の統計資料や先行研究の調査データを使い、ごみ減量のリバウンドは有料化を導入してからの経過年数に依存すると仮定して、分析を行いました。その結果、どんなことがわかったのでしょうか。

　まずリバウンドの有無については、「t検定」という手法で検証したところ、ごみ減量に関してリバウンドが存在する可能性が示唆されました。となると、気になるのはどの程度リバウンドするかです。それを調べるために私たちは、価格の変化によっ

5 Takehiro Usui & Kenji Takeuchi, "Evaluating Unit-Based Pricing of Residential Solid Waste: A Panel Data Analysis," *Environmental and Resource Economics* 58, 2014.

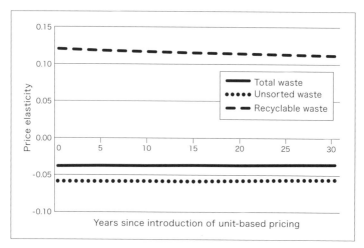

図3　価格弾力性の変化

て需要や供給がどのくらい変わるのかを数値化した価格弾力性
に注目しました。

　図3は縦軸がごみ処理有料化に対する需要の価格弾力性、横軸
が有料化を導入した後の経過年数を表しています。「Total
waste」は可燃・不燃ごみと資源ごみを合わせたもの、「Unsorted
waste」は可燃・不燃ごみ、「Recyclable waste」が資源ごみです。
図を見ると、30年間で資源ごみの点線が多少下がっているもの
の、価格弾力性はいずれの場合もほとんど変わっていないこと
が明らかだと思います。これはつまり、ごみ処理有料化の需要
が導入前と後で大きく変化していないことを示しています。

　ごみの減量に関して、確かにリバウンドは認められるけれど
も、その度合は極めて小さい。少なくとも、ごみの減量効果が
数年で失われるとは到底言えないことがわかりました。換言す
れば、ごみ処理有料化の効果は持続する——というのが私たち

の結論です。

3. SDGsと環境経済論

2015年に国連総会で「持続可能な開発目標（SDGs）」が採択されました。先進国・途上国の別なく、世界全体を巻き込む潮流ができつつあるのは素晴らしいことです。その一方で、私個人としてはSDGs採択の前後で大きく変わったわけではなかったと感じています。

私が以前から大事にしてきた言葉があります。ドイツの文豪ヨハン・ヴォルフガング・フォン・ゲーテは、友人のヨハン・ペーター・エッカーマンとの対話で次のように語っています。

「いつかは目標に通じる歩みを一歩々々と運んでいくのでは足りない。その一歩々々が目標なのだし、一歩そのものが価値あるものでなければならない。」。

ゲーテはここで、目の前に踏み出した一歩がゴールであるように、歩みを進めていくべきだと述べています。よく知られているように、SDGsは「誰一人取り残さない」を理念として掲げました。これは、不公平な立場に追いやられている人が誰もいなくなるまで、世界で協力して努力を続けると同時に、その実現を目指して取る行動の一つひとつに意義を認めるものだと私は理解しています。

私は自分の授業をする上でも、このSDGsの理念に通じるゲーテの言葉を実践しようと心がけてきました。「環境経済論」を受けた先にゴールを設定するのではなく、個々の予習、毎回のディスカッションそのものが学生にとって価値ある学び、意義ある目的となるように全体をデザインしたのです。

本章で実践例としてごみ処理の有料化を取り上げたように、

環境経済論はSDGsと相性がいいと言えます。それを踏まえた上で、授業ではあえてSDGsに触れていません。最初から「この問題はSDGsのゴール何番と関係ある」と提示するのではなく、自分で発見し、判断し、新たな解釈を見出していくことが重要だと考えるからです。

　映画『万引き家族』などを監督した是枝裕和さんは、2022年4月に行われた早稲田大学の入学式で祝辞を述べた折に、高校の時に出会った担任の教師に言及しています[6]。その先生は、「自分の考えを押しつけたくない」という理由で、生徒の意見を何でも受け入れて、逆に自分の意見をあまり言おうとしなかった。高校生だった是枝さんは、そんな先生のやり方に対して不満を持っていたそうです。逃げているだけじゃないかと。ところが、卒業後しばらくして映画監督になった是枝さんは、自分が間違っていたことに気づきます。一般に優れた映像作品ほど、見る人が自由に解釈できるように作られている。是枝さんが映画を撮る上で、担任の先生の教育法が大きなヒントになったことは想像に難くありません。学生たちにとって、私自身もこんな教師でありたいと思っています。

　創価大学の創立者である池田大作先生は、折に触れて「大学は、大学に行けなかった人々のためにこそある」と述べています。この言葉は、すでに大学のなかにいる教員や学生にとってどんな意味を持つのでしょうか。私自身の立場に置き換えるとそれは、勉強が苦手な学生に対して、「なんでわからないのか」と責める代わりに、相手の状況を理解しようと努め、その人が自発的に学びたいと思えるような環境を作っていくことだと考えています。自分の目に映る景色や頭で理解できる世界がすべてで

6 https://www.waseda.jp/top/news/80061

はありません。むしろ、普段の生活でなかなか自分の視界に入ってこない人たちへの配慮こそが肝要であると信じて、私は教育に携わってきました。

　でもそれは、単に同情するのとは違います。見えない人たちの暮らしを想像できるようになるためには、事実として何が起きているのかを詳らかに把握できるような知性が不可欠です。社会的に弱い立場に置かれている人たちの状況を感知する力を養いながら、客観的なエビデンスを集めて検証する。このバランス感覚を鍛えるのに、環境経済論は有効だと考えています。

　事実を知った上で、それをどう判断し、次にどう行動するのか――それは、学生一人ひとりが決めることです。私はこれからも自分の授業を通して、未来の担い手たちが活躍するための下準備をしていきたいと思っています。

参考文献

山谷修作（2007）『ごみ有料化』丸善
栗山浩一（2008）『図解入門ビジネス 最新環境経済学の基本と仕組みがよ〜くわかる本』秀和システム
エッカーマン（1968）『ゲーテとの対話 上・中・下』岩波書店

第 11 章

SDGs達成を阻む
気候危機に
経済学で挑む！

〈気候変動の経済学〉

創価大学経済学部 准教授
蝶名林 俊

※ 本文中で「(Black et al., 2022)」などと記させている箇所は、参考文献に記した著者名と書籍もしくは論文の発刊年または発表年を表しています。

SDGsとの関連性
[GOAL 1から17まで全目標をカバー]

1. 国際開発の現場で見た気候変動問題

　2015年9月、私は世界銀行グループヤングプロフェッショナルプログラム[1]を通して世界銀行にエコノミストとして入行しました。気候変動の部署に配属され、早速11月にはアフリカ・ウガンダに出張となり、気候変動に対するレジリエンス（強靱性）の強化について、各省庁と協議しました（写真1）。気候変動について学問的な研究はそれまでしていましたが、国際開発の実務の現場で協議をすることはこれが初めてでした。

　この出張では、ウガンダの官僚や市民と話す機会があり、彼らが気候変動の対策を真剣に考え、国の政策立案や市民レベルでの啓発活動に積極的に取り組んでいることを感じました。また、他の国々へ出張に行った際にも、似たような印象を受けることは多々ありました。

　それにもかかわらず、気候変動は悪化の一途を辿り、人類を含めた地球上の生物の生存をも脅かす問題として、近年人々の注目や関心を集めています。なぜ、人類はこの問題に歯止めをかけることができないのでしょうか。一体、状況を打開するために何が足りないのでしょうか。

　本章では、創価大学の「気候変動の経済学」という科目の概要を紹介します。具体的には、気候変動とはそもそも何なのか、なぜ起きるのか、どれほど深刻な問題なのか、その解決にはどのような方途があるのかなどについて、経済学的な視点からア

---

1 世界銀行グループヤングプロフェッショナルプログラム（WBG YPP）は、これまでのYPPの豊富な実績を生かして、グループの各機関が開発課題への解決策に対し、連携して効果的に取り組むことができるよう、未来のリーダーを採用および育成するプログラムです（https://www.worldbank.org/ja/about/careers/programs-and-internships/young-professionals-program）。

写真1　ウガンダの各省庁と気候変動に対するレジリエンスの強化について
　　　　協議する様子（2015年撮影）

プローチします。さらに、気候変動の経済学に関連する最新の
研究や、科目の特色なども紹介します。

2. 気候危機で地球は滅ぶ!?

　皆さんは、気候変動と聞いて何を想像するでしょうか。例えば、
2022年は日本では異例の早さで梅雨明けをし、例年より1カ月
近く短い梅雨になりました。これも気候変動の影響なのでしょ
うか。

　気候変動とは気温や降水などの気象のパターンが長期的に変
化することです。これは毎日の天気が変わることとは違います。
例えば、昨日雨が降っていたのに、今日晴れていたからと言っ
ても、気候変動とは呼びません。なぜなら、それは長期的な「気
候」ではなく、短期的な「気象」が変化しただけだからです。
気候変動とはあくまで数十年、数百年という長期的な気象のパ

ターンである天候そのものが、変わってしまうことなのです。

　それでは、気候変動の原因は何でしょうか。それは、地球温暖化を引き起こしている、人類が排出する温室効果ガスです。最新の科学的知見によれば、気候変動は人間活動の影響によって引き起こされていることに疑う余地はありません。

　果たして、気候変動とはどのぐらい深刻な事態なのでしょうか。最近では、気候変動のことを、よりその緊急度を高めるために、気候危機と呼ぶことがあります。2020年からはコロナ危機という言葉がよく使われていますが、歴史を見れば、石油危機、金融危機、食料危機など、人類は様々な危機を経験してきました。気候危機は、歴史上の他の危機と比較しても引けを取らないほど、人類にとって重要な危機なのです。

　このまま気候危機が進行していくと、例えば次のような事態が起こってしまいます。海水の温度上昇による膨張と氷河や氷床の融解によって海面が上昇し、海抜が低い土地は海面下に沈んでしまいます。台風や干ばつなどの異常気象もさらに増加していきます。毎年日本は台風の影響を受けますが、台風もさらに強大になり、頻繁に発生し、その被害も大きくなることが懸念されています。

　また、気候変動が食料問題に与える影響も深刻です。特に、平均気温が高い多くの開発途上国では干ばつによる農業への被害が増大し、貧困や飢餓に苦しむ人々がさらに多くなってしまう恐れがあります。さらに、気候が変動することで媒介動物が増加するなどして、人々が感染症にかかりやすくなることも考えられます。新型コロナウイルスのように、今後も新たな感染症が発生する可能性も高まってしまうのです。これらの例は、気候変動がもたらす影響の一部でしかありませんが、これだけでも人類や地球にとって脅威であることが分かります。

気候変動は持続可能な開発目標（SDGs）とも密接に関わっています。まず、SDGsの13番目の目標は「気候変動に具体的な対策を」です。また、さらに重要なことは、気候変動は他のSDGsの達成にも多大な影響を与えているということです。2021年9月に世界気象機関（WMO）が公表した報告書（Climate Indicators and Sustainable Development: Demonstrating the Interconnections）には、気候変動とSDGsの関係性が示されています[2]。同報告書には、全てのSDGsが、大気中の二酸化炭素濃度（Carbon dioxide concentration）、気温（Temperature）、海洋酸性化（Ocean acidification）、海洋熱含量（Ocean heat content）、海氷の範囲（Sea-ice extent）、氷河質量バランス（Glacier mass balance）、海面上昇（Sea-level rise）などの気候変動の指標から影響を受けていることが示されています。つまり、気候変動問題を解決しなければ、気候変動が他のSDGsの達成を阻んでしまうことになりかねないのです。

　2021年8月に発表された、最新の科学予測をまとめた国連の報告書によると、今後5000億トンを超えて二酸化炭素を排出すれば、地球の平均気温の上昇が加速し、後戻りできない危険な領域に突入し、前述した様々な被害を発生することは避けられなくなる恐れがあるとされています[3]。世界全体で排出される二酸化炭素は、年間およそ400億トンであり、このペースだと、2033年までには「危険な領域」に達してしまう計算になります。このことから、気候変動がいかに喫緊の課題であるかが分かります。

---

2 WMO: Climate change threatens sustainable development https://public.wmo.int/en/media/press-release/wmo-climate-change-threatens-sustainable-development

3 グレート・リセット〜脱炭素社会 最前線を追う https://www.nhk.jp/p/special/ts/2NY2QQLPM3/blog/bl/pneAjJR3gn/bp/pOxnxvDeRW

この地球的な課題に対して、人類はどのように取り組んできたのでしょうか。1992年には、大気中の温室効果ガスの濃度を安定化させることを究極の目標とする「国連気候変動枠組条約」が採択され、世界は地球温暖化対策に世界全体で取り組んでいくことに合意しました。同条約に基づき、国連気候変動枠組条約締約国会議(COP)が1995年から毎年開催されています[4]。また、2020年のWorld Economic Forumからグレートリセットという言葉が盛んに使われるようになりました。これは、持続可能な社会の実現を目指し、経済や社会を根本から変えようという考え方です。このように、脱炭素社会に向けて、世界中の国々、企業、市民が努力を重ねる一方で、気候変動はこれまで進行し続けてきているというのが現状なのです。

3. なぜ気候変動を止められないのか

これほどまでに地球に甚大な被害をもたらす気候変動が、人為的な理由で起こっていることが科学的に証明されているにもかかわらず、なぜ人類はそれを止めることができないのでしょうか。経済学の視点からは、この問題をどのように捉えるのでしょうか。

気候変動の元を辿れば、実は私たちの日々の消費行動が大きな要因となっています。例えば、コンビニでペットボトル入りの飲み物を買います。そのペットボトルの製造や廃棄のために、二酸化炭素が排出されています。また、私たちが使う車やバスなどの多くはガソリンを燃料に走行するため、そこからも二酸化炭素が排出されます。ここで問題なのは、排出された二酸化

---

4 環境省 https://www.env.go.jp/earth/copcmpcma.html

炭素が引き起こしている気候変動の経済的コストを、誰も支払っていないことです。これを経済学的には「市場の失敗」と言います。

　それでは、この「市場の失敗」をなくすことはできないのでしょうか。この問いに経済学の視点からアプローチするとき、「価格」がキーワードになります。具体的には、温室効果ガスを排出する商品の価格は適切でしょうか。もしも、それらの価格に、排出される二酸化炭素を削減するためのコストが既に含まれていたらどうでしょうか。その場合、それらの商品が製造、消費されても、地球上の二酸化炭素は増えないため、理論的には気候変動は起きないはずです。

　前述したガソリンの価格を例に取って考えてみましょう。ガソリン1リットルから排出される二酸化炭素を削減するのに必要なコストを炭素税として生産者に課税します。すると、ガソリンの価格はその分上がりますが、たとえガソリンが売買され、消費されても、排出された二酸化炭素の分を削減するためのお金は、既に税金として政府が徴収しているため、そのお金を使い二酸化炭素を減らすことができます。また、自動車の生産者には、消費者がより好むであろう、ガソリン消費量の少ない自動車の開発を進めるインセンティブ（誘因）が働きます。さらに、ガソリンの価格が上がることで、人々は自家用車での移動を控えたり、車の所有自体を見直したりすることも考えられます。そうなれば、二酸化炭素の排出量がさらに減少することが期待できるでしょう。

　それでは、現実社会において、二酸化炭素を排出する経済活動に対して課税することは可能なのでしょうか。2022年7月時点で、世界では46カ国が炭素税や排出権取引制度（二酸化炭素等の温室効果ガスを排出する権利を売買する仕組み）を通じてカーボン

プライシング（炭素の価格付け）を行っています（Black et al., 2022）。しかし、いまだに導入していない国も多く、また、導入している国でも排出量を十分に削減するために必要な炭素の価格が設定されているとは言えないのが現状です。

　問題となってくるのは、生産者や消費者がカーボンプライシングによる価格の上昇を受け入れるかどうかです。企業や人々の中には、気候変動のために余計なお金など支払いたくないという考え方もあるでしょう。なぜそう思うのでしょうか。それは、気候変動問題の特色として、原因となる二酸化炭素などの温室効果ガスを排出しているのが世界中の不特定多数の現代世代であるのに対して、その被害を受けるのは世界中の不特定多数の将来世代であるということがあげられます。

　つまり、現在生きている私たちが排出する温室効果ガスによる気候変動の損害を被るのも、私たちが排出削減に取り組んだことによる恩恵を受けるのも、私たち自身ではなく、将来この地球上に生きていく人々なのです。もしも、排出削減をすることで、その恩恵が自分にすぐ返ってくるのであれば、経済的なインセンティブは起きやすいでしょう。そのため、気候変動を止め、持続可能な社会を構築するためには、現代世代と将来世代の両方の利益を考慮するインセンティブが起きる経済システムが必要でしょう。

4. 地球温暖化を止める炭素価格

　ここまで、実施には難しい部分もありながら、カーボンプライシングが気候変動への経済的アプローチの一つであることを説明しました。それでは、地球温暖化を止めるには、一体どのぐらいの炭素価格を設定すればよいのでしょうか。

以前私が大学院生や研究員として在籍していたイェール大学のノードハウス教授は、「長期的なマクロ経済の分析に気候変動の要素を組み入れた」ことで、2018年にノーベル経済学賞を受賞しました。ノードハウス教授が考案した、地球温暖化の統合評価モデル（Integrated Assessment Model、IAM）であるDICEモデル（Dynamic Integrated Climate-Economy、気候と経済の動学的統合モデル）を使うと、炭素価格をどのぐらいに設定すれば、地球温暖化を抑制することができるかが推計できます[5]。

　具体的には、DICEモデル（DICE2016-R3）は、地球温暖化の気温上昇目標ごとの炭素の社会的費用を推計し、それぞれの目標ごとにどのぐらいの炭素価格を設定すべきか示します（Nordhaus, 2019）。例えば、2050年の炭素の社会的費用を、地球温暖化の被害を考慮に入れながらも、経済的な利益を最大化して推計した場合、炭素価格は二酸化炭素1トン当たり105ドルになります。ただし、その場合には、気温上昇の目標値は設定されていないため、地球温暖化は進行し、重大な被害がもたらされてしまいます。そこで、地球温暖化を摂氏2度の上昇で抑えるようにすると、2050年には二酸化炭素1トン当たり749ドルの炭素価格を課さなくてはいけないことになります。

　それでは、世界ではどのような炭素価格が実現されているのでしょうか。炭素価格ハイレベル委員会は、パリ協定の目標達成には、2020年までに二酸化炭素1トン当たり40～80ドルが必要としています[6]。しかしながら、世界銀行の報告書によると、

---

5 DICE/RICE Models https://williamnordhaus.com/dicerice-models
6 炭素価格ハイレベル委員会は、カーボンプライシングの導入を推奨する国や国際機関、企業等の連携枠組みであるカーボンプライシングリーダーシップ連合（CPLC）により2016年に設置され、英国のスターン卿および米国コロンビア大学スティグリッツ教授が共同議長を務める。（出所：https://www.env.go.jp/content/900499797.pdf）

2021年4月1日時点で、EUや欧州の数カ国以外でその基準を達成している国はありません（World Bank, 2021）。

　ここで、カーボンプライシングなどの気候変動政策が進みにくい理由を考えてみましょう。まず、炭素価格が上がることを好まない企業や国々の存在です。例えば、高い炭素税が課せられれば、製造業やエネルギー産業は経済的に大打撃を被りかねません。また、化石燃料の輸出で経済的に潤っている国々はどうでしょうか。カーボンプライシングにより石油や石炭への需要が少なくなれば、国益が著しく損なわれます。

　また、前述したように気候変動の難しい点は、現代世代の労苦による排出削減の恩恵を享受するのは、将来世代であるという点です。そのため、現代世代が自らの利潤のみを追求する限りは炭素価格が低くなってしまい、最適な価格は設定できません。なぜなら、それは将来世代にとっては最適な政策ではないからです。将来世代を考慮した上で、世代間にわたる総合的な利潤を最大化してはじめて、炭素価格を引き上げることが最適な政策になっていくのです。

　さらに、気候変動は地球的な問題であり、衡平性という観点も重要になってきます。開発途上国の中には、これまで先進国が温室効果ガスを排出して経済成長をしてきたのだから、気候変動の責任は先進国がより大きく持つべきであると主張する国々もあります。これを「共通だが差異ある責任」（Common but differentiated responsibility, CBDR）と呼びます。このように、気候変動の責任の衡平性について、先進国と開発途上国の間での共通理解が形成されていない点も、排出削減が進まない一つの要因です。

5. 気候変動の経済的影響

（1）多岐にわたる気候変動の被害

　DICEモデルにおいて、炭素の社会的費用を決定する際に重要になるのは、気候変動がどれだけの経済的影響をもたらすかです。しかしながら、気候変動の経済学において、その影響評価は難しい研究領域と言っていいでしょう。それにはいくつかの理由があります。

　第一に、気候変動はあらゆる分野に影響を与えることは分かっていますが、その影響を全て理解し、測定することは非常に難しいことです。例えば、地球温暖化により海面が上昇し、低地は海面下に沈んでしまい、その地域に住む人々は移住しなくてはなりません。また、大雨や干ばつなどの異常気象はより強大かつ頻繁になり、災害や農業の被害が増えることが懸念されています。さらに、人々の健康への悪影響を報告する研究も多々あり、絶滅により生物の多様性が脅かされることも危惧されています。

　このように様々なセクター（分野）や状況において、気候変動は経済的および社会的影響を与えるため、その実証研究は盛んに行われています。具体的な例としては、気温や降水量などが気候変動によって変化することにより、GDP、死亡率、農業の収穫量、数学の点数など、多岐にわたる分野で影響が出ることが報告されています（Carleton and Hsiang, 2016）。

　第二に、地球温暖化がどのぐらい進行していくかが不確実であるからです。最新の研究を基にある程度の予測は立ちますが、今後地球上の二酸化炭素がどれだけ上昇していくか、また、それが地球の気候にどのような影響を与えるかについて、正確には予測できません。

とはいえ、政策立案者にとって、気候変動が果たしてどのぐらいのコストをもたらすのかは重要な情報であり、これまで様々な研究や取り組みが行われてきました。以下、これまで私が実務の現場や研究において取り扱ってきた二つの事例について、簡潔にですが紹介します。

（2）南アジアのホットスポット

まず、私が世界銀行勤務時に共同執筆した、南アジアにおける気候変動の影響についての報告書である、「南アジアのホットスポット：気温と降水量の変化が生活水準に及ぼす影響」（Mani et al., 2018）を紹介します。

南アジアは気候変動に対して非常に脆弱です。地域全体で平均気温が上昇しており、降水量は不安定になってきています。これらの変化は、今後数十年にわたって発生し続けると予測されています。同報告書は、世界で最も貧しい地域の一つである南アジアに対する平均気温と降水量の変化が長期的に与える影響について、詳細な空間分析を提供した初めての研究です。

図1の濃淡の濃い地域が示しているように、南アジアにおいては、気温の上昇と降水パターンの変化により、2050年までに多くのコミュニティの生活水準が低下すると報告されています。人口でいうと、17億人のうち8億人の人々が、そのような「ホットスポット」に住んでいるのです。

このように、気候変動の影響がどの地域で起こるのか、また、どの程度の被害になっていくかが分かることによって、政策立案者も対策を立てることができます。また、ホットスポットの地域に住んでいる人々は、灌漑設備を整えたり、農業以外の仕事もしたりするなど、気候変動に適応した行動を取り始めることができます。

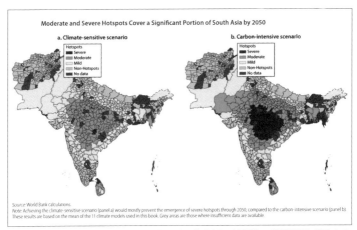

図1　南アジアの気候変動のホットスポット （出所：Mani et al., 2018）

（3）西アフリカの労働者の熱ストレスと貧困

　気候変動の影響評価のもう一つの例として、西アフリカにおける労働者の熱ストレス（身体が生理的障害なしに耐え得る限度を上回る暑熱）[7]の貧困への影響についての最新研究を紹介します（Saeed et al., 2022）。西アフリカにおける気候変動の農作物への影響については既に多くの研究報告がされていますが、地球温暖化に伴う労働者の熱ストレスの増加と生産能力の低下も危惧されています（図2）。高温多湿の地域で、既に労働者が熱ストレスに曝されている産業においては、多大な経済的損失を引き起こす可能性が考えられます。特に、低・中所得国でのこのような影響を研究する意義は深いと考えられます。

　労働者にどのような影響があり、そして、それが経済的には

---

7 https://www.ilo.org/tokyo/information/pr/WCMS_712042/lang--ja/index.htm

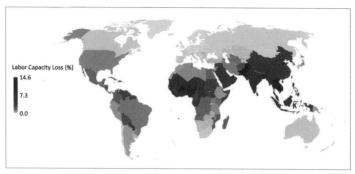

濃淡の濃い地域ほど労働力が低下している。

図2　気候変動による熱ストレス増加がもたらす労働力の低下
(出所：Saeed et al., 2022)

どのような影響になるのかを計測しようとするときに、そのメカニズムについて順を追って考える必要があります。まず、将来の熱ストレスとそれに伴う労働力の損失の世界的な予測を構築します。具体的には、作業強度や屋外曝露率（ばくろ）は労働者調査から入手し、どのセクターのどのタイプの労働者が最も影響を受けるかを推計します。そして、グローバル経済モデルを使用して、生産、GDP、価格、賃金、および収入への影響を評価します。最後に、モデルから算出された所得の変化が貧困率の変化を決定します。具体的には、西アフリカ7カ国の近年の家計調査データを使用して、摂氏3度上昇の地球温暖化シナリオの下で、貧困に追い込まれる世帯数を特定します。

　上記の方法により、西アフリカの貧困は6カ国で2.3〜9.2％増加したのに対して、ギニアではほとんど変化がないという結果が出ました。ただし、これらの結果には、熱ストレスにより起こり得る可能性のある死亡率と罹患率（りかん）の増加は含まれていません。ギニアで貧困の変化があまり予想されなかった要因とし

て、食料生産の損失を軽減することを目的とした需要の増加により、農業労働者の賃金が上昇する可能性が考えられます。

　このように、西アフリカの多くの国で、気候変動による熱ストレス増加は実質賃金を低下させ、貧困率を上昇させかねないということが、研究の結果から分かります。気候変動がこのまま進行し続ければ、「貧困をなくそう」というSDGsの目標1の達成をも阻み、さらに多くの人が貧困に苦しんでしまうことを示す一つの根拠として捉えることができます。

6. ビッグデータで気候変動に挑む

　上記の南アジアや西アフリカの事例であげたように、気候変動と開発は大きく関わっています。開発途上国が今後進めていく経済発展をグリーンなものにしていくことは非常に重要です。特に、グリーン・リカバリー（環境に配慮した回復を目指すこと）という言葉もあるように、コロナ危機から立ち直りつつある経済活動を、より温室効果ガスを排出しないようにしていくことは喫緊の課題です。

　しかし、各国の政策立案者は、環境ばかりを考慮しているわけにはいかず、自国の経済発展を進める必要があります。ここでポイントなのは、環境と経済を両立する政策では、経済的な利益が損なわれてしまうと考えられがちですが、果たして本当にそうなのかという視点です。例えば、目先の利益を追求し、地球の自然資源を全て使い果たしてしまえば、そもそも経済活動が成り立たなくなり、結果的に大きな経済損失が出るだけではなく、人類は資源の枯渇という窮地に立たされてしまいます。つまり、長期的に見てみれば、気候変動などの環境問題を考慮した政策に取り組んでいくことが、長期的な国益や地球益を守っ

ていくことにもつながると考えることができます。これが、持続可能な発展、また、持続可能な社会ということなのです。

　ここで重要となってくるのは、グリーンな政策が経済的視点からみても有益であるという根拠があるかどうかです。持続可能な社会という概念は既に周知されていますが、社会科学の性質上、その経済的な利益を明確に算出することは容易なことではありません。しかし、ビッグデータ（様々な形式や種類の大規模なデータ）や計量経済学の手法を駆使して、持続可能な開発がどれだけの利益を生みだしているのかを推計する研究も行われています。

　例えば、私が世界銀行に勤務していたときに、エチオピアの生態系再生のための開発事業に携わる機会がありました。この事業の目的には、土地の生産性や、干ばつなどの悪天候現象に対するレジリエンスを回復するなど、長期的な経済的利益につながる項目があげられています。しかし、データの乏しい開発途上国において、広大な土地の生産性やレジリエンスの変化を計測することは容易なタスク（課された仕事）ではありません。

　そこで、私は国際食料政策研究所（IFPRI）と研究協力をし、ビッグデータとリモートセンシング（遠隔探査）技術を駆使して、生態系再生事業の影響評価に成功したのでした（図３）。そして、世界銀行が出資している持続可能な土地管理事業が、期待された成果をあげているという実証的根拠を示すこともできました[8]（Constenla-Villoslada et al., 2022）。このような研究は、持続可能な開発を進めていく後押しとなり、エチオピアでは今でも同事業は進行しています。

　これは一つの開発事業の例でしたが、持続可能な開発への試

8 https://www.soka.ac.jp/news/2022/04/7152

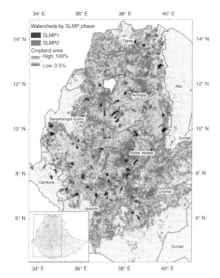

図3 エチオピア研究に使用された1km単位の農地のビッグデータ

(出所：Constenla-Villoslada et al., 2022)

みが経済的にも利益を生み出している例はたくさんあると考えられます。最新のデータや技術を基に、その根拠を明確にすることで、各国が気候変動や環境問題に考慮した政策立案をしていくことを促すことができます。

7. 「気候変動の経済学」の特色

（1）学生による研究プロジェクト

　「気候変動の経済学」という科目の特色の一つは学生による研究プロジェクトです。本章でも国や地域の研究事例を取り上げたように、学生たちは経済学の理論を現実の問題にどのように応用するのかを学び、研究プロジェクトを通じてそれを実践す

ることができます。気候変動の影響や対策には多岐にわたるセクターが関わり、また、世界中のどの地域も研究対象になり得るので、学生は自ら選んだ関心のあるトピックを研究し、それを授業内で発表します。

　例えば、2022年度の授業で学生たちが取り組んだ研究課題は以下の通りです。これだけ見ても、学生の興味は様々であることが分かります。

● 食の影響による気候変動　―畜産業の観点から―
● 貧困層が多い共同体における共有資源の課題と対策
● 開発途上国での海面上昇問題・干ばつ問題解決のための新たな支援枠組みや支援方針
● 千葉県外房地域の気候変動とその影響
● 異常気象と行動経済学
● 経済学で見る、気候変動対策の課題

（2）ゲストスピーカー

　気候変動問題は、文字通り変化を続けているため、多岐にわたるアプローチが必要で、各分野のエキスパートから最新の知識や動向を学んでいくことが重要です。そのため、「気候変動の経済学」では、ゲストスピーカーをお呼びし、講義をしてもらうこともしばしばあります。2022年度の授業では、2人の方をお呼びしました（写真2）。

　1人目は、緑の気候基金（GCF）プロジェクトオフィサーの富永文彦氏です[9]。富永氏には、国連気候変動枠組条約（UNFCCC）や同条約の基に設置された緑の気候基金（GCF）の役割につい

9 「富永文彦氏（緑の気候基金（GCF）プロジェクトオフィサー）に講義を担当いただきました。」創価大学公式サイト（https://www.soka.ac.jp/economics/news_economics/2022/06/7299）

写真2 「気候変動の経済学」のゲストスピーカー
（左：富永文彦氏、右：尾沼広基氏）

てお話をされ、現在、ご自身が関わっているプロジェクトについても紹介されました。また、一人ひとりができる身近な気候変動への対策についても言及されました。

　２人目のゲストスピーカーの尾沼広基氏は、独立行政法人経済産業研究所（RIETI）の研究員（政策エコノミスト）です[10]。尾沼氏は、現職での業務内容や現在取り組まれている研究課題についてお話をされました。まずは、日本のEBPM（Evidence Based Policy Making：証拠に基づく政策立案）に関連して、RIETIでの取り組みなどを紹介され、データに基づく事後検証型の政策評価や、大規模プロジェクトなどの経済効果の事前評価の重要性について説明をされました。次に、災害リスクはハザード（危機）、曝露、脆弱性の3要素から成立し、気候変動という災害に対して緩和策を取らなければ、そのハザードが拡大の一途をたどる可能性を指摘されました。さらに、日本の家庭防災備蓄に関する現状と研究を紹介され、個人防災におけるモラルハザードの理論的背景にも言及されました。

10 「尾沼広基氏（独立行政法人経済産業研究所・研究員（政策エコノミスト））に講義を担当いただきました。」創価大学公式サイト（https://www.soka.ac.jp/economics/news_economics/2022/07/7360）

社会で活躍されるその道のプロに触れることで、学生たちは大きな触発を受け、将来の進路として国際機関や研究機関を考え始める学生もいました。また、ゲストスピーカーと少数の希望者で懇談をする時間も設け、学生たちはさらに突っ込んだ質問をして、意欲的に学んでいました。

（3）履修者からの反響

「気候変動の経済学」（経済特論III）は2022年度から開講しましたが、その反響は大きかったと感じます。その中でも、ある学生からいただいたメールがとても印象的でしたので、本人の許可をいただき、ここで紹介いたします。これからを担う若い世代と気候変動について、ともに学び考えていくことの大切さを再認識させてもらいました。

── 【2022年度履修者からの声】 ───────────

「経済特論IIIは今学期受けた授業の中でいちばん面白く、興味深く、事実私の生活と思想に大きく影響を与えた講義でした。

二酸化炭素換算の温室効果ガスの排出量について私たちが陥（おちい）っている状況はとても深刻で、今日にでも活動を始めなければ、地球や自分達（もしくは子孫）が危ないと強く感じました。

他者への啓蒙（けいもう）活動の前にとにかく自分の行動を今すぐに変える必要があると思いましたし、実際こちらの授業を受けてから生活の仕方が、他者から見ればわずかですが、私にとっては大きく変わりました。

また、この授業が主に大学で経済学を履修した学生向けだと承知の上ですが、高校のときに必修にしておいてほしかったなと思うほどです。どうしてこれを知らずに今まで生活してきたのか……？　と悔しくなり、以前の私と同じように知らずに暮ら

している人々はたくさんいるのだと思うと、問題解決への道の遠さに途方に暮れます。

　フランスのトタルエナジーズのように同じような脱炭素への取組みをビジネスにする会社が増えていってくれるよう願うばかりです。」。

---

8. 人間主義経済学と気候変動

　本章で取り上げたように、気候変動問題の解決のために、経済学の視点から様々なアプローチができます。また、気候変動は全てのSDGsに関連する、重要な地球的課題です。さらに、問題の解決には、私たち一人ひとりの行動が鍵になっているため、本学部が掲げる人間主義経済学（内容については他の章でご確認ください）という視点が大切になってきます。

　本学の創立者である池田大作先生は、創価大学の将来構想の一つとして、次のように提案されています。「人間主義経済の研究、すなわち資本主義、社会主義を止揚する、人類の新しい経済のあり方について、理論的・実践的な研究もしていったらどうかと思う。」（「創価大学設立構想」1969年5月3日）

　気候変動という人類が直面する危機を解決する方途について、人間主義経済学の視点を通して学ぶことで、「新しい経済」のあり方について模索する絶好の機会が得られます。さらに、「気候変動の経済学」では、経済学の理論を学ぶとともに、最新の研究や事例の紹介、学生による研究プロジェクト、ゲストスピーカーによる講義などを通して、理論を実践的に活用します。

　結びに、創立者・池田先生は、2021年の「SGIの日」記念提言の中で、次のように書かれています。「気候変動への取り組み

は、新たな感染症を防止するための対策ともなり、感染症対策を強化した社会は、防災の面でも強靭さを備えた社会となる。また、生態系の保全を基盤にした防災・減災に努めることは、気候変動問題に対処する力になるといったように、多くの課題を〝プラスの連関〟に転じることが求められているのです。」。

　気候変動への取り組みは、全てのSDGsの達成を促進し、持続可能な経済システムを創り出していくことにもつながります。このような「プラスの連関」をさらに構築していくために、今後の世界を担いゆく創価大学生をはじめ、多くの方々とともにこれからも「気候変動の経済学」を追求していきます。

参考文献

Black, Simon, Ian Parry, and Karlygash Zhunussova. (2022, July 21). More Countries Are Pricing Carbon, but Emissions Are Still Too Cheap. IMF Blog. https://www.imf.org/en/Blogs/Articles/2022/07/21/blog-more-countries-are-pricing-carbon-but-emissions-are-still-too-cheap

Carleton, Tamma A., and Solomon M. Hsiang. 2016. Social and economic impacts of climate. *Science* 353, no. 6304 (2016): aad9837.

Constenla-Villoslada, Susana, Yanyan Liu, Jiaming Wen, Ying Sun, and Shun Chonabayashi. 2022. Large-scale land restoration improved drought resilience in Ethiopia' s degraded watersheds. *Nature Sustainability*. doi: 10.1038/s41893-022-00861-4

Mani, Muthukumara, Sushenjit Bandyopadhyay, Shun Chonabayashi, Anil Markandya, and Thomas Mosier. 2018. *South Asia's Hotspots : Impacts of Temperature and Precipitation Changes on Living Standards*. Washington, DC: World Bank.

Nordhaus, William. 2019. Climate change: The ultimate challenge for economics. *American Economic Review*, 109(6), pp.1991-2014.

Saeed, Wajiha, Iman Haqiqi, Qinqin Kong, Matthew Huber, Jonathan Buzan, Shun Chonabayashi, Kazuki Motohashi, and Thomas Hertel, 2022. The Poverty Impacts of Labor Heat Stress in West Africa under a Warming Climate. *Earth's Future*. doi: 10.1029/2022EF002777

World Bank. 2021. State and Trends of Carbon Pricing 2021. Washington, DC: World Bank. © World Bank. https://openknowledge.worldbank.org/handle/10986/35620 License: CC BY 3.0 IGO.

第 12 章

就業力・社会貢献意識を高めるために

—「社会貢献と経済学」の概要 —

〈社会貢献と経済学〉

創価大学経済学部 教授

寺西宏友

SDGsとの関連性 [GOAL 3,8,17]

この授業では、本来経済学が社会貢献のための政策提言を行うという使命を帯びていることを、受講者にあらためて実感してもらうことがその趣旨となっている。具体的には、東日本大震災で甚大な被害に遭遇した宮城県南三陸町をフィールドとして、復興のためのアイデアを提案する作業をグループワーク（グループに分かれ議論や作業等を行う授業方法）として実施している。そのために、まず実際に被害に遭い、復興に努力されている当事者をはじめ、当地での復興支援を長年にわたって展開されている方、現地の産物をブランド化することで支援をしようとしている方等々を招き、生の声を聴くことに努めている。さらに毎学期2〜3人の本学卒業生を招き、仕事を通じた社会貢献に対する率直な実感を伝えてもらうことも行っている。そうした学びをベースとして、当地での切実なニーズ・問題を探り当て、解決のための施策を提案するコンテストに臨む。

　想定を超える津波に、文字通り飲み込まれた南三陸町には、震災被害からの復興という問題とともに、若年層を中心とした人口流出と加速化する高齢社会という、現代日本社会の抱える問題の縮図が存在する。そうした諸問題を一気に解決する施策というのは、あり得ない。この授業を履修した学生はそのことをよく理解するが、それでも解決へ向けた一助となる提案をという意気込みで取り組んでいる。

　そうしたモチベーションをかき立ててくれているのが、現地の当事者とのつながりである。授業の中で講師として、当事者から話を聞くことはもとより、当地でのインターンシップ（学生の短期間就業体験）や、当地へのスタディー・ツアーも実施しており（2020年以降はコロナ感染流行のためいずれも未実施）、そこへ参加した学生が、またこの授業に参加し、実感に裏打ちされた経験を伝えてくれている。

その意味でこの授業は、抽象的になりがちな「社会貢献」というワードを具体的に受け止めることができる取り組みとなっている。そして、経済学部で学ぶ知識・スキルが、何のために必要となるのかの一端を伝える役目をしている。著名な経済学者アルフレッド・マーシャルの言葉に「クールヘッド・ウォームハート（cool heads, but warm hearts：冷静な頭と温かい心）」とある。この言葉を実感できる授業としていくために、工夫・努力が重ね続けられている。

1. 「社会貢献と経済学」が生まれるまで

「社会貢献と経済学」と題するこの授業は、2011年秋学期から始められた。その前年に経済学部として文部科学省の「大学生の就業力育成支援事業」に応募し、採択を受けており、その取り組みの一つとして提案されていたのが、この授業の開設であった。

文部科学省の「就業力育成支援事業」の背景には、財界からの強い要請があったとされる。すなわち、2008年のリーマンショック以降、世界経済と同様、日本経済もかなりの落ち込みを見せ、大学卒業生の新規採用数も激減した。そうした背景のもと、企業側からは、大卒者の能力として「即戦力」となり得る程度のものを身につけてほしいとの要望が大学側に寄せられたのである。バブル期のように新卒者を大量に採用し、採用後に育てていくというような余裕がないというのが、その本音のように思う。

そうした背景を持つ支援事業ではあったが、経済学部の申請書（提案書）には「学問・世界・仕事へのリンクが育む就業力」とのタイトルがつけられていた。経済学部として従来から取り

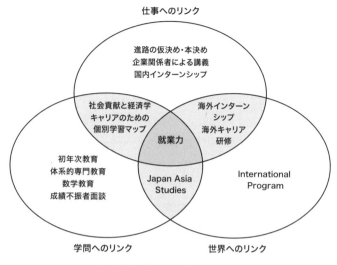

仕事へのリンク

進路の仮決め・本決め
企業関係者による講義
国内インターンシップ

社会貢献と経済学
キャリアのための
個別学習マップ

海外インターン
シップ
海外キャリア
研修

就業力

初年次教育
体系的専門教育
数学教育
成績不振者面談

Japan Asia
Studies

International
Program

学問へのリンク

世界へのリンク

図　学問・世界・仕事へのリンク

組んできた経済学教育と英語教育をリンクさせた「インターナショナルプログラム」に加え、インターンシップ・プログラムならびに教員によるきめの細かい学習・進路指導によって、「就業力」育成をはかるという提案であった。また、創価大学として考える「就業力」というものも、独自性を持つものが添えられていた。そして、図でも分かる通り、「社会貢献と経済学」という授業の開設は、この取り組みの中核に位置づけられるものであった。

　2011年秋学期の開設後初の授業では、受講者を5〜6人のグループに分け、社会で必要とされる就業力について考察しつつ、「創価大学の就業力」について理解を深め、授業の後半では、3人の卒業生が自ら勤める企業・業界に関わる課題を提起し、受講生は学んだ就業力をもとに、その課題に対する回答をグループご

とにプレゼンをするという構成になっていた。毎回の授業終了時に、履修者の反応を確かめるために、アンケートを提出してもらった。このアンケートをもとに、履修者の理解度や満足度を確認し、その後の授業内容の調整を行うことにしていた。

　この授業を構想した段階では、ネーミングに明らかなように、単に社会・企業が求める就業力（employability）を学生につけさせるということではなく、創価大学として考える就業力を通しての社会貢献による自己実現を意識づけさせることが根底にあった。

　しかしながら、その授業の滑り出しは、必ずしも順調とは言えなかった。第1回となる「社会貢献と経済学」の授業が始まり、毎回の授業で提出される全員のアンケートに目を通した。手探りで構成した新たな授業ではあるが、授業内容もよく検討を重ねていたこともあり、ある程度の満足度がアンケートに反映されると期待していた。しかし、その予想に反して、履修者からのアンケートは、授業に対する不満に満ち溢れていた。主な不満の内容は、「就業力を学ぶ意味が分からない」「何を学ぶための授業なのかが分からない」「社会貢献と文字が入った授業なのでボランティアについて学べるかと思った」などであった。アンケートを読み、授業構成の変更も試みたが、残念ながら最終的に満足度の高い授業とするには至らなかった。唯一、卒業生が授業に参加をして課題を出す部分においては、好意的な反応がみられた。

　ちなみに、この授業で取り組まれた創価大学の考える「就業力」としては、下記の10項目が掲げられている。（創価大学「就業力強化書」参照https://www.soka.ac.jp/assets/static/special/economics/index.html）

創価大学の就業力（社会に出て役立つ力）

リテラシー（知識を活用して問題を解決する力）

① 論理的思考力
（複眼的な視点から、論理的に思考を展開する力）
② 言語表現力
（日本語および外国語を用いて、正確な文章を書き、話す力）
③ 数量的分析力
（数量的・統計的なデータを正確に把握し、分析する力）

コンピテンシー（意思決定、判断、行動などの特性）

④ 対人基礎力
（目標に向けて、他者と協力的に仕事を進める力）
⑤ 討議推進力
（世界の多様性を理解し、建設的に議論を推進していく力）
⑥ 自己育成力
（自らの行動を律し、理想とする自己に近づけていく力）
⑦ 課題設定力
（客観的に情報を収集し、本質的な課題を設定する力）
⑧ 目標達成力
（目標に沿った計画を立て、具体的に実現していく力）
⑨ 創造的思考力
（既成概念にとらわれず、独創的に考える力）
⑩ 環境変革力
（自己の成長を通して、環境を価値的に変革していく力）

　第1回の「社会貢献と経済学」の苦い経験を経て、その翌年度に入り、第2回となる2012年の秋学期「社会貢献と経済学」の授業内容に関して検討をしたが、なかなかよい改善案がでないまま時間が経過していった。

2. 東日本大震災の被災地・南三陸町との出会い

　ふりかえってみると、初回授業時の受講生のアンケートの反応には、重要な点に対する指摘が込められていたように思う。そもそも、大学の授業として「就業力」を身につけさせようというどちらかというと「押し付けがましい」あり方に、学生が違和感を抱き、反発をするのはもっともなことである。上述したような創価大学が考え抜いた「就業力」の各項目が、重要な点を含んでいるのは確かであった。しかし、それを学生たちが実際の場面で発揮するイメージを抱いて、その重要性を認識するというのは、それほど簡単なことではない。その意味で、「社会貢献と経済学」の授業が、その目的を達するためには、決定的に重要なパーツが欠けていたように思う。

　そのパーツこそ、宮城県南三陸町、なかんずく「南三陸ホテル観洋（かんよう）」との出会いであった。南三陸町という具体的なフィールドでの東日本大震災からの復興というテーマと出会って、「社会貢献と経済学」という授業は、大きく変わることとなる。南三陸町でのインターンシップならびにスタディー・ツアーの実施受け入れを快諾してくれた「南三陸ホテル観洋」との出会いこそが、この授業に命を吹き込んでくれたと言っても過言ではない。その出会いに至る経緯を、当時の経済学部事務長の手記をもとに、紹介してみたい。（以下、手記に基づく叙述となる。）

　2012年に、海外インターンシップのサポートをしてくれていたJTB（日本の旅行会社）の教育事業部に、今後経済学部として取り組みたいことをヒヤリングされる機会があった。その折に、東日本大震災の被災地で、現地にもメリットがあり、学生の成

長につながるインターンシップ・プログラムやスタディー・ツアーを開設したい旨を伝えた。海外インターンシップは、大変に教育効果があったが、実際に参加するためには、語学の面でも、財政の面でもハードルが高く、誰でもが参加できるというものではなかった。そこで、国内において、多くの学生が参加でき、成長が望めるプログラムの必要性を感じていたときであった。

JTBはヒヤリングをもとに、社内での検討を重ね、まずは東日本大震災の復興に向けて、業務としても、個人としても関わっている社員を紹介してくれた。2012年7月に当時の経済学部長と学部事務室の職員が、宮城県の被災地を訪問することとなった。

最初に石巻市を訪れた。東日本大震災の被災地の様子は、テレビ報道では何度も見ていたが、いざ被災地を訪問するとなると大変に緊張をした。震災から1年以上経過していたが、至るところに瓦礫の山々があり、水没した車が山積みになっていた。実感としては被災地に多くの学生が訪れてよいものかどうかと思わざるを得ない状況だった。

同行したJTB社員の人脈で、漁業組合の関係者を訪ねたところ、温かく受け入れてくれた。初めて現地の方から、被災時の生々しいエピソードを直接聞く機会となった。学生を派遣して、現地に貢献できるプログラムを作りたい旨を伝えたが、具体的なプログラム作りにはつながらなかった。

その後、インターンシップもしくはボランティアで受け入れてもらえる企業・団体等がないか、宮城県内の各地を回ったが、学生を受け入れる可能性のある企業・団体等は見つからないまま、宮城県内最後の訪問地となる南三陸町を訪ねた。

何度もテレビで見てきた南三陸町防災対策庁舎の前に立ったときは、津波の恐ろしさを実感し、言葉にならない衝撃を受けた。

南三陸町には、瓦礫、放置されたままの車、被災した建物など
が多く残っており、想定をはるかに超える大きな津波の爪痕を
見る思いだった。その後、町の西側にある「南三陸ホテル観洋」
を訪問した。ホテルのロビーに入ると、ロビーの海側がガラス
張りとなっており、その眺望は圧巻だった。そのロビーの海を
臨む窓際の席で、副社長とこのホテルの阿部憲子女将が対応し
てくれた。

　阿部女将から、被災時の状況、その後ホテルが地域にとって
どのような役割を担ったのか、女将を中心にホテルがどのよう
に困難と闘い、乗り越えたかなどを聞いた。この話だけでも、
ぜひ学生にも聞かせたいと感じた。また阿部女将の地域社会へ
の貢献に対する考え方は、創価大学が考える社会貢献の考え方
に共通するものがあるとも感じた。さらに、ホテルに避難した
被災者への対応や、被災者でもある従業員に対しての配慮や振
る舞いは、一人の人間を大切にする創価大学の精神に共通する
ものだった。しかし、被災後で平時のような経営を行うことが
難しい状況のホテルで、就業経験が全くない学生を受け入れる
ことは、ホテル側にとっては、大きな負担となることは明らか
だった。

　その意味で、難しいことは承知の上で、創価大学の学生を、
インターンシップ生として受け入れていただく可能性があるか、
聞いてみた。こちらの意図、思いを一通り聞いた阿部女将は笑
顔で、「よかったらぜひいらしてください」と答えてくれた。こ
のときの驚きや安堵や嬉しさと、阿部女将の表情は、忘れるこ
とができない。南三陸ホテル観洋・JTB・創価大学の三者が、イ
ンターンシップの実現に向けて検討していくこととなった。

3. 東北復興インターンシップ・プログラムおよびスタディー・ツアーの開設

　学部長等の東北訪問の後、インターンシップ名を、東北復興インターンシップ・プログラム（TIP）と決めて、このプログラムを立ち上げるための学内的な手続きを学部事務室が担当し、JTBが大学とホテルの仲介役を担い、参加者を募ることを開始した。7月に募集し、8月末から実施するというスケジュールには無理があることは承知していたが、このタイミングを逃すと、南三陸ホテル観洋でのインターシップの実現は、難しいと感じていた。当時、全国の大学が、東北の復興を支援するプログラムを立ち上げており、同様なプログラムを模索している大学が非常に多かったのも事実であった。

　当事の学部長・長谷部秀孝教授のゼミ生に、東日本大震災の被災地のホテルでインターンシップをしてみないかという呼びかけをしたところ、ほぼ全員が希望してくれた。しかし、募集から実施までの期間の短さもあり、実際に参加できたのは、3人に留まった。いずれにしても、本学学生の社会に貢献したいという気持ちの強さには、あらためて感動を覚えた。

　TIPの実現に向けて、JTBは非常に大きな役割を果たしてくれた。大学とホテル側との直接の連携のみだと、お互いの率直な意向をすり合わせする上で難しくなることが多々ある。JTBが仲介することにより、合意形成がスムーズにできた。また、JTBは、学生の移動に関する手配やホテル関係者への連携に関しては、非常に長けていた。

　ホテル側としては、2012年7月に提案があり、実際に8月末にインターンシップ生を派遣することとなったスピード感に驚くとともに、創価大学の本気でインターンシップ・プログラムを

継続的に実施したいという意思を受け止めてくれた。試行的な実施という側面もあったが、第1期のTIPに参加をした3人の学生は、懸命にインターンシップに取り組み、ホテル側からも高評価を得ることができた。受け入れたホテル側としても、大学生をインターンシップ生として受け入れることは、初めてのことであり、従業員の負担も大きかったと思われるが、阿部女将からは、ぜひまた学生を派遣してほしいと言っていただけた。

第1期のTIPの実施を契機に、創価大学・JTB・南三陸ホテル観洋と協議の上、春休み期間に2回、夏休み期間に2回、年間4回にわたり、各回2週間のプログラムを実施することが決まり、2013年の春休みからの本格実施に向けて、準備を開始した。東日本大震災の被災地で、何らかの貢献をしたいという学生の気持ちを大事にしつつ、学生の成長につながるプログラム作りを開始した。

それまでの海外インターンシップ・プログラムで培ったノウハウを生かして、事前研修・事後研修の内容を決めた。特に事前研修では、参加者全員が集まる研修だけではなく、小グループごとにも、事前学習や課題発見を行うことができるように、ワークシートの作成をした。アルバイト経験がない参加者も多いことから、社会人としての基本姿勢を身に付けてもらうとともに、東日本大震災や南三陸町の被災状況や課題、ホテルの基本情報などを学習して、インターンシップに臨めるように、事前研修の内容を決めた。また、インターンシップの単位認定ができるようにも準備した。

TIPの開設準備は整ったが、2週間という長期にわたって現地に滞在するプログラムに参加をするには、やはりそれなりのハードルを感じる学生も多かった。そこで、短期間での、東日本大震災の被災地での学びの機会を提供したいと考え、1泊2日の

東北復興スタディー・ツアー（TST）も開設することとした。

　TSTが単なる見学ツアーにならないように、事前学習を通じて参加目的を明確化し、それを共有できるようにした。また、訪問地での質問は、事前に考えていくこととし、その場で思いつく質問はあくまでも補充質問とすることも徹底した。参加者が短時間でも支援活動を体験できるように、現地での協力者も募った。その結果、農業経営者の中で、受け入れを快諾してくれる方を見つけることができ、学生にとって見学だけではない、実際の支援活動体験も含んだ充実したプログラムとなった。参加した学生には感想をまとめたレポートを提出してもらい、修了証も一人ひとりに手渡した。

4. 東北インターンシップでの学び

　TIPの第2期からは、各期20人程度の学生が参加するようになった。インターンシップというのは、就労体験で、具体的には「南三陸ホテル観洋」での仕事となることから、接客がメインとなることの意味を、事前に参加者には徹底をした。また、事前学習での様々なグループでの活動を通じ、参加者同士の協力体制をあらかじめ確立するようにも努めた。さらには、プログラム参加の前後で、就業力テストを行い、学生個々の成長度を学生自身が認識できるようにした。

　現地では、最初に阿部女将の講話を聞き、被災当日の生々しい状況とその中で「ホテル観洋」関係者がどのように困難に立ち向かっていったのかを理解することで、インターンシップに臨む心構えを新たにした。さらに、インターンシップ開始直後に、ホテルの「語り部バス」に乗車させてもらい、南三陸町全体の津波被害の実態を自分の目で確認させてもらうことができた。

また日をあらためて、現存する被災した建物、「ホテル観洋」所有の催し物施設である「高野会館」の見学も行い、震災当日の状況、特に結婚式参加者の避難誘導の臨場感あふれる経験を聞く機会も設けた。他にも、期間中に4回の「復興応援塾」として現地で活躍をする方を招いてのワークショップを開催し、現地の様々な方との交流の機会も設けた。

　就労体験のない休日には、グループごとに計画を立てて現地での学びを深めることもした。そして、インターンシップ終了日の前日もしくは前々日に、お世話になった「南三陸ホテル観洋」の更なる発展のための提案をプレゼンテーションすることとした。最終的には帰京後に、グループごとにインターンシップの成果をプレゼンすることで締めくくった。

　参加者は、TIPの経験を通して、ホテルのすべての関係者に心からの感謝の気持ちを口にしていた。また南三陸町の人々が、

写真　被災当時の様子を残した高野会館を見学

厳しい環境の中、復興に取り組みながらも、温かい心で学生に接してくれたことにも感動していた。参加した学生の中には、南三陸町という町が第二の故郷となったという学生もいた。TIPを通して、南三陸町との絆ができたことにより、個人的に再び南三陸町を訪れる学生もいた。また、TIPに参加をした学生の家族が、南三陸ホテル観洋に宿泊し、南三陸町を訪れるということもあった。TIPの経験者を中心に、南三陸町を支援するプロジェクトを立ち上げて、大学祭や街のイベントで、南三陸町の生産物を物販することも行われた。

2012年7月に、阿部女将が創価大学の学生をインターンシップ生として受け入れてよいと言ってくれたことから、「南三陸ホテル観洋」をはじめ南三陸町の人々と創大生との絆を結ぶことができた。TIPの実施により、創大生の社会貢献への意識を高め、その意識を行動に移す機会を提供することができた。（現在は、コロナ禍によりTIPは中断しているが、環境が整い、「南三陸ホテル観洋」とJTBの了解が得られれば、再開をしたいと考えている。）

また短期のスタディー・ツアー（TST）においても、得難い経験を重ねており、その一端を紹介しておきたい。このツアーでは、毎回最後の目的地として石巻市にある大川小学校跡地に向かう。84人におよぶ児童ならびに教職員が、津波に飲み込まれて犠牲となる悲劇に見舞われた大川小学校跡地では、被害者の家族が案内に立ち、避難が可能であったと思われる経路や場所を示してくれた。何度か訪問していく中で、参加学生の真摯な姿勢を感じていただき、被害者家族が同行しないと入ることができない被災した校舎の中も案内していただけるようになった。校舎内では、亡くなった児童の名前が確認できるカバン掛けや、実際に学んでいた教室を案内していただき、その教室の中で、参加者との懇談の場を設けていただいた。参加者は、震災の悲惨

な状況を知るだけではなく、有事にどのような行動をとるべきかを深く考える機会となった。大川小学校跡地を出発し、仙台駅に向かうバスの車中では、全員がツアーからの学びと今後への思いを語り合い、共有することができた。

　TIPは、2012年8月末から2020年の2月第31期まで実施され、合計497人が参加し、TSTは、2012年11月から2019年6月までに14回開催され、合計302人が参加をした。この2つのプログラムへの参加学生数の多さもさることながら、参加者個々の学びの深さと、その後の波及効果は計り知れないと思う。それは、こうした震災被害の現場での学びや気づきを、「社会貢献と経済学」という授業を通じて、伝え続ける努力を重ねているからである。

5. 「社会貢献と経済学」の授業構成

　東日本大震災の被災地に立ち、そこで復興に逞しく取り組む人々に接し、得られる学びは、簡単に教室の中で伝えきれるものではない。美しい三陸の海に面しながら、津波被害から守るために復興事業で建設されたコンクリートのスーパー堤防で遮断された市街の中心地に立ち復興の意味を考えさせられる瞬間や、震災からの復興を成し遂げようとする当地の人々の思いがあふれる「南三陸さんさん商店街」などを実際に訪れて感じ取れるものは、計り知れない。

　震災からの復興支援の提案を課題として行う「社会貢献と経済学」の授業には、やはり南三陸町を実際に訪れて得られる気づきや学びの万分の一でも伝えていこうという努力は欠かせない。その工夫をどのように行っているかを示す意味で、2021年度に実施された授業の具体的な構成について、以下で紹介をし

ておきたい。

第1回　オリエンテーション

　授業の内容や進め方を確認し、この授業のゴールのイメージを共有する。東日本大震災と南三陸町の基本的な情報を確認する。また、就業力テストを行い、受講者の授業開始時点での就業力を測定する。

第2回　復興の現状認識
講師：一般社団法人復興応援団 佐野哲史氏

　被災地で復興支援事業を行う一般社団法人の代表を授業に招き、被災地の現状を学ぶ。復興支援活動の視線から「社会貢献」を考える機会を提供する。講師からは「復興の火を消さないためにできるアクション」というメッセージが伝えられる。

第3回　被災の実情と復興へ向けてのリーダーシップ
講師：南三陸ホテル観洋 阿部憲子女将

　南三陸ホテル観洋の阿部女将を招き、「千年に一度の災害は、千年に一度の学びの場」とのタイトルで、被災直後の生々しい体験と、地域復興のリーダーシップをとり続ける思いを語っていただく。震災体験から貴重な学びを見出す貴重な内容となっているとともに、履修者の学びのモティベーションを最大に高める授業回となっている。

第4回　持続可能な社会貢献
講師：株式会社ソーシャルプランニング 竹井善昭氏

　ソーシャルビジネスの専門家を招き、「CSR（企業の社会的責任）」・「CSV（共通価値の創造）」・「SDGs」について、実例を通して学ぶ。履修者は、「社会貢献」がボランティア活動のみを指すのではなく、持続可能で利益も生む社会活動（ビジネス）を行うことが「社会貢献」につながることを学ぶ。

第5回　世界における社会貢献
　　　講師：認定NPO法人テラ・ルネッサンス 島 彰宏氏
　国際的に活動をしているNGOスタッフを授業に招き、その活動内容を伺う。世界的な視野で、社会問題の解決に取り組むという仕事に、どのような経緯で飛び込んだのかという質問が寄せられた。ある意味で職業として安定した人生を必ずしも保証してくれるものでもなく、活動の現地には、文字通りの高いリスクも存在する。その道を選択した講師の思いが熱く伝えられた。

第6回　企業活動と社会貢献
　　　講師：株式会社JTB 影山葉子氏
　JTBで、業務として長年東北支援に取り組んでいる影山氏を招き、企業が収益事業として行う活動が、どのようにして社会貢献活動につながるかの実際例を学ぶ。

第7回　ブランド化による復興支援
　　　講師：株式会社先駆社長 中根茂雄氏
　株式会社先駆社長の中根氏と株式会社OICHOCの代表八幡清信氏（いずれも本学の卒業生）を招き、東北復興スタディー・ツアーの参加を契機に、南三陸町のねぎのブランド化に携わることとなった経緯を伺う。津波に飲まれた広大な農地のほとんどが、塩害によって作物栽培が困難となった中で、塩害に強いネギ栽培を逞しく続ける農家と出会い、そのネギを「NEVER GIVE UP」の「不屈のネギ」として、ブランド化して全国に販売を広めるという活動を続けている。身近な存在である本学の卒業生が、社会問題解決に向けて取り組んだ過程を学び、自身ができる社会貢献の可能性を実感する。

第8回　第10回および第12回
　社会で活躍する経済学部の卒業生を講師として招き、講師か

ら事前に提示された課題に対する解答をグループごとにプレゼンテーションし、その内容に対する講師からの講評を受ける。その後、質疑応答を行う。卒業生が働く企業や業界が抱える諸問題に対する解決提案を考えるという課題に取り組むことによって、自身が社会人になったとき、どのようなかたちで社会貢献ができるかをイメージする機会となっている。

第9回　テレビ報道と社会貢献
講師：株式会社フジテレビジョン　森山俊輔氏

フジテレビジョンで長く報道番組作成に携わってこられた森山氏を招き、東日本大震災の際のテレビ局としての対応を実例とし、メディアをどう読み解くかを語っていただいた。特にメディア報道にとって「鳥の目と虫の目」という俯瞰的報道と個別の実態に即した報道のバランスをとることの難しさを率直に伝えていただき、メディアのあり方と情報の選択がどのように社会に影響を与えるかを学ぶ機会となった。

第11回　南三陸町と結ぶ実況中継
講師：南三陸ホテル観洋　伊藤　俊次長

リアルタイムで南三陸ホテル観洋の伊藤次長に、被災した防災庁舎や高野会館等を実際に案内していただく形で、被災当時の状況を伝えていただく。伊藤次長は、「語り部バス」の運営も担当され、震災の記憶を語り継ぐ重要な役割を担っており、その話を伺い、南三陸町の現在の姿を目にすることができ、貴重な体験を得る授業であった。

第13回　復興プランコンテストへむけての準備　1

南三陸町の復興プランコンテストにむけての確認を行うとともに、グループごとに、同コンテストにむけての準備を行う。

第14回　復興プランコンテストへむけての準備　2

4人から5人のJTBの社員に参加してもらい、各グループの復

興プランアイデアに関して、アドバイスを受け、各グループの
アイデアをブラッシュアップする。特に、各アイデアの持続可
能性、すなわち復興プランのコスト、収益を意識したものかどう
かが、チェックされる。この授業の後半に、第1回の授業で行っ
た就業力テストを行い、これまでの学生個々の成長、変化を測る。

第15回（最終回）　復興プランコンテスト

　この授業で招いた講師やJTBの社員などを審査員として招き、
各グループのアイデアを評価してもらう。全グループが持ち時
間5分で、経済学の視点から南三陸町の課題を解決する復興プラ
ンをプレゼンテーションし、審査で高評価を受けたグループを
表彰する。審査員による審査の時間を利用して、第1回と第14
回に行った就業力テストの結果の差を投影し、成長の度合いを
実感してもらう。

　以上のような内容の授業をほぼ10年間にわたって実施をし
て、600人以上の学生がこの授業を通じて、東日本大震災の被
害の甚大さに触れ、復興事業の実態と復興支援の様々なありか
たを学んできている。そして、震災からの復興を「他人事」で
はなく、我が事として、真剣に復興プランのアイデア作成に取
り組んできた。

6. 結びに代えて

　授業担当者として、実感しているのは、この授業での学びの
中には、大震災から日本が学んだ3つの本質がしっかりと備わっ
ていると感じている。それは、東京大学名誉教授の神野直彦が
その著『「人間国家」への改革』（NHKブックス、2015年）の中で
指摘する、第一に「生命意識」、第二に「共生意識」、第三に「参

加意識」のことである。

　第一の「生命意識」とは、想像を絶する数の被害者が、東北地方の岩手・宮城・福島の海岸線ほぼ全域にわたってあのどす黒い津波に飲み込まれ、それだけではなく助かった人々の中にも、避難所での生活の中で命を落とす人がいたという悲惨な体験の中から、確認されたものである。すなわち、人間社会を形成するための価値体系の最上位には、人間の命が位置づけられなければならないという意識である。人間の社会を形成する上で最も重要な価値が、人間の生命であるという認識は、「生命意識」と呼ぶことができる。これは、創価大学の掲げる大事な理念である「生命の尊厳」に通ずる。

　第二の「共生意識」は、震災の被災者が、災害のもたらした様々な困難を乗り越えていくために、また全国の人々が復興支援のための手を差し伸べようと努力する中で、あらためて確認をすることができた、人間が「生きる」ということは、「共に」するものだという真理である。これは、人間の「生」は「共」にするものだという「共生意識」であり、震災以降「絆」とか「寄り添う」という言葉が語り継がれたことが、それを象徴している。しかも、この「共生意識」は二つの領域にわたる。一つは人間と人間との「生」を「共」にする「共生意識」であり、もう一つは人間と生きとし生ける自然とが、「生」を「共」にする「共生意識」である。特に、自然環境との共生意識は、10年余にわたる復興事業の中で、問われ続けてきている。現地に生きる復興の主体者の多くは、この点の重要さを直感的と言ってもよいほど的確に意識されていることを強く感じた。また、その点の重要さは、この授業の中でも繰り返し伝えられてきていると思う。

　第三の「参加意識」は、震災からの復興を果たすためには、「生」

を「共」にすること以外にはなく、そのことによって、自然災害が地域社会にもたらした共同の不幸や共同の困難に対して、震災以前は傍観者として手を拱いて見ていることがあったけれども、地域社会の構成員としては、当事者として参加しなければならないという意識である。この意識は、本授業受講者の一人一人の心に一番強く響いたことが、受講後のアンケートに明らかである。

　神野は「尊い生命を犠牲にして修得した真理（3つの本質）を、人類の歴史に投企させることこそ、日本国民に与えられた歴史的使命なのである。」（前掲書14頁：「(3つの本質)」は筆者）と述べている。学生の就業力を高め、社会貢献意識を高めようとして始まったこの授業が、東日本大震災の後、復興にむけて前進する町、南三陸町と出会うことができ、文字通り魂を吹き込まれ、本学経済学部の中でも重要な授業の一つとなることができた。この授業が続く限り、神野の言う「歴史的使命」を受講学生ともども、果たしていかなければならないと思う。

第 13 章

「国際開発協力論」を学んで、SDGs達成に貢献できる人材に

〈国際開発協力論〉

創価大学経済学部 准教授

掛川三千代

※1 本文中で「(下村他, 2017)」などと記されている箇所は、参考文献に記した著者名と書籍もしくは論文の発刊または発表年を表しています。

※2 本文中で "Development as Freedom" (1999) などと記されているカッコ内の数字は、参考文献に記した書籍の発刊年を表しています。

SDGsとの関連性
[GOAL 1から17まで全目標をカバー]

「国際開発協力論」と聞いて、皆さんは、どのような授業を想像しますか。開発途上国の開発問題や経済発展の手段について学ぶこと、国際協力のプロジェクトについて学ぶことを想像することでしょう。「国際開発協力論」を文字通り解釈すると、まさにその通りです。

しかし、この授業は、単に開発経済学や開発学などで出てくる理論だけを学ぶ授業ではなく、皆で、開発途上国の課題と解決のための施策を考え、議論しながら学んでいく授業であることを強調しておきます。まずは、この授業の特色を紹介します。

1. 授業の特色

(1) 理論と実務で役立つスキルの両方を学ぶ

開発途上国での貧困問題、開発事業が環境に及ぼす悪影響や公害問題などに関心がある人、または、将来、それらを解決するために仕事をしたいと思っている人にとって、開発経済学の基礎的な理論を学ぶことは重要です。開発経済学は、開発途上国がどのような課題を抱えているかを分析し、どのように、それらの課題を解決しつつ、国を開発していくべきか、経済成長していくべきかの戦略や施策を、経済学の視点から考えていく学問です。

この授業では、これらの理論を簡潔に学ぶと同時に、実務で役立つスキルも習得できるような構成になっています。

(2) プロジェクトの形成と、評価の仕方を学ぶ

上述した実務で役立つスキルとは、具体的には、開発途上国で、開発途上国の人々のためのプロジェクトの形成を、どのようにやっていくのかの、そのスキルを学びます。また、形成するプ

ロジェクトは、実施した後、必ず評価されますので、その評価する視点や、簡単な評価方法についても学びます。

　この授業では、開発途上国でのプロジェクトが前提ですが、これらのスキルは、日本国内でのプロジェクト形成や、日本以外の先進国でのプロジェクト形成の際にも参考になるスキルでしょう。

(3) 意見を共有する多くの時間と、討議の場がある

　この授業では、教員が少し講義をした後、すぐに質問が投げかけられます。

　例えば、「日本は、2021年度の政府開発援助（ODA）の実績（暫定値）は、米国、ドイツに次ぐ第3位で、金額は約176億ドルでした[1]」と、私が説明した後、「では、皆さんは、なぜ、日本はこのように巨額な援助をしていると思いますか。その理由は何ですか」「日本は、援助額を減らすべきですか。または、もっと増やすべきですか。その理由は」と問いかけます。この問いかけをベースに、学生は5〜6人で1グループになって討議をします。まずは、自分の意見を持った上で、クラスメートと共有し、議論をします。また、このグループは、できるだけ異なる学部のメンバーと一緒になるように工夫しています。教員から全て教えてもらうのではなく、学生が自ら調べ、考え、かつ他の人と意見交換をする中で、日本の政府開発援助は、どうあるべきなのかを自分事として議論していきます。これにより、学生一人ひとりの自主性も伸び、議論する力がついていきます。

1　外務省ホームページ、ODA実績（2022年8月10日閲覧）、OECD ODA data and trends 2021

（4）多様性の中で学ぶ

大学では、学部ごとにある程度の履修科目が決まっていますので、多くの授業では、同じ学部生と授業を受けています。しかし、この授業では、経済学部、法学部から多くの学生が履修していることに加え、経営学部、国際教養学部、文学部の学生もいて、学際的なクラスになっています。

開発について事業を検討する時、または、協力プロジェクトを形成して実施する時、一分野の専門家だけでは決して完遂できません。よって、学部を超えた学生達と、多様な意見を尊重しながら、意見を取りまとめていくという力が付きます。

（5）チームワークの重要性を学ぶ

上述した通り、多様性の中で学び、グループでの討議を通じてプロジェクトを形成するという演習をするので、チームワークの重要性を学びます。大きな仕事をする際は、決して一人ではできないので、一人ひとりの責任を明確にしつつ、皆で協力して進めるという「協働」を体験します。

（6）実務経験が豊富な教員が実体験を語る

開発途上国の現場は、国により、また、地域や村により、状況は本当に様々です。理論を学んだり、既存の報告書や情報を集めることは、もちろん大事ですが、やはり現場では予期せぬことも起きますので、現場経験のある教員が、その現実の体験を語っていくことが重要です。そうすることにより、学生の考え方の幅が広がり、適応力や応用力がついていきます。

私自身が、国際連合開発計画（UNDP：以下、国連開発計画）、在ラオス日本大使館、外務省、独立行政法人国際協力機構（JICA）ベトナム事務所、環境省などの勤務経験を通して、開発現場や

政策策定の際に遭遇したエピソードなどを積極的に語っています。また、このエピソードを話す時も、最初から全てを語るのではなく、「では、この後、どんなことが起きたでしょうか。考えてみてください」と言って、学生には、現場で起きる予期せぬことも、クイズのように考えてもらっています。

2. 創価大学で「国際開発協力」を学ぶ意義

　上記で、私が担当している「国際開発協力論」の特色を述べましたが、次に、創価大学で、「国際開発協力論」を学ぶ意義について記したいと思います。「国際開発協力論」や、「国際協力論」と称する授業は、他大学でも開講されています。

　では、創価大学で、この学問を学ぶ意義は何でしょう。私は、3つの点を強調したいと思います。1つは、創価大学の人材育成のアプローチが、まさに1990年代に国際的に強調されてきた「人間開発」に通じる同様のアプローチをとり、多彩な人材を育てていることです。国の開発については、もちろん、一定の経済成長や発展は必要で、そのアプローチについて学ぶことは重要ですが、それに加えて、人間の内的な可能性を引き出し、各人が最大限に成長していくようなアプローチを、学生自らが学んでいくことも不可欠です。

　創価大学が実践している人間教育や人材育成も参考としながら、開発途上国での人間の内面的な成長を含めた開発のアプローチを学び、どのようなアプローチが最善なのかを議論します。

　2つ目は、大学での学びの目的が、単なる知識の習得のみではなく、社会全体をより良くしていくための価値創造と、その実践に重点を置いていることです。昨今、国際的に、気候危機の

問題、地域紛争の問題、人権の問題等と、多くの深刻な問題が起きています。このように大変な時だからこそ、知識と知恵を活用し、それらを乗り越えていく新しい解決方法を創造していく力が求められています。

単に課題を学び、暗い将来を想像するのではなく、明るく持続可能な未来を創造していく力を、大学全体で養成しています。

3つ目は、創価大学での学問や友人との切磋琢磨の基礎が、建学の精神の一つである「人類の平和を守るフォートレス（要塞）たれ」にあることです。

私たちの学びの究極の目的は、全ての人の生命の尊厳を守る平和のための学問であり、「開発」や、「国際協力」の最終的な目的も、平和を構築し、それを守っていくためでなければなりません。単なる効率的な開発のためのアプローチや協力の姿勢を学ぶだけでは、不十分でしょう。

よって、これらを、仲間の創価大学生と一緒に学び、考え、実践していくところに、創価大学の強みがあります。

3. 授業内容の紹介

前置きが長くなりましたが、ここからは、授業で実際に何を学ぶのかを紹介していきます。内容は、一部のみの紹介になりますので、この内容を読んで、強い関心を持たれた方は、ぜひ、創価大学の「国際開発協力論」の授業を履修してみてください。

(1)「開発」と「協力」の歴史的な変遷

冒頭でも、皆さんに問いを投げかけましたが、皆さんは「国際開発協力論」と聞き、この「開発」や「協力」という言葉から、どのような活動を思い浮かべますか。経済的に恵まれている国々

が貧しい国々に手を差し伸べて、成長を支援する——そんな慈善事業のようなイメージを持っている人も多いのではないかと思います。

　私は大学卒業後、国連開発計画などの国際機関、政府開発援助（ODA）の政策を作る外務省や、相手国政府と政策対話をする大使館、更には、ODAの実施機関であるJICAベトナム事務所に勤め、20年以上にわたって開発協力の実務に携わってきました。現場経験を通して実感したことは、開発プロジェクトは、常にプラスの成果を生む可能性も、マイナスの影響を及ぼすリスクも抱えていること。よって、プラスの成果を最大限に引き出し、その波及効果を広げていくには、途上国の人達を含めた関係者の不断の努力が必要であること。また、より良い開発協力を目指し、関係者全員が協力し、常に試行錯誤を続けていく必要があるということです。

　「国際開発協力論」とは、一般的に定義すると、開発途上国の開発を進めるためのアプローチ（手法・研究法）を探り、先進国をはじめとする国際社会が、どのように協力してきたか、また、どのように協力していくべきかを考える学問だと言えるでしょう。しかし、「開発」とは具体的に何を目指すのか、その到達点は何なのか、誰にとっての「開発」なのかを考え、答えを出すことは非常に難しいです。定義の一例として、「発展途上国の人々が現状から〝より良いと思う状態〟に向かって進もうとする努力を開発とする」（下村他, 2017）とあります。ただ、〝より良い〟という状態も、どこを到達点とするかは熟考する必要があります。

　また、「協力」とはどうあるべきかという点も、非常に難しい問題です。そもそも、経済学の中で、「開発経済学」が発展していくのは、第2次世界大戦後の経済復興があり、また、植民地か

ら独立した諸国の開発問題や、開発途上国の経済発展への挑戦が進む中です。まずは、人々の現実の課題、例えば、貧困問題、乳幼児の高い死亡率、低い就学率などを、どのように解決していくかを含め、国のマクロ的な経済成長を考えていく必要があるとのことで議論されてきました。また「協力」は、比較的新しい概念で、2010年代の半ば頃までは、「援助」や「支援」と言っていました。戦後から現在までを振り返ると、「開発」、「援助」、「協力」といった概念が、様々な事象や経験を経て変化し、大きく進展してきました。

　最近の中学・高校生は、探究学習の一環として、学校の授業で「持続可能な開発目標」(SDGs)を学んでいると聞きます。では、この「持続可能な開発」という考えは、2015年頃に突然、出てきた概念なのでしょうか。実は、そうではなく、この概念の発展は、人類全体の努力と進歩の結果と言えると思います。戦後は、米国がリードした世界銀行や国際通貨基金(IMF)が、経済復興、経済成長の国際的な枠組みを作り、支援体制も構築してきました。日本も世界銀行から多額の融資を得て、ダム建設をしたり、物流を改善する高速道路などの経済社会基盤を構築できました。世界的に見ても、1950年代、1960年代は、経済成長一辺倒の時代だったと言えるでしょう。

　結果的には、日本を含めた先進国で、様々な公害問題や健康被害が発生し、私たちの「開発」や「経済成長」について振り返る時がきます。それが、1972年にローマクラブが発表した『成長の限界』です。即ち、このままの経済成長や人口増加、汚染の排出、食糧生産、資源の利用を続ければ、100年以内に成長の限界が来るというモデルを使った予測でした。また、地球上の資源は有限であるとの警告でもありました。経済成長のみの開発では、結果的には良い社会は築けない、既に公害など負の

影響が出ているということも指摘しています。同時に、国際的にも、初めて人間環境に焦点を当てた国連の会議（「人間環境会議」）が、ストックホルムで開催されたのも、この1972年です。

　1980年代の半ばになると、経済成長だけではなく、〝人間〟に焦点を当てた開発を考えていくべきという意見が経済学者の中からも出てくるようになります。その筆頭ともいえるのが、インド（現在の西ベンガル州）出身のアマルティア・センです。『福祉の経済学——財と潜在能力（Commodities and Capabilities）』などの著作を通してセンは、経済的な指標だけを用いて生活水準を測る代わりに、個々人が価値ある生き方を実現するための「潜在能力」に着目しています。また、センの "Development as Freedom"（1999）という書籍の中では、人々が自分が学びたいことや、やりたい仕事を選択できるという自由、その選択する自由を持つことが開発だと主張しています。例えば、途上国で暮らす人たちは貧しさゆえに学校へ行けず、自分の力を十分に発揮できずにいる。だからこそ教育環境を整え、一人ひとりがより自由に未来を選択できるように、自らの潜在能力を開花できるようにするのが開発だという発想です。まさに、一人ひとりが自らの潜在能力を最大限に発揮していく、また発揮できるように選択の自由が増えることも、開発に必須であるという考え方です。このアプローチは、飢餓や戦争など人間の生存を脅かすリスクや不安を取り除き、誰もが安心して過ごせるように保障されなければならないとする「人間の安全保障」（セン、2006）の概念とも繋がっています。

　開発を表す指標については、経済だけでは不十分であり、人間の包括的な開発を示す指標についても議論が続きます。パキスタンの経済学者マブーブ・ハックは、センらとも議論を重ね、国連開発計画が1990年に『人間開発報告書』を出版することに

多大な貢献をしました。また、一般的な開発指標としては、GDP（国内総生産）や国民所得などの経済データを重視していたのに対し、同報告書では「人間開発指標」を導入しています。これは、経済規模に加えて健康（寿命）と教育の３つの指標をもって各国の発展度を測るというもの。いわば人間の健康状態を含めた生活と、人々の生活の豊かさを包括的に測ることを意味します。そして開発という概念は、単に産業基盤を整え経済的に豊かになるだけではなく、人間的な側面を含めた包括的な開発を目指すように変わっていったのです。

　私は1998年から約４年間、国連開発計画ニューヨーク本部に勤務しました。毎年、『人間開発報告書』が発表される際はスタッフも集まり、その報告書の内容をあらためて学び、開発を測る指標や考え方が包括的になっていくことを開発途上国の人たちにも伝え、共有していきました。同時に、私が学部生として学んだ創価大学で創立者・池田大作先生が、「人間が大事です。だから人間教育を実施しているのです」と、よく語っておられた言葉と、国連開発計画が1990年以降、強調し始めた「人間開発」の言葉が重なり、大きな感銘を受けたことを覚えています。「国際機関の開発も、目指すべきは人間開発と言っている。創価大学も『人間教育』や『人間主義』を主張しており方向性が一致している。これは、何と素晴らしいことだろうか」と、自分が受けてきた人間教育のありがたさにも、あらためて感謝したことを覚えています。

　では近年、開発協力のあり方はどう変化してきているのでしょうか。国際協力の現場や公的な文書の中で、「援助」や「支援」の言葉に替わって、「協力」、「協働」という言葉が用いられるようになったのは2000年以降のことです。国際社会の動きと併せて考えて見ると、2000年にミレニアム開発目標（MDGs）、2015

年に持続可能な開発目標（SDGs）が国連で採択されました。とりわけSDGsに示されている開発の枠組みが従来のものと大きく異なっているのは、SDGsは世界の全ての国、人々にとっての目標であり、様々なパートナーシップをもって達成していくことが強調されている点です。それぞれの国や地域の状況を考慮し尊重しながら、そこに暮らす人々が目指す目標に向かって、互いに力を合わせる。言い替えると、先進国が一方的に途上国を支援するというやり方ではなくなってきたのです。また、先進国も、自らの国内問題に積極的に取り組み、状況を改善していくという責任も明らかにしています。

　日本国内の状況を振り返ってみると、日本政府は1992年に「政府開発援助（ODA）大綱」を閣議決定しています。ここでは、「開発援助」という言葉が使われています。国連でSDGsが採択された2015年には、国際状況の変化に対応するために、再び内容が見直され、名称も「開発協力大綱」に改められ、ここで「協力」という言葉が前面に出てきています。よって、この頃から、日本もパートナーシップを基軸とする開発協力に力を入れ始めたと言えるでしょう。

　また、この20年の間で、開発協力の担い手（アクター）も多様化しています。以前は途上国への支援や援助といえば、国連などの国際機関や、各国の政府とその実施機関が中心となって行うことが主流でした。しかし、最近では地方の自治体が主体となって開発プロジェクトを実施したり、一般企業が途上国の課題解決に向けて中長期的な人材育成に取り組んだり、ビジネス活動を通じて女性の起業を支援したり、更には、市民団体なども積極的に活動を進めています。また、協力するのはこれまでの先進国ばかりではなく、中国やインドなども開発途上国に支援をしています。まさにアクターの多様化の時代です。

学生から「将来は貧困削減のために国際機関で働きたいので、その近道を教えてください」と相談を受ける時に、私は、「開発協力に関与していく道は国連以外にも多くありますよ」とアドバイスしています。最近では、国際的にも「官民連携」と言って、政府と民間企業が協力したり、「国際機関と民間とのパートナーシップ」などもあり、民間企業で仕事をしていても、途上国の開発事業に関わる機会は増えてきています。また、大企業のみならず、中小企業でも政府等からの補助金を利用して、持っている技術を活用し、途上国での課題解決に役立てるという事例もあります[2]。

　どのような立場で仕事をしていても、今後は、途上国での課題解決に関与していく機会は増えていくと思います。その時に重要なことは、何を最終目的に定めるかでしょう。もちろん、企業としての利益や成功も大切ですが、途上国の人たちと一緒に仕事をするという「協働」の下、共に成果を出し、その成果を分かちあっていけるかどうか、そこに一人の人間として、また企業としての真価も問われることでしょう。これからは、より良い社会の構築を目指して協働していく時代なのです。

（2）開発協力を実施していくスキルの習得

　さて、理論については概ね理解していただけたと思いますが、国際協力の現場では、問題を解決していくためには、具体的なプロジェクトを立案し、実施していく必要があります。

　そこで、私の授業では、途上国が直面している特定の課題を解決するための協力プロジェクトを学生自身が立案し、具体的な活動を考え、最後は、皆の前で発表するという演習の時間も

2　一例として、JICAの中小企業・SDGsビジネス支援事業があります。

設けています。同時に、プロジェクトの評価項目や手法についても学び、高い評価になることを前提に、プロジェクトを作っていくことになります。ここでは、プロジェクト形成の段取りと視点について、その概要を紹介します。

　国際開発の分野でプロジェクト形成の手法が、大きく変わり始めたのは1990年代で、参加型案件形成が強調されるようになりました。案件形成と言えば、従来は、政府の役人や専門家が案件を立案し、作成することが主流でした。しかし、継続的に成果を出していくには、プロジェクトが現地の人に広く受け入れられ、関係する人達の全員がプロジェクトに関与し、プロジェクトの立案段階から、多くの人が参加していくことが重要との考え方に変わっていきました。元々はドイツで発達した手法とも言われ、それを日本の援助機関も学んでいきました。参加型の立案を進めることで、多様な視点が考慮され、結果的に、より良いプロジェクトになります。疎外されがちな社会的弱者や女性の意見、少数民族や先住民族の意見や視点も、十分に取り込んで、案件形成をしていくことが必須になっています。これは、もちろん「誰一人取り残さない」というSDGsの精神にもつながるものです。また、全ての意見を完全に反映させることは難しいですが、皆からコンセンサス（基本的な了承）を得ながら案件形成を進めていくことも重要な点の1つになっています。

　では、プロジェクトの立案と評価について詳しく見ていきましょう。手順は、大きく以下の6つに分けられます[3]（図1）。

① 課題の洗い出しと、各課題の理解

　途上国での問題分析の調査や、案件形成については、必ず、

---

3 JICA国際協力総合研修所(2007)「JICA事業マネジメントハンドブック」、一般財団法人国際開発機構 (FASiD)のPCM（プロジェクト・サイクル・マネジメント）手法と筆者の経験に基づく。

複数の専門家が集まり、学際的な視点を持って行います。例えば、開発途上国のある村では、小学校に通えない児童が多くいることが問題だとしたら、その根本的な問題を、教育の専門家だけによって分析するだけでは不十分です。経済的な理由、社会的・文化的な理由なども関係している場合が多くありますので、異なる分野の専門家が、その課題を分析していく必要があります。

　この授業では、グループで協議することにより、多角的な視点で問題分析をしていけるような場としています。従って、学生は、自分達の関心がある開発途上国の国レベル、または地方自治体レベルで起きている課題を見つけ、調べていきます。

　環境の分野であれば、河川の水質悪化や悪臭などが、よく取り上げられる問題です。留意すべき点は、ある一つの課題は別

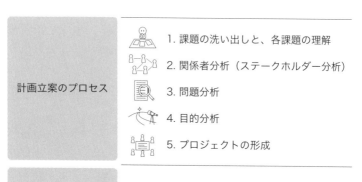

計画立案のプロセス	1. 課題の洗い出しと、各課題の理解
	2. 関係者分析（ステークホルダー分析）
	3. 問題分析
	4. 目的分析
	5. プロジェクトの形成
モニタリング・評価	6. プロジェクトの評価

図1　プロジェクトの計画立案から評価までのプロセス[4]

---

4 JICA国際協力総合研修所(2007)「JICA事業マネジメントハンドブック」、一般財団法人国際開発機構 (FASiD)のPCM（プロジェクト・サイクル・マネジメント）手法と筆者の経験に基づき作成。

の分野の課題と関連している場合が往々にしてあることです。例えば、河川の水質悪化は、直接的には、工場からの未処理の排水が問題だとすると、そこに焦点を当てて対策を取れば全て解決すると思うかもしれませんが、実際には、水質をモニタリングすべき政府機関の人が、給与が低いので、工場から賄賂(わいろ)をもらって未処理の排水については黙認するということもありえます。その場合は、政府機関の人が、標準的な生活を営めるような政府内での給与改革や、公務員改革なども必要となってくるでしょう。

さて、課題の洗い出しが終われば、それぞれの課題がどのような問題を引き起こしているのか、また原因はどこにあるのかを理解していきます。実際にプロジェクトを作成する際には、現地を訪れて現場の様子を確認したり、政府関係者や現場を知る人から直接話を聞いたりします。授業ではそれができないので、公表されている報告書など、文献資料をもとに調べます。

② 関係者分析（ステークホルダー分析）

続いて、プロジェクトに関係する人々、及びその影響を受ける人々を見つけ出し、分析します。プロジェクトに関係する人達を「ステークホルダー」と呼びます。ある地域で、未処理の工場排水や家庭排水によって河川が汚染されているとしましょう。この河川の水質を改善するプロジェクトを立ち上げる場合、ステークホルダーとして考えられるのは、工場で働く人たち、工場や河川周辺に住む住民、水質基準を制定している政府やそれをモニタリング（監視）している地方自治体、河川を管理している政府機関などです。加えて、もし近くに学校があれば教職員や生徒、保護者の行動が河川の汚染にどう関与しているのか、またその改善によって彼らの生活がどのように変わるのかを考える必要があります。いずれにしても、プロジェクトの実施に

よって不利益を被る人が出ないよう、広く綿密に関係者分析をしていくことが重要です。

③問題分析

次に、課題の洗い出しを通して明確になった問題について、詳しく分析していきます。実際のプロジェクトでは、現地を訪問し、関係する政策や経済社会状況を分析します。授業ではそれができないので、文献資料を読んだり、現地で働いた経験のある専門家やNGO（非政府機関）スタッフから話を聞いたりして、情報を集めます。

問題分析で重要なのは、想定される原因を全て書き出すことです。具体例として、ここでも河川の水質悪化を取り上げます。対象地域で問題となっている河川の汚染について、大きく3つの要因が見つかったとします。1つ目は未処理の工場排水、2つ目は農地で使われた農薬や化学肥料が多く含まれた農業排水、3つ目は未処理の家庭排水です。

汚染要因を特定した後は、それぞれの状況を引き起こしている原因を更に探っていきます。1つ目の工場排水に関しては、地方自治体による水質のモニタリングが定期的に実施されていない可能性が考えられます。2つ目の農業排水については、肥料が過剰に使われているのかもしれません。その場合は、適切な指導がきちんと行き届いていないことが問題となります。では、なぜ農業の教育が十分に施されていないのか。その原因を追求すれば、専門家の不足や知識の欠如など、様々な事情が明らかになるはずです。3つ目の家庭排水では、下水処理場の有無や稼働状況が論点になるでしょう。

④目的分析

問題の所在がはっきりしたら、今度はその問題が解決された時の望ましい状態について考えていきます。これまで取り上げ

てきた河川の例では、「河川の水質が悪化している」ことが問題
でした。そこで、プロジェクトが目指しているのは、「河川の水
質が環境基準値内に保たれている」状態ということになります。

　では、河川の水質を望ましい状態にするには、どのような対
処が求められるのでしょうか。より具体的に見ていくために、
問題分析で特定した3つの要因——工場排水、農業排水、家庭排
水——それぞれについて目的を分析していきましょう。1つ目の
工業用水では、汚染された排水が適切に処理され、環境基準値
内で排出されるのが望ましい状態です。そのためには、工場内
に汚水処理施設を設置し、適切に運営することが欠かせません。
2つ目の農業排水については、近隣の農地で肥料や農薬が適切に
使われている状態が望ましいでしょう。そこで、農業指導員が
肥料や農薬の使い方を適切に指導する必要があります。3つ目の
家庭排水に関しては、排水が管渠を通って下水処理場で適切に
処理されている状態が理想です。よって、そのために管渠への
接続と下水処理場の設置、及びその設備の適切な運営が必要に
なります。

⑤プロジェクトの形成

　目的分析をしていくと、どのようなアプローチでプロジェク
トを作っていくと良いのかが徐々に見えてきます。先述の河川
の例でいえば、工場排水、農業排水、家庭排水という3つの汚染
源に関して、それぞれ目指すべき状態が明確になりました。全
ての目的を1つの機関による支援で達成するのが難しい場合は、
他の機関や組織と協働できないか検討します（これを「援助協調」
と言います）。

　他の機関と一緒にプロジェクトを作り上げていくことも非常
に重要です。この援助協調の可能性についても、学生たちが、
自分達の調査などをベースにして探っていきます。

例えば、ある国では、支援の規模が大きくなるので、JICAの
みの案件では、河川の水質改善ができないと結論づける場合は、
一緒にプロジェクトを実施できる組織や企業がないかを学生が
調べます。教室内の演習が中心ですので、実際の組織に、援助
協調を打診するまでにはいきませんが、このように協調の可能
性を考えていくことも学生にとっては有意義な経験になります。
過去には、ある非営利組織との協調を考え、実際にインタビュ
ーをした学生達もいて、更に学びを深めていました。

　プロジェクトの形成時、極めて重要なのは環境と社会への配
慮で、私が、特に強調している点です。上述の「授業内容の紹介」
の段落で、開発プロジェクトは、常に、プラスの成果を生む可
能性も、マイナスの影響を与えるリスクも抱えていると述べま
したが、まさに、そこに関わる核心の部分です。この環境社会
配慮を厳格に、また適切に実施していないと、たとえ、生活の
改善を目指したプロジェクトであっても、マイナスの影響が出
てしまい、結果的には、現地住民にとっては、かえって生活状
況が悪くなってしまうということも、起こり得ます。これは、
実は、国際機関や援助実施機関が、過去の経験から得た教訓で
もあります。よって、当然ながら、これらのリスクを、事前に
いかに回避していくかが重要な点となります。

　皆さんも、想像がつくと思いますが、例えば、住まいの近く
に火力発電所が建設されることになったら、どうでしょうか。
大気汚染はないか、騒音はないか、水質は変わらないかと、と
ても心配になりますよね。途上国でも同じことです。ですので、
火力発電所、水力発電所、道路、鉄道、港湾、大規模な灌漑施
設など、環境や社会に大きな影響を及ぼしやすい事業を行う際
には、十分に注意しなければなりません。プロジェクトによる
環境へのマイナスの影響は、施設の建設工事や建設されたこと

により生じうる大気汚染、水質汚染、生態系への悪影響などが考えられます。これらの影響が出ないよう、回避するようにプロジェクトを企画し、実施していく必要があります。

　また、どうしても回避できない場合は、その影響を最小限にし、損失した部分を再生していく必要があります。社会的な配慮についても同様で、現地に居住する人々、及び少数民族や社会的弱者などの生活に、マイナスの影響が出ないようにプロジェクトを企画し、実施していく必要があります。また、建設予定になる場所に住んでいた人たちは、移住を余儀なくされますので、その場合は、移住についての適切な支援と補償を、現地政府が提供する必要があります。

　国の開発や発展のために実施されるプロジェクトは、当然、必要な事業ですが、実施については、経済的な効率性のみを考慮してアプローチを決めていては、その国や地域に住む人々にとって、真に有意義なプロジェクトにはならないでしょう。その土地で生活する人たちの生計、及び自然環境の保全と持続可能な利用をしっかりと考慮した上で事業を実施していく、または支援していく。まさに、創価大学経済学部が重視する人間主義的な視点こそが、国際的にも、JICAでも実践しているプロジェクト形成の要なのです。参考までに、JICAは2010年に「環境社会配慮ガイドライン」を策定し、2022年は4月には、改訂版のガイドラインが施行されていますので、それに基づき、プロジェクトの環境と社会面に関する配慮を実施し、プロジェクトによる負の影響を回避すべく、日々、関係者が努力しています。

⑥プロジェクトの評価

　ここまでできれば、プロジェクト形成の半分以上を学んだことになりますが、もう1つ大事な点は、プロジェクト評価についてです。基本的には、プロジェクトの実施期間中はモニタリ

ング[5]を行い、終了後に、どのようなインパクトがあったか、成果がどうであったかなどを客観的にかつ包括的に評価します。同時に、プロジェクトの形成時にも、実際に評価されるべき事項を、適切に考慮しプロジェクトが形成されているかを確認します。

この評価については、国際機関であるOECD（経済協力開発機構）/DAC（開発援助委員会）が推奨している「評価6項目」を、JICAをはじめ多くの援助協力機関は活用しています。その評価項目は、妥当性（relevance）、整合性（coherence）、有効性（effectiveness）、インパクト（impact）、効率性（efficiency）、持続性（sustainability）の6項目です。例えば、プロジェクトの形成時は、そのプロジェクトが、その国にとって、政策面から見て「妥当か」を考慮します。プロジェクト終了時であれば、政策の推進という面から見て「妥当だったか」を評価します。こちらの評価項目は、政策面とプロジェクトレベルとの両側面を簡潔に評価できるようになっています。

授業の演習では、学生に、ここまでを確認してもらい、プロジェクトの提案として、発表してもらいます。聞いている学生は、

プロジェクトの評価6項目	○妥当性	○インパクト
	○整合性	○効率性
	○有効性	○持続性

図2　プロジェクトの成果を検証する評価6項目[6]

---

5 プロジェクト実施期間中に行うモニタリング（進捗確認）のため、通常はモニタリング計画を作成しますが、本授業では割愛しています。
6 OECDの評価指標及びJICAの評価制度に基づき作成。

このプロジェクトの実施を支援するか、プロジェクトの実施によって所期の目的を達成できるか、また、プロジェクトのアプローチとして工夫した点、改善した方が良いと思う活動などを考え、グループ内で討議します。最終的には、これらのコメントを発表したグループとも共有し、発表したグループは、それらのフィードバックを得て、更にプロジェクトの内容を改良していきます。

学生が作成したプロジェクトの事例紹介

　参考までに、これまでの学生が、5〜6人が1グループになって形成したプロジェクトのいくつかを、タイトルのみですが、提示しておきます。
　　○コンゴ民主共和国における生活用水アクセスの改善
　　○ガンジス川下水処理場建設プロジェクト
　　○東ティモール農業生産性向上のためのバイオ技術普及プロジェクト

プロジェクトの計画案を検討する学生たち

○ミャンマー、チン州における土壌改良プロジェクト
　○フィリピン、ケソン市におけるごみ処理に関するインフォー
　　マルセクターの雇用創出事業

　上記のタイトルを見てもわかる通り、学生たちは、自分たちで、
世界の課題を調べ、文献調査をしながら、様々な解決案を含む
プロジェクト形成の経験を積んでいることがわかります。私か
ら、学生へのフィードバックは、細かい改善点は別として、「現
地で調査することなく、よくここまでプロジェクト形成を頑張
りました！」という評価です。プロジェクトの内容については、
皆さんも関心を持たれたと思いますので、ぜひ、授業を履修して、
ご自身で経験を積んでもらえればと思います。

4. 最後に一言：人間主義経済と、その実践の心構え

　学期が終了する最後の授業で、私が、いつも強調することが
あります。それは、あらためて、途上国が、それぞれの開発目
標に向かって実施するプロジェクトに対する、私たち先進国の
「協力」の考え方や姿勢です。本学創立者である池田大作先生は、
アフリカ北東部に位置するジブチ共和国のグレド大統領（当時）
について語った随筆の中で、次のように書かれています。

　「遅れた国を『助けてあげる』のではない。（中略）同じ人類の
一員として、『ともに生きる』のだ。同じ人類として、アフリカ
の人々は、困難な挑戦を続けている。ならば私たちも、苦しみ
を『ともに生きる』べきであろう。世界市民であるならば[7]」

---

7 「聖教新聞」1997年4月6日付。池田大作『私の世界交友録Ⅱ』（読売新聞社、1998年）所収。

私は、この言葉を聞いた時、池田先生の「協力」に対する考え方について、先見性と謙虚さを感じると共に、強い感銘を受けたことを覚えています。私自身、国際援助、国際協力の分野で長く仕事をしてきましたが、このような考え方をして援助事業を実施している機関は、1997年当時は、まだほとんどなかったからです。当時は、既に発展した国である先進国が、途上国の開発を「支援する」という考え方が主流でした。同時に、「支援」ではなく、途上国の自主性を醸成、尊重しつつ、先進国も一緒に開発のための活動をやっていく、即ち、「協力する」と方向転換していく必要があるとの議論も、国際的に進み始めた時期でもありました。

　当時、開発援助に関わる職場にいた私にとって、池田先生が、「遅れた国を『助けてあげる』のではない」「私たちも、苦しみを『ともに生きる』べきであろう」と主張されたことは、本当に衝撃的であり、まさに、国際協力は、この「ともに生きる」の精神で実施すべきだと、あらためて感じ、その時以来、これが私の国際協力に対する根本姿勢にもなっています。最近では、「パートナーシップをもって実施する」「協働して」という言葉は、一般的に広く使われるようになりました。2015年に採択されたSDGsでも、パートナーシップは強調され、目標17(パートナーシップで目標を達成しよう)にもなっています。

　このような時代の流れを考えると、SDGsの達成は、〝ともに生きる〟という「共存、共栄」の視点を根本に、皆で持続可能な社会に向けて努力し、既存の価値観を変えていくことと言えます。その実現に向け、より多くの人たちに、創価大学で国際開発協力論の授業を通して、人間主義経済の考え方を学んでいただけることを期待します。

　そして、最終的には、現実の困難な課題を乗り越え、全ての人々

が人生を謳歌していける持続可能な社会の構築に貢献する「世界市民」が輩出されていくことを強く念願し、私自身も、その人材育成のために尽力してまいります。

参考文献

アマルティア・セン, 鈴村興太郎訳 (1988)『福祉の経済学——財と潜在能力 (Commodities and Capabilities)』, 岩波書店

アマルティア・セン, 東郷えりか訳 (2006)『人間の安全保障』, 集英社新書

Amartya Sen, 1999, *Development as Freedom*, Anchor Books.

池田大作 (1998)『私の世界交友録Ⅱ』, 読売新聞社

国連開発計画 (UNDP) (1990)『人間開発報告書 1990年』, UNDP

下村恭民, 辻一人, 稲田十一, 深川由起子 (2017)『国際協力：その新しい潮流　第3版』有斐閣選書

Ｄ・Ｈ・メドウズ他著, 大来佐武郎監訳 (1972)『成長の限界：ローマクラブ「人類の危機」レポート』, ダイヤモンド社

OECD評価のホームページ (OECD Evaluation Criteria)
https://www.oecd.org/dac/evaluation/daccriteriaforevaluatingdevelopmentassistance.htm

第**14**章

アフリカ経済を知り
学ぶほど、
世界の課題が
立体的に見えてくる

〈アフリカ経済論〉

創価大学 副学長・経済学部 教授
西浦昭雄

SDGsとの関連性［GOAL 1,2,3,4,5,6,7,8,9,10,16］

1. アフリカ経済論を学ぶ意味

(1) SDGs達成はアフリカにかかっている?

　アフリカ経済論を学ぶ意味を2つの視点から紹介します。1つ目は、「アフリカ問題の解決なくして世界の平和や人類の幸福はない」と捉え、アフリカが抱える現実を世界全体の課題として理解していくという視点です。経済格差、失業問題、食料不足、紛争、汚職、伝染病、森林破壊、自然災害等、世界的な課題がアフリカに集中しており、別の見方からすると、SDGs（持続可能な開発目標）の達成はアフリカにかかっているともいえます。いろんな場所でSDGsの17のゴール達成に向けた取り組みが展開されています。そのSDGsの根底にあるのは「誰一人取り残さ

図1　アフリカ国名地図

ない」という理念です。

　例えば、第1のゴール「貧困をなくそう」について考えていきましょう。世界銀行は1日1.9ドル未満で暮らすことを貧困と定義しました。地域別でその割合を見ていくと最も高いのがアフリカです。アフリカには54の独立国がありますが、そのうち北アフリカ諸国を除く49カ国を「サブサハラ・アフリカ」と一括りで扱うことが多くあります。2020年になってもサブサハラ・アフリカの貧困者の割合は、40％を超えています。SDGsの前にMDGs（ミレニアム開発目標）がありました。そこでは世界の貧困者の割合を半減しようとしました。中国やインドといった新興国の経済成長が引っ張る形で、世界全体としてはその目標を達成しましたが、半減には遠く及ばなかったのがアフリカでした。

(2) アフリカに世界の危機を乗り越えるヒントがある？

　アフリカ経済論を学ぶ意味の2つ目は、「世界が直面する危機を乗り越えるヒントをアフリカに見いだそう」と考える視点です。日本においても相対的貧困や経済格差の拡大が課題となり、新型コロナウイルス感染症が私たちの生活に大きな影響を与えました。2022年2月のロシアによるウクライナ侵攻は、平和を維持するのが容易ではないことを私たちに突きつけました。温暖化をはじめとする地球環境問題の抜本的な解決策が見いだせず、未来の世代は生存の危機すら感じています。

　南アフリカでは、マンデラ元大統領のリーダーシップのもと内戦を回避し、民主化を達成しました。ケニアのマータイ博士が推進した「グリーンベルト運動」は、持続可能な開発や女性のエンパワーメントといった時代のキーワードを先取りしたものとして高く評価されました。アフリカの人々に脈打つ「楽観

主義」「寛容性」「助け合いの精神」など多くの学ぶべき点があります。私もアフリカにいくと様々なトラブルを経験するのですが、「生きる力」を実感し、不思議と元気になって帰国してきます。

　日本でもアフリカの知恵から学ぼうとする動きがみられます。2010年に老舗の出版社である有斐閣から『アフリカから学ぶ』という本が出版されました。さらに、2018年には京都大学学術出版会から『アフリカの潜在力』シリーズ5巻本が出版されました。私は幸運にもそれらの本の一つの章を執筆する機会に恵まれ、感慨深いものを感じました。なぜなら、創価大学の創立者である池田大作先生は、1960年というかなり早い時期から「21世紀はアフリカの世紀」と呼ばれ、「アフリカから学ぶ」という姿勢の大切さを一貫して訴えられてきたからです。

　この章では、私たちが直面する危機のヒントがアフリカにあるという視点からアプローチしていきたいと考えています。そして、創価大学経済学部が掲げる「人間主義経済」とのつながりについても探索していきます。

2. 私にとってのアフリカ経済

　私にとってのアフリカとの出会いは、17歳までさかのぼります。関西創価高校に通っていた私は、黄熱病の研究のためにアフリカの現在のガーナを訪れた野口英世のエピソードを通した「人のために生きる人生こそが最高の人生」との創立者によるスピーチに感動し、それがきっかけとなりました。アフリカのエチオピアやスーダンで大規模な飢餓が発生していることが報道されていた時でしたので、食糧問題が経済学部を進学する動機にもつながりました。アフリカに関して日本語で書かれた書籍

を求め、公立図書館にも通いました。

　創価大学経済学部に進学後、「パン・アフリカン友好会」に入り、大学2年の時にその仲間2人とケニアとガーナを1カ月旅行しました。実際にみたアフリカの第一印象は意外と都会で、植民地時代の影響が大きく残っているというものでした。地方都市や農村にも訪問し、その違いにも驚かされました。当時のケニアは一党独裁政権で、ガーナは軍事政権下でした。大学院修士課程に進学した1990年には1年間ケニアのナイロビ大学に交換留学し、ケニアの工業化をテーマに研究しました。断水や停電が頻発し、複数政党制を求めて頻繁にデモが行われる動乱期でした。留学中にアフリカ9カ国を訪れたことは、アフリカにもいろんな側面があることを体験的に学ぶ機会になりました。さらに、博士課程在学中には2年弱、南アフリカのウィットウォータースランド大学に研究留学しました。

　1997年より創価大学で教員になり、2005年から「アフリカ経済論」を担当しています。創価大学に赴任してからは、日本の開発途上国研究のメッカともいえる日本貿易振興機構（ジェトロ）アジア経済研究所の10以上の研究プロジェクトに加わるなど、アフリカの貧困削減アプローチとして雇用問題や企業・産業に注目した研究をしていきました。

　アフリカに興味をもって40年近い年月が過ぎ、アフリカ20カ国に30回以上訪問したことになります。アフリカの有名なことわざに「アフリカの水を飲んだ人はアフリカに戻る」というものがあります。そのことわざには、実は「アフリカの毒にささった人はアフリカに戻る」というバージョンもあるのですが、私の場合は後者に近いかもしれません。

3. アフリカを通じて考える

（1）奴隷貿易や植民地支配の責任は今でもあるのか？

　奴隷貿易という言葉を聞くと、大西洋の「三角貿易」を思い浮かべる方が多いでしょう。16世紀以降、南北アフリカへのヨーロッパ人の入植と大農場での作物の栽培は、大量の労働力の需要を生み出しました。その結果、ヨーロッパからアフリカには製造業品が、アフリカから南北アメリカに奴隷が、南北アメリカ大陸からヨーロッパに農産物や鉱産物が運ばれ、交換されていったのです。1000万人以上が奴隷としてアフリカ大陸から運ばれたと考えられています。鎖でつながれ、病気をしたり抵抗をすると容赦なく海に捨てられました。求められたのが、過酷な労働に耐えうる男性労働力だったこともあり、一家の大黒柱が奪われるわけですから、大きな経済的な打撃を与えたことはいうまでもありません。

　それにも増して、ヨーロッパの奴隷商人は、武器と交換にアフリカ人に奴隷狩りをするようにしむけ、アフリカ人社会の対立をあおりました。信じられない話ですが、奴隷1人と鉄砲1丁が交換されていたといわれます。「黒人は劣っているという説」が奴隷貿易を正当化する手段として創作されていきました。1807年にイギリスが奴隷貿易を廃止してから順次廃止されていますが、映画『アミスタッド』（奴隷輸送船で起こった乗っ取り事件を映画化）に見られるような密貿易がその後も続き、奴隷制の廃止は1880年代までかかりました。宗教団体や人道主義団体の運動は奴隷貿易の廃止に影響を与えました。しかし、南北アメリカのプランテーション（大農園）での過剰生産抑制のために奴隷需要が減少したという経済的要因も強かったようです。その後、アフリカはヨーロッパ各国に植民地化されていきます。現在の

アフリカの独立国で植民地でなかった国はエチオピアとリベリアの2カ国のみです。独立運動を経て、1950年代半ばから10年ぐらいの間に独立のピークをむかえていきます。

奴隷貿易や植民地支配は歴史上の出来事でしょうか。実は現在においてもその責任をめぐりヨーロッパとアフリカで論争になっているのです。例えば、2001年8月に南アフリカで開催された反差別世界会議において、謝罪を求めるアフリカ側と拒否するヨーロッパ諸国との間で対立が見られました。責任があるとすれば賠償の話に結びつく可能性があるため、それを避けたいというのがヨーロッパ側の思惑でした。最終的には、「遺憾（いかん）」とする言葉で合意したとはいえ、根深い不信があると再認識させられました。

イギリスが奴隷貿易を禁止してから200年。多くのアフリカ諸国の独立から50年以上がたった今でも論争になるのは、その歴史的事実とともに、独立後も植民地経済の名残ともいうべきモノカルチャー（単一産品栽培）やモノエクスポート（単一産品輸出）構造から抜け切れず、相次ぐ紛争や経済停滞が続いたアフリカ諸国の不満が根底にあります。

（2）資源が豊かなのに？

アフリカは「産業のビタミン」ともいわれるレアメタル（希少金属）の宝庫で、工業製品を作る上で欠かせないコバルト、マンガン、プラチナは世界全体の半分以上を産出しています。資源の豊かな国は長期的に見て経済成長が停滞する上、汚職が多発し、民主主義の定着が遅れるという仮説を「資源の呪い」といいます。まさに、資源の豊かさが経済的な豊かさに結びつかないというパラドックス（逆説）です。エネルギー・鉱物資源に依存した経済は、国際的な価格変動で国全体の経済が大きく左右

されやすい傾向にあります。資源ブームの際には財政の無駄づかいが繰り返される一方で、資源価格の暴落は経済基盤の弱い貧困層を直撃します。さらに、こうしたエネルギー・鉱物資源の輸出に依存する国の為替レートは高めに推移し、製造業品、農業品の国際競争力の低下を招きやすのです。アフリカでダイヤモンドの産出国であるシエラレオネ、アンゴラ、コンゴ民主共和国などでダイヤモンド権益をめぐる紛争が続いたことから、「ブラッド・ダイヤモンド」「紛争ダイヤモンド」とも呼ばれました。

2004年にノーベル平和賞を受賞した環境運動家であるマータイ博士は、2006年に創価大学で記念講演をしました。そこでマータイ博士が強調していたのは、多くの紛争が資源をめぐるものであり、資源を適切に分配する「資源管理」の必要性でした。婚約指輪の代表格であるダイヤモンドのイメージを損ないかねないということから、原産地を証明することで不法取引や紛争との関与を排除するキンバリープロセス（不正に取得されたダイヤモンドの輸出入の規制を目的とした国際的な証明制度）が開始しています。

こうした資源管理の他にも資源の呪いを克服する手段として、原料の加工度を上げていくことも考えられます。原油のまま輸出するのではなく、製油施設をつくることで付加価値をつけて販売することが可能になります。ナイジェリアは石油輸出国機構（OPEC）にも加盟している世界的な原油輸出国ですが、製油所が少ないこともあり、ヨーロッパでガソリンに変えて輸入せざるを得ないという状況になっています。加工度を上げるという考え方は農産物にも応用できます。ウガンダのブリタニア社では、自国産のパイナップルを使って100％ジュースにして販売しています。パイナップルのままだったら日持ちがしないも

のが、ジュースや缶詰にすると長くもち、さらには製造業の発展にもつながります。

(3) 多言語を話せる環境はいいこと？

　30年も前にケニアに留学していた時のことです。一人で寮の食事を待っている時に、前で並んでいるケニア人学生同士の会話が自然と耳に入ってきました。最初は国際問題を英語で話し、途中から使っている言葉がスワヒリ語に変わり、最後には民族の言葉で誰かの噂話をしているようでした。ケニアの大学生になると英語、スワヒリ語、それぞれの民族の言葉（ケニアには42の民族があります）を使い分けることは聞いていたものの、ペアの会話で内容によって切り替わる光景は衝撃でした。その後、知り合いの夫婦同士の会話でも話題によって少なくとも３つの言語が切り替えられていました。複数の言語の使い分けができることは羨ましい限りですが、そうとも言い切れないようです。
　アフリカにある言語の数については諸説あります。国連開発計画が発行している『人間開発報告書』2004年版では、サブサハラ・アフリカで話されている言語の数が2632という説を紹介しています。人口規模でいうと2倍以上の南アジアが811、人口規模が約3倍の東アジア・太平洋諸国の言語数が2815であることを考えると、アフリカの言語多様性がわかります。人口規模の割には広大で高地が多いため、言語が枝分かれになっていきました。実際には、アフリカの人口の約85％は主要な言語を話しているといわれています。また、スワヒリ語（東アフリカ）、ハウサ語やフラニ語（西アフリカ）のようにアフリカの言語のいくつかは、リンガフランカ（広域共通語）として発展し、異なる第一言語を話す者同士のコミュニケーションの手段として使われています。

しかし、課題もあります。同報告書では、サブサハラ・アフリカで初等教育を受けている児童の中で、母語で教育を受けているのは13％にすぎないことが紹介されていました。これは、南アジアの66％、東アジア・太平洋諸国の62％と比べても明らかに低い数値です。

　また、教育面だけでなく、経済停滞と結びつける研究も見られます。それは、交渉、契約など取引にかかるコスト（これを経済学では取引費用と呼びます）が高いために、サブサハラ・アフリカにおける経済停滞の要因になっているというものです。

　現在、南アフリカ共和国には11の公用語があります。大部分の国民は複数の言葉を使っています。新聞社の調査で理解できる言語をチェックしたところ、最も多い言語でも人口の7割程度にとどまりました。日本語で初等教育から大学まで一貫して学べる日本という国は、アフリカの視点から見るとレアな存在といえるかもしれません。

（4）人口が増えるのは問題？　それとも潜在力？

　30年以上前に大学を卒業した際の私の卒業論文のテーマは「アフリカの人口問題」でした。今、人口急増による食糧問題等が危惧されていますが、卒論テーマをこれにしたのは私に先見性があったといいたいわけではありません。十分に勉強していなかった私でも、アフリカ経済にとって根本問題が人口増加であることは明白だったのです。1960〜2010年の50年間で世界の人口は約2.3倍、先進諸国の人口は約1.4倍増えました。アフリカの人口はそれらを大きく上回る3.6倍でした。人口増加率は、一般的に出生率と死亡率の差におよそ等しいと考えられています。世界銀行によると、アフリカの年平均出生率は1960年代が4.7％、1980年代が4.4％、2000年代が3.7％と少しずつ下がっ

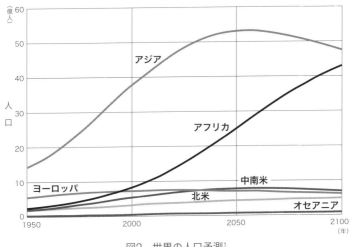

（億人）60

50

人口 40

30

20

10

0

アジア

アフリカ

ヨーロッパ

中南米

北米

オセアニア

1950　　　　　2000　　　　　2050　　　　　2100
（年）

図2　世界の人口予測[1]

ています。他方で、アフリカの年平均死亡率は、それぞれの期間2.2％、1.6％、1.3％でした。その結果、年平均の人口増加率は、2.3％、2.8％、2.3％でした。つまり、1960年代から1980年代にかけては、予防接種の普及や医療サービスの向上により、死亡率の減少スピードが出生率のそれを上回ったため、人口増加率が上昇したのです。その後、都市化の進展や家族計画の普及もあり、出生率の増加スピードが鈍ったため、人口増加率は2.3％に低下しました。

　女性が平均して生涯にどれだけ子どもを出産するかという数値が合計特殊出生率というものです。2.0を切るといずれは人口減少社会になると考えられる指標で、日本では1.3（2021年）で

1　出所：United Nations, World Population Prospects 2019より作成。
　　https://www.jircas.go.jp/ja/program/proc/blog/20210708_0

す。1970〜1975年のアフリカの合計特殊出生率は6.7で、アジアの5.1を大きく上回っていました。2000〜2005年には、それぞれ4.9、2.5とその差が大きく開きました。アジアの人口は2060年頃から減少すると予想されていますが、アフリカの人口は2100年頃まで増加しつづけ、40億人を超えると予想されています。

　日本では65歳以上の人の比率が増え、14歳以下の子どもの比率が減り、少子高齢化が進んでいます。日本では14歳以下の子どもの比率が約15％であるのに比べて、アフリカでは40％を超えています。また、日本では、15歳から64歳までの働く年代の人々（労働力人口）の比率が約68％であるのに対し、アフリカでは約53％であることから、人口の半分が残りの半分を養っていることになります。

　では、なぜアフリカの人口増加が続くのでしょうか。家族計画の浸透不足、女性の教育機会の不足、男性優位社会、社会保障の不足等の要因が考えられます。最後の社会保障の不足というのは、老後の年金制度や失業保険、健康保険が十分に発達していないため、子どもを「安心の頼り先」にするとの説からきています。実際には、これらの要因が重なりあっていると思われますが、人口を増やさないようにという呼びかけだけでは、不十分であることは確かです。

　いずれにせよ、これだけ子どもの比率が多いということは、教育施設面での負担が大きく、さらに数年後には新規労働者になっていくわけですから、雇用が増えなければ失業問題を悪化させることは明らかです。逆にいえば、それらの課題を解決できれば、アフリカには大きな潜在力があるといえます。

4. アフリカを通して世界を知る

(1) 携帯電話での送金はアフリカが先進的？

　携帯電話を通じて気楽にお金のやり取りができる。これは日本の話ではなく、すでに15年も前からケニアで実現されているM-PESAの話です。PESAというのは東アフリカの共通の言葉であるスワヒリ語で「お金」です。したがって、M-PESAはモバイル・マネーといったところでしょうか。日本では郵便局が各地にあり、読者の方の近くにもあると思います。コンビニにもATMがあります。ケニアの農村においてはそういった金融機関は身近な存在ではなく、村の実家にお金を送るのは一苦労でした。知り合いに頼んだり、時にはミニバスの運転手にも託したりすることがあったようです。ウガンダとタンザニアのビール会社を調査した際にも、ビールを納品するトラックが強盗の標的になっていたことも聞きました。

　国際電気通信連合によれば、アフリカにおける携帯電話浸透率は2013年に66％に達しました。2005年に12％であったことや貧困人口を考えれば驚異的な伸び方です。先進国では、固定電話が普及した後に携帯電話が広がりましたが、アフリカでは2000年頃には携帯電話の回線数が固定電話を上回りました。2010年にウガンダの農村を訪れた際、電気が通っていない地域に行っても携帯電話が普及し、農民同士が携帯電話を通じて肥料の価格や販売価格の情報を交換していました。電気が通っていない地域で携帯電話が使えるのは不思議ですが、携帯電話の基地局が設置されていたので、町に行った時やソーラーパネルを使って充電していました。

　こうした携帯電話のアフリカへの普及は新たなニーズの掘り起こしをしたのです。2007年にケニアで誕生したM-PESAは、

代理店（日本のコンビニにあたる「キオスク」など）で現金と引き換えにコードを受け取り、携帯電話を通じて送り、受取先で換金できるシステムです。これは便利ということで瞬（またた）く間に普及し、大手銀行もそれにのってきて新しい顧客を増やしました。携帯電話を通じた貯蓄もできるようになり、送信履歴が一つの信用となって融資もできるようになりました。私が教えていたガーナからの留学生も本国への送金に頻繁に利用しているといっていました。他のアフリカ諸国にも広がり、先進国から調査団を送ってその仕組みを知ろうという動きもありました。こうしたテクノロジーの発展により、大きく変化を遂げることを「リープ・フロッグ（カエル跳び）現象」といいます。

(2) インフォーマル・セクターとはどんな存在？

　開発途上国、なかんずくアフリカ経済を理解する上で難しいのがインフォーマル・セクターの存在の大きさです。インフォーマル・セクターとは、政府の規制を受けないさまざまな経済活動を指し、露天商や自給自足農家、時には非合法組織も含まれます。簡単にいえば、登録をされておらず、おそらく法人税の対象になっていない部門のことです。

　国際労働機関（ILO）は、サブサハラ・アフリカにおけるインフォーマル・セクターの雇用は非農業雇用の70％を占めると推計しています。ガーナでは、就業人口の9割近くがインフォーマル・セクターに従事しているという推計もあります。また、世界銀行等の推計によれば、2003年の国民総所得（GNI）に占めるインフォーマルの割合は、サブサハラ・アフリカ平均が42％で、60％を超えている国もありました。アフリカのインフォーマル・セクターは、①商業活動が主である、②本人のみでの操業（つまり従業員がいない）が大部分を占める、③女性の割合が

高い、④低賃金、長時間労働など労働環境が悪い——などがあげられます。インフォーマル・セクターは、雇用を生み出し、失業や貧困の問題を緩和させている反面で、経営基盤は弱く、継続性に課題があるといわれています。さらに、納税をしないことは政府の財政基盤の弱さにもつながっています。多くのアフリカ政府は、インフォーマル・セクターの企業をフォーマル化することを促し、時には露天商を強制排除するなどの強硬手段にでています。しかし、フォーマル化は思ったほど進展していないのが実情のようです。

　私がザンビアにおいて2018年頃に小規模食品加工企業に訪問調査を行った時も、企業登録することでスーパーマーケットなどフォーマル市場での取引や金融機関から融資を受ける際の前提条件を満たすことにつながる反面、企業登録の手続きが煩雑である、費用がかかる、インフォーマル・セクター企業との競争等の課題が大きいことがわかりました。

(3) なぜ中国がアフリカに進出するの？

　2000年代に入ってから、アフリカのエネルギー・資源の獲得を目指しての中国のアフリカ進出は大きな注目を浴びてきました。「世界の工場」として高度経済成長を続けてきた中国にとって、エネルギー源の安定的な確保は至上命題だったからです。そこで、国家首脳がアフリカ各国を訪問し、石油採掘権確保を目指した資源外交を積極的に行ってきました。2000年からは3年おきに中国・アフリカ協力フォーラムを開催しています。

　中国からアフリカへの直接投資額は、2003〜2010年の間に28倍に増加しました。また、中国によるアフリカからの原油輸入量は1998年からの10年間で25倍になり、中国の原油輸入額に占めるアフリカの割合は同期間に8％から30％に増加しました。

中国のアフリカへの投資はエネルギー・資源分野にとどまらず、建設・土木、製造、中古自動車販売、情報通信、ホテル・飲食業と幅広いのも特徴です。中国の広州（こうしゅう）が中古自動車販売など、アフリカを結ぶセンターになっており、多くのアフリカ人がその周辺を拠点としています。国連貿易開発会議（UNCTAD）の『世界投資報告』2021年版によると、2019年のアフリカにおける直接投資残高（ストック）が最も多かった国はオランダで、イギリス、フランスと続き、中国が4位でした。残高というのは累積した投資ですので、歴史的にアフリカとの経済的な結びつきが深いヨーロッパ諸国の一角に中国が入ってきたことを示しています。

　さらに、中国からアフリカへの移民や労働者が増えています。正確な数は誰にもわからないのですが、100万人に達しているといわれています。これだけ多くの中国人がアフリカに行くと、それをサポートするビジネスも増えていきます。私もアフリカの各地で建設現場や衣料製造工場で中国出身と思われる労働者・技術者をよく見ました。ウガンダでは、中国料理が朝食に付いている中国資本のホテルに宿泊したこともあります。2005年にモザンビークの首都マプトで20階建てぐらいのビルを所有する中国の建設会社にインタビューしたことがありました。1、2階がスーパーマーケットで主に中国から輸入した日用品を販売し、3階以上をオフィスやマンションとして貸し出していました。私が話したのは、中国出身のスーパーマーケット部門の責任者でした。ケニアで経験を積み、ポルトガル語ができるということでモザンビーク支店に異動したとのことでした。数年後、独立し、マプト郊外に金属加工業を起業したとのメールを彼から受け取りました。

(4) 農業発展はアフリカ経済の土台？

　アフリカ経済を語る上で、農業・食料の観点も不可欠です。アフリカの労働人口の6割近くが農業に従事しながらも、食料の輸入国が多いのが現状です。アフリカはカカオ、コーヒー、紅茶などの世界的な産地になっています。これらは換金作物と呼ばれ、植民地時代から輸出用として栽培されていました。しかし、トウモロコシ（メイズ）、米、小麦など穀物生産の基盤は弱く、人口増加のスピードに生産が追い付いていかずに食料の輸入が増えているのです。2008年に世界的に食料価格が上昇した時は、アフリカの貧困層に打撃を与えました。アフリカでは土壌条件が厳しい地域が多いのに加えて、ダムやため池、水路といった灌漑設備が不足しており、雨が少ない干ばつの年には農産物の生産が減少します。また、流通システムが十分に整っておらず、せっかく生産できても市場まで未整備の道路で運ぶことができず、貧弱な貯蔵施設で腐ってしまうこともあります。

　化学肥料を多く使うことで生産を向上させるといわれます。しかし、肥料価格が高く、いつ干ばつが起こるかわからない高いリスクの中では肥料投入が増えず、土地生産性が低迷しています。アフリカの弱い農業基盤は、都市の農産物価格を押し上げています。その価格の高騰が製造業の平均賃金を引き上げ、バングラデシュやカンボジアと比べても高く、製造業の投資が国際社会から入りにくい要因にもなっています。つまり、アフリカにおける農業投資を増やし、いかに生産をアップするかは、アフリカ経済にとって大きな鍵を握っているといえるのです。そのため、国際機関や政府とともに、民間企業による農業投資も注目されています。他方で、土地収奪への危惧や現地農民が追い出されるという問題点も指摘されています。

　私は2010年からウガンダやタンザニアの農村を訪れ、大麦農

家がどういう形で生産し、ビールの原料として、外資系のビールメーカーとどのように契約栽培をしているかについて理解するため、農家に話を聞きました。また、農業組合の方々やメーカー、買い付けの仲買人など、ビールが原料段階からどう加工されていくかというサプライチェーン（一連の経済活動）に関する研究をしていました。農家にとっても従来以上に現金が必要になり、いろいろ工夫しながらやっていることがわかりました。農家は、単に大麦だけ作っていると、天候不順によって大麦ができないと生活が苦しくなるため、食料安全保障という観点からか複数の物を同時に作っていました。そうすることによって、天候や害虫による被害に遭っても他の物で何とかやっていけるわけです。

　また、契約栽培だけでは大麦を十分に調達できないと思ったビール会社が、協同組合から長期間農場を借り、大麦の生産を増やしていった矢先に、土地収奪を心配した協同組合側から一方的に農地の縮小を通告されるといったことにも直面していました。どこにいっても信頼関係の構築は大切だと痛感しました。

　アフリカの農業は肥料をあまり投入しない農業であると述べましたが、別の見方からすると化学肥料や農薬を使用しないオーガニック（有機農法）に可能性があるともいえます。ウガンダでは、オーガニック・コットンを使用したワイシャツを先進国に輸出している例も。ザンビアでオーガニック蜂蜜を輸出している企業を訪問し、その強みをいかしていることも知りました。

5. アフリカと私たち

　最後に、長年にわたり「アフリカ経済論」の授業を担当してみて思うことを端的に2つ紹介します。1つ目はアフリカのこと

を知る努力、理解する努力です。インターネットでアフリカの
ことを検索するといろんな情報が入ってきますし、現地の新聞
でも日本にいながら読むことができます。しかし、ニュースサ
イトの主要トピックにアフリカ諸国のことがでることは稀です
し、アフリカ産の農産物や鉱産物を知らないうちに使っていま
す。アフリカのことを知る努力、理解する努力を少しするだけで、
アフリカがぐんと近くなっていくと思います。

　2つ目は、哀れみではなく、共生という考え方です。創立者の
池田先生は随筆の中で、アフリカについて次のように述べられ、
私も深く共感しています。

　　奪われても、奪われても、命の陽気な鼓動を失わなかった
　アフリカのエネルギーに、強さに、英知に、「世界が学ぶ」時
　が来たのだ。遅れた国を「助けてあげる」のではない。その
　心は、「未開人を導いている」と称した植民地主義者に通じて
　しまう。同じ人類の一員として、「ともに生きる」のだ。同じ
　人類として、アフリカの人々は、困難な挑戦を続けている。
　ならば私たちも、苦しみを「ともに生きる」べきであろう。
　世界市民であるならば。(「聖教新聞」1997年4月6日付)

　私は、創価大学経済学部が目指す「人間主義経済学」を「人
類が幸福になるためを中心に据えた経済学」と捉えています。
アフリカ経済を知り学ぶほど、世界の課題が立体的に見えると
ともに、人間主義経済学のヒントも与えてくれていると感じて
います。アフリカ経済論を深めていきましょう。

参考文献

北川勝彦・高橋基樹編（2014)『現代アフリカ経済論』ミネルヴァ書房

「人間主義経済学」とは何か？

―池田大作の大学論・学問論から考える―

〈人間主義経済学〉

創価大学経済学部 教授

勘坂純市

「人間主義経済学」とはなんだろうか？　その答えを見つける
のは、結構大変だ。世の中には、○○経済学というのはたくさ
んある。今の経済学の主流派は、新古典派経済学だろう。また、
制度派経済学、進化経済学なんてものもある。さらに、ケイン
ズ経済学、マルクス経済学と、特定の経済学者の名前を冠する
経済学もある。こうした経済学と比較した場合、人間主義経済
学はどのような経済学と言えるのか？

　この章では、人間主義経済学を提唱した池田大作（創価大学創
立者）の大学論・学問論を手掛かりにして、その意味するところ
を考えてみたい。もちろん、人間主義経済学をどのように考え
るかは、論者によって異なるだろう。ここでの目的も明確な定
義のようなものを与えることではない。しかし、その提唱者が「人
間主義経済」にどんな意味を込めていたかを考えてみることは、
今後の研究にとっても、一つの指針になるだろう。

1. 「創造的人間たれ」「学生中心の大学」

　1969年5月3日に行われた講演で、池田は、2年後に開学を予
定していた創価大学では、「人間主義経済の研究、すなわち資本
主義、社会主義を止揚（編集注：対立と闘争の過程を通じて高い次元
の答えを導き出すこと）する、人類の新しい経済のあり方について、
理論的・実践的な研究もしていったらどうかと思う」と述べ
た[1]。これがいわゆる「人間主義経済学」の淵源（えんげん）といわれている。
この時、池田は、創価大学について、その他いくつかの構想を
語っている。まずは、この講演も含め、池田が創価大学開学当

1　池田大作（1969）「創価大学設立構想」創価大学・池田大作記念創価教育研究所編（2022）
　『創立の精神を学ぶ』第3版, 17頁

時から、どのような大学論を展開しているかを確認しておこう。回り道のように見えるかもしれないが、それが、彼が提唱した「人間主義経済の研究」の意味を考えるために、不可欠の作業だと考えるからだ。

池田は、まず、学生一人ひとりの可能性を開いていくことが大学の生命線であることを強調する。

彼は、創価大学の建学の精神の第一に、「人間教育の最高学府たれ」を掲げた[2]。「人間教育」の一つの意味は、学生一人ひとりの可能性を信じ、その可能性を開花させていくことだ。池田は、創価大学第3回入学式（1973年4月）で、学生たちに「創造的人間たれ」と呼び掛けた。彼は、そこで、ルネサンスの源流となった中世ヨーロッパの大学、さらには、インドのナーランダー、ギリシャのアカデメイアを示し、そうした大学は、すべて「人間のもつ潜在的な可能性」を引き出し、開発する哲学を基盤としていたことを強調している。その上で池田は、「生命・人間を直視し、その開発をめざしたところに、学問の自由な発達があり、ひいては、文明の絢爛たる開花があった。」と述べ、「創造性の鍵は、まさにこの一点にある」と指摘する[3]。

もちろん、一人ひとりの可能性の開発には、専門理論の基礎的なトレーニングは不可欠だ。それは、池田が強調するところでもある。この講演でも、彼は、「一つのアイデアを生むことさえも、それには基礎からの十分な積み重ねが要求されます」と指摘した上で、「学問における創造は、それとは比較にならないほど基礎的な力量が要求されるのは言うまでもありません」と述べている。このような「基礎的な力量」を養うために、大学

2　池田（1969）「創価大学設立構想」『創立の精神を学ぶ』第3版, 18頁
3　池田（1973）「創造的人間たれ」『池田大作全集』59巻、41頁

はもっとも適切な場であるはずだ。しかし残念ながら、現在の大学は、それを基盤とした創造性を発揮することができていない。「現在の大学の一般的傾向は、こうした条件に恵まれているにもかかわらず、創造性への意欲は皆無に等しいとも言えるのではないでしょうか。とくに、創造的人格を形成していく場とはなっていません。」と池田は指摘する[4]。しかし、それは彼にとっての本来の大学の姿ではなかった。池田は、創価大学で、創造的人間を育成する真の大学の姿を、取り戻そうとしたのだ。

そのために、池田は、「学生中心の大学」の理念を掲げる。それは、まず、学生こそが大学建設の主体者であることを意味する。この理念は、創価大学において、まず、大学運営への学生参加の原則として具体化した。全国に大学紛争の嵐が吹き荒れる中で行われた1969年の講演で、池田は、開学を控えた創価大学における教授と学生の関係を、「相互に対峙する関係ではなく、ともに学問の道を歩む同志」「あえていえば、先輩と後輩といった、あくまでも民主的な関係でなくてはならない」と述べた。その上で、「学内の運営に関しても、学生参加の原則を実現し、理想的な学園共同体にしていきたい」と語っている[5]。その後、創価大学では、学費改定問題を契機に、開学3年目の1973年に、大学運営に関する教員・職員・学生・理事会による協議機関「全学協議会」が設置された[6]。それは、池田の示した大学運営における学生参加の原則の一つの結実であった。

その後も、池田は、学生が大学建設の主体者であることを訴え続ける。第4回入学式（1974年）では、「諸君こそ私と同じく、若き大学の創立者であり、創造者であるという一点を、決して

---

4 池田（1974）「創造的人間たれ」『池田大作全集』59巻, 38-9頁
5 池田（1969）「創価大学設立構想」『創立の精神を学ぶ』第3版, 15-16頁
6 『創価大学 50年の歴史』88-89頁

忘れないでほしい」と述べる。また、2002年にも彼は、創価大学生に次のように語りかけた。

　学校の改革は、まず教員の改革から始まる。これが、世界の教育者が示す一つの方向です。／しかし、もう一歩進んで、私は、「学校の改革は、学生が担うべきである」と申し上げたい。／……この「学生中心」の理念こそ、二十一世紀の大学の指標であらねばならないと、私は信じています[7]。

　このように、「学生中心」の理念は、学生に主体者としての自覚を促す。その一方で、その理念は、教員に、学生の成長を最優先に教育に取り組むことを求めた。2005年に、彼は次のように語っている。

　創価大学も、「学生中心の精神」を貫いていっていただきたい。／学生のためにこそ、大学はある。教育はある。ゆえに、教員は心から学生を大切にすることです。学生を尊重していくことです。／「わが子」以上に、学生に愛情を！／「わが親」以上に、学生に尊敬を！／ここに徹した人が本当の教員です[8]。

　このように、池田は、創価大学建学の1971年当時から一貫して、大学の使命は何よりも学生一人ひとりの可能性の開発であり、大学の中心は学生であることを主張している。それは、当

7　池田大作（2002）「誠実、忍耐、希望で進め！：創価大学で青春の哲学を語る」『池田大作全集』143巻、63-64頁
8　池田大作（2005）「人材が時代の先端を開く：中国・華中師範大学「名誉教授」称号授与式」『池田大作全集』55巻、36頁

時の多くの大学にあった教育より研究を重視する風潮に対する明確な挑戦であった。文部科学省が、「大学における学生生活の充実方策について」というレポートを発表し、「学生の立場に立った大学づくり」のために、「教員中心の大学」から「学生中心の大学」への視点の転換の必要性を強調したのは、2000年になってのことだ[9]。これと比較すれば、池田の「学生中心」の大学論が先駆的意義をもっていたのは間違いない。

　しかし、池田の大学論の意義は、このような意味で時代を先取りした提言であったことに留まらない。それは単に、「研究より教育」、「教員より学生」といった視点を提起しているだけではないのだ。池田の大学論は、彼の学問のあり方そのものへの問いかけに連なっていること見落としてはならない。

2. 理論は現実の"部分観"

　もう10年以上も前になるが、中谷巌『資本主義はなぜ自壊したのか』（集英社インターナショナル、2008年）という本が話題になった。著者の中谷は、政府の「経済戦略会議」の主要メンバーとして、「新自由主義」的政策の旗振り役を務めてきた人物。その彼が、自説を完全に変えて、新自由主義の危険性を強く主張する「懺悔の書」を書いたのだ。

　僕は、中谷の教科書で大学時代にマクロ経済学を勉強していたから、ちょっとビックリしてこの「懺悔の書」を手に取った。しかし、僕がこの本を読んで印象に残ったのは、中谷の「転向」ぶりではなく、その学問への姿勢の変化だった。彼は言う。

---

9 文部科学省（2000）「大学における学生生活の充実方策について」https://www.mext.go.jp/b_menu/shingi/chousa/koutou/012/toushin/000601.htm（2022年7月7日閲覧）

アダム・スミス以来の経済学はたしかに人間社会の一面を捉えることに成功した。しかし、その発見はあくまでも一面的なものであって、人間社会はそれだけで語りつくせるものでないことは自明であろう[10]。

　この言葉を、僕は素直に納得することができた。経済学に限らず、あらゆる学問・科学は「人間社会の一面」を捉えることはできるかもしれないが、「人間社会」のすべてを明らかにすることは、決してできない。学問・科学は万能ではない。こうした学問の限界に対して、研究者・学生は謙虚でなければならない。このことに気づかず、「単純な経済モデルのみに依拠して社会の諸問題を解決しよう」とする経済学者（そこには、かつての中谷自身も含まれるのだろう）を、中谷は批判している[11]。

　たしかに僕たちは、しばしば学問が人間や社会のすべてを明らかにすると錯覚することがある。学問・科学を学ぶことによって大きく自分の視野が広がっていく体験。また、社会の問題をあざやかに解いてくれる（ようにみえる）理論との出会い。それは本当に感動的だ。その時僕らは、学問は万能ではないかと思ってしまうかもしれない。中谷も、ハーバード大学の大学院で「死にものぐるいになって真面目に勉強すればするほど、アメリカ近代経済学の素晴らしいロジックの体系とその緻密さに私は圧倒されるようになった。」と率直に語っている[12]。こうした体験が、彼の経済学への過剰な信頼を生んでいったのだろう。しかし、科学が、社会現象の原因を完璧に説明し、未来を正確に予測することなどできない。

10　中谷巌（2008）『資本主義はなぜ自壊したのか』集英社インターナショナル、69-70頁
11　中谷（2008）『資本主義はなぜ自壊したのか』70頁
12　中谷（2008）『資本主義はなぜ自壊したのか』36頁

それは、もちろん経済学に限らない。平和学の父といわれる
ヨハン・ガルトゥングは、池田との対談で、25年かけてやっと
たどり着いた自身の「基本的な洞察」を紹介している。すなわち、
彼は、「社会の現実はあまりに複雑で矛盾に満ちており、数学の
ような一つの矛盾なき思想体系によって適切に表現することは
できない」ことに気がついたという。ガルトゥングは、世界を
平和にする道筋を明らかにしてくれる理論を求めていたのかも
しれない。しかし、現実はあまりに複雑で、そんな理論などでき
ないと気付いたというのだ。池田は、ガルトゥングの洞察に
同意し、「抽象的な論理や概念は、あくまでも現実の"部分観"
にすぎません。」と答えている[13]。

　完璧な理論はない。抽象的な理論は現実の"部分観"に過ぎ
ない。こう言われて、少し残念だと思うかもしれない。その気
持ちも分かる。たしかに、完璧な理論があれば、世界を平和に
したり、人びとを豊かにしたりする方法を教えてくれるだろう。
だけど僕は、そんな完璧な理論はないし、あってはいけないと
思う。なぜか。

　大きな目的（それは、世界平和でも貧困の解決でもなんでもいい）
の達成への過程を、ゴールに向かって歩みを進める道のりに例
えてみよう。君は今、ゴールに向かって歩いている。そこで、
問題に直面した。この問題を解決するために、どうすればいい
のだろうか？　つまり、君の前には幾筋かに分かれた道があり、
間違った道を選べば目的地にはたどり着けないのだ。だけど、
ここで、もし完璧な理論があって、それが目的地への道筋を完
璧に照らし出してくれているならどうだろうか。君は、理論が
教えてくれたとおりに正しい道を選ぶことができるだろう。次

13　ヨハン・ガルトゥング、池田大作（1995）『平和への選択』毎日新聞社、75・77頁

理論の光

に別の問題が起きても同じだ。完璧な理論はいつも正解を教え
てくれる。そして君は無事にゴールにたどり着くだろう。また、
ゴールにたどり着くのは君だけではない。他の人びとも同じよ
うに、理論に導かれて同じ道を歩み、ゴールへと至るに違いない。

　どうだろうか。「素晴らしい」と思うかもしれない。あらゆる
問題を解決して目的地にたどり着けたのだから。「やっぱり、完
璧な理論があったらよかったな」と思うかもしれない。だけど、
もう一度君が歩んできた道のりを振り返ってほしい。気がつく
だろうか。実は、そこで君は、何も考えていないし、何も決断
していない。ただ、あの「完璧な理論」にしたがって道を選ん
できただけだ。いわば、君は理論の駒でしかない。理論の駒と
して歩みを進める行列の中に君は連なっているだけだ。なぜな
ら、君も、そして他のみんなも、理論の命ずるままに動かされ
てきただけだから。

これが、僕が、完璧な理論などあってはいけない、と考える理由だ。完璧な理論があれば、人間は何も決断しなくてもよくなる。なぜなら、理論がいつも正解を教えてくれるから。そして、人間は自分で選ぶ自由も失ってしまう。なぜなら、正解はあらかじめ決まっているのだから。

　池田は、クレアモント・マッケナ大学での講演（1993年）で、「何らかの『歴史的必然性』に基づく世界観は、ともすれば、人間が自らの行動によって運命を切り開いていく力を否定してしまう傾向にあるといえないでありましょうか。」と述べた[14]。社会の仕組みを、そして、歴史の行方を完璧に解き明かす理論があるとすれば、人間が「自らの行動によって運命を切り開いていく力」を発揮する余地はない。

　また、サドーヴニチィ（モスクワ大学総長）との対談で、池田は、「もし、かりに科学の予測機能が完璧なものとなり、未来が百パーセント予測可能になったとすれば、それは、動物の未来と本質的に同じ」であるという。すなわち、「『法則』や『決定論』にこだわって自由や責任に背を向けることは、未来を拒否することにほかならず、その結果、……人間であること自体の否定にまで行きついてしま[う]」（[う]は筆者）という[15]。完璧な理論などなく、未来が予測不可能であるからこそ、人間は自ら決断する自由を持ち、その決断に責任を持たねばならない。もし、未来を完璧に予測する理論があれば、人間は理論の駒になってしまう。そうなれば、もう真の人間ではない。

　完璧な理論はないし、あってはならない。だとしたら、学問

14　池田大作（1993）「新しき統合原理を求めて」（池田大作（1996）『海外諸大学講演集 21世紀文明と大乗仏教』、聖教新聞社、54頁）

15　ヴィクトル・A・サドーヴニチィ、池田大作（2002）『新しき人類を 新しき世界を』潮出版社、92・93頁

の役割はなんだろう。「現実の部分観」に過ぎないというなら、学問を学ぶ意味などどこにあるのだろうか。もちろんある。学問の役割は、懐中電灯に例えると分かりやすいと思う。もう一度、ゴールに向かって歩みを進める自分を想像してほしい。だけど、今度はゴールまでの道のりをすべて明らかにしてくれる光はない。君が持っているのは、暗闇の一部を照らす懐中電灯だけだ。道が幾筋かに分かれた場所に来ても、懐中電灯の光は、どちらの道がゴールにつながっているかを示してはくれない。懐中電灯、すなわち理論は、すべての問題を完全に解き明かしてくれるような光を発することはないのだ。しかし、だからといって懐中電灯が要らない、ということはないだろう。たとえ、すべてを照らし出してくれないとしても、暗闇の道を歩くのに、一本の懐中電灯は役に立つ道具ではないだろうか。暗闇の一部分しか照らせなくても、それがあることによって、より確実に目

的地への歩を進めることができるはずだ。

　そして、大事なことは、懐中電灯はそれを持って道を進もうとする人びとがいてはじめて活かされることだ。学問も、それを用いて具体的な問題を解決しようとする人間がいてはじめて活かされる。完璧な理論があって、人間がそれに従うのではない。それでは、人間は理論の駒になってしまう。そうではなく、問題を解決しようとする人びとがいて、彼ら／彼女らが学問を使って、問題を解決していくのだ。

　アメリカの哲学者ジョン・デューイは、「概念、理論、思想体系」は「道具」であると指摘し、次のように述べる。「すべての道具の場合と同じように、その価値は、それ自身のうちにあるのではなく、その使用の結果に現われる作業能力のうちにある。」。概念、理論、思想体系は、「それらをテストする行動の基礎として理解すべきであって、究極的なものとして理解すべきではない。」。むしろ、それらは、僕たちに「使用されることを通じて常に発展し得るものである」[16]。デューイ協会元会長のヒックマンは、池田との対談で、「デューイの方法は、まず実際に経験したさまざまな困難に始まり、そこから安定状態を取り戻すのに必要な道具（手段）を適用することで達成される」[17]と述べる。デューイにとっても、理論は、問題に直面した人びとが、その解決のために使用する道具である。

　だとすれば、必要なのは、完璧な理論を求めるのではなく、理論を「道具」として使いこなす一人ひとりの力、目的に向かってあきらめずに歩みを進める力の開発にあるのではないだろう

16　ジョン・デューウィ（[1920]1968）『哲学の改造』（清水幾太郎・清水禮子訳）岩波文庫、127・128頁
17　ラリー・ヒックマン、ジム・ガリソン、池田大作（2014）『人間教育への新しき潮流：デューイと創価教育』第三文明社、80頁

か。それは、池田のいう「自らの行動によって運命を切り開いていく力」だ。ヒックマンも、デューイの方法の目的は、単に別個の問題の解決だけにあるのではない、と指摘する。むしろ、真の目的は、「各個人が、自身の人生の意味を深め、豊かにすることによって、それぞれの社会環境のなかで成長しゆくのを促すこと」[18]にある、と述べている。

　池田は、ゴルバチョフ元ソ連大統領との対談で、マハトマ・ガンディーの「強靱な人格を支える根本の力」は、「非暴力を行う人間の精神的な力への無限の信頼」であったと指摘している[19]。困難な状況でもそれを乗り越える力が人間にはある。池田は、そうした一人ひとりの可能性を信じ、その「人間の精神的な力」を開花させることを第一義とした。彼の思想が、しばしば「人間主義」といわれる理由の一つはそこにある。

3. 再び「人間主義経済学」とは？

　さて、ここで僕たちは、最初の問い、「人間主義経済学とは何か？」に帰ることができる。先に僕は「新古典派経済学などと比較した時、人間主義経済学はどのような経済学と言えるのか？」と問うた。だが、この問いを発する時、気づかないうちに、以下のことが前提とされていることに注意してほしい。すなわち、「人間主義経済学」が他の経済学と同様の理論であれば、大学にいる教員や研究者たちが作り上げた理論が教育によって学生たちに伝えられ、学生たちはその「専門家」として、その理論を現実に適用していくことになる、ということだ。それを、

18 ヒックマン、ガリソン、池田『人間教育への新しき潮流』81頁
19 ミハイル・S.ゴルバチョフ、池田大作（1996）「二十世紀の精神の教訓」『池田大作全集』
　　105巻、238頁

あえて図式化すれば以下のようになるだろう。

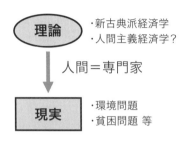

　ここで問われているのは、従来の理論に代わって、人間主義経済学はどのような理論であるかということだ。しかし、実は、この問い方自体が間違っているのではないだろうか。池田は、完璧な理論を求めるのではなく、人間が自らの行動によって運命を切り開いていく力の発揮を出発点とするべきだ、と指摘した。理論は、目的地への道のりをすべて示してくれることはない。それは、現実の一部分しか明らかにしてくれないからだ。したがって、具体的な問題を解決するのは、個々の人間の知恵である。また、デューイは、知識は確定されたものではなく、つねに経験の中で検証されていかなければならない道具だと言った。問題に直面した個人は、こうした知識を利用しながら、自ら思索し解決策を提示しなければならない。だとすれば、人間と理論

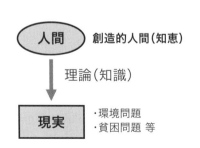

の位置は、前のページの下のように、先の図式とは反対となるのではないだろうか。

　個々の問題の解決策を示すのは、あくまでも人間だ。その人は、理論を利用するが、それに単に従うことはない。そして、このように、現実の一つひとつの問題を解決する知恵を発揮する人間こそ、池田の言う「創造的人間」に他ならない。こうした視点に立った時、大学における教育が単に専門知識の伝達にとどまるのではないことは明らかだ。現実の諸問題を解決しようとする研究も、研究者による理論の体系化としてだけで完結することはあり得ない。具体的な問題の解決は、現実のさまざまな局面で自在に知恵を発揮する「創造的人間」の教育なしには成り立ち得ない。

　ここに池田が、教育を重視し、大学の中心は学生であることを強調した理由がある。学生が、理論を教えられるだけの存在であれば、大学の中心は理論を作り出す教員・研究者だろう。しかし、学生が、現実の問題を解決する人間となることが真に求められることであるならば、池田の言うとおり、大学の生命線は、学生一人ひとりの可能性を開いていくことであり、大学の中心は学生である。だとすれば、池田が求めた「人間主義経済の研究」とは、単なる抽象的な経済理論の探究ではない。それは、現実の問題を解決する知恵を持った学生の成長のために、学生が主体的にさまざまな課題に挑戦できる教育環境を提供すること、さらには、学問の先輩として意欲的に研究を進める教員が、学生とともに学び続けることの中でこそ実現されるはずだ。

　池田は、学生たちに「創造的人間たれ」と呼び掛けた1973年の講演の中で、「戦争兵器がもつ平和への脅威はもちろん、進歩に対する誤った信仰が、人類の死への行進を後押ししている」

と指摘している。そして、こうした危機に対して「これからな
さねばならない壮大な人類の戦いの一翼を、創価大学が担うな
らば、そして、少からぬ貢献をなしうるならば、創価大学の
開学の趣旨も一応、結実」する、と述べている。すなわち、池
田は、今でいう「持続的な開発目標（SDGs）」の実現に、創価大
学が大きく貢献することを、開学当時から求めていた。そのた
めの力ある人材を創価大学から輩出することを、彼自身の決意
としていた。この講演の最後に、池田は、「私のこれからの最大
の仕事も教育であります。」と述べている[20]。だとすれば、この創
立の精神の実現を目指し、人類が直面する具体的な諸問題を解
決するために、学生と教員が「学問の道を歩む同志」として、
ともに学ぶ過程の中にこそ、人間主義経済学の探究はある。

---

20 池田大作「創造的人間たれ」『池田大作全集』59巻、44・45・46頁

第 16 章

Human Well-Being
（人間のよき生）達成の
体系としての
「人間主義経済学」の構想

〈人間主義経済学〉
〈開発と貧困の経済学〉

創価大学経済学部 学部長・教授
高木 功

※1 本文中で「(牧口, 1996/1931, p.112)」などと記されている箇所
　　は、参考文献に記した著者名と書籍もしくは論文の発刊年または
　　発表年、該当頁数を表しています。
※2 本文中で「ドイヨル＝ゴフ（1991）」などと記されているカッコ内
　　の数字は、参考文献に記した論文の発表年を表しています。

SDGsとの関連性［GOAL 1,2,3,4,5,10,17］

1. はじめに：経済学の使命

「経済」という言葉は「経世済民」を約めたものです。「経世」とは世を治めること、「済民」とは「民を済う」、すなわち民を苦しみから救うという意味です[1]。織物の経系のように世の中に秩序を与え、人を生活苦から救うと解することができるでしょう。英語の経済学のもともとの名称である「ポリティカル・エコノミー（political economy）」と重なります。

経済学は、世の中に人々が必要な財とサービスを安定的に提供して、究極的には「民を済う」こと、つまり人々に「人間らしい生活」を実現することをミッションとしていると考えられます。

ここでは、「人間らしい生活」を、人々が「価値があると評価する状態と活動を達成・享受している生活」と定義したいと思います。

人々が「価値があると評価する状態と活動を達成・享受している生活」とは、どういう生活でしょうか。私たちの日常生活は、「…であること（beings）」（状態）と「…をすること（doings）」（活動）から構成されています。中でも人が「価値ある状態と活動」を実現しているときに、その人は「よい生活」を送っていると評価することができます。例えば、十分な栄養を摂取し、健康であり、安全が保障されている「状態」は、誰にとっても価値的な「よい状態」にある、すなわち "being well" と評価されます。また、同時に生きがいのある仕事に従事している、スポーツを楽しんでいる、勉強している、友達と会話を楽しんでいるという「行為、活動」も多くの人にとって「よい活動」に従

---

1 江戸中期の儒者、太宰春台の『経済録』（1729年）において与えられている定義。

事している、すなわち "doing well" と評価されます。したがって、そのような価値ある状態と活動を達成している人は「人間らしい生活」を実現していると評価されます。これを英語ではHuman Well-Being（HWB）が達成されているといいます。

　経済活動の究極的な目標は、あらゆる人々に「Human Well-Being（HWB）の達成」を可能とすることです。本学部がミッションとして掲げる「人間主義経済」の研究を進めるためには、その基礎として、「人間生活における豊かさ（HWB）」とは何かを明らかにしなくてはなりません。つまり、「Human Well-Being（HWB）の経済学」が必要なのです。

　HWBについて本格的に取り組んだ代表的な理論的成果として、アマルティア・センの「ケイパビリティ・アプローチ」と、ドイヨル＝ゴフの「人間ニードの理論」をあげることができます。センは、多様な「Human Well-Being（HWB）」の達成を、その人が享受している「自由」を反映したものと考えました。人が価値ある状態と活動を実現し得る自由を「ケイパビリティ」と定義し、その自由の大きさをもって、人間の厚生（HWB）を評価すべきとしたのです。他方、ドイヨル＝ゴフは、文化的差異を超えた「普遍的なベーシック・ニーズ」と、これを実現するために必要な「普遍的な中間ニーズ」を特定し、その充足をもって人間の厚生（HWB）を評価しようとしました。以下では、主にこの二つのHuman Well-Being（HWB）アプローチの成果に基づいて、「Human Well-Being（HWB）達成の体系としての人間主義経済学」の構築を試みたいと思います。

2. 伝統的な経済学の人間像と 厚生評価指標における偏向と誤謬

　伝統的な経済学の主な関心は、欲望の充足と、そのために必要となる、より多くの「財」の生産そして消費に向けられてきました。物財の生産に励み、より多くの消費が私たちに豊かな生活を保障してくれるものと考えたからです。ここには大きく二つの誤謬（ごびゅう）が含まれます。一つは「人間像」における偏りと誤謬、もう一つは「価値」創造の営為によって現れる多様な人間の生き方に関して無関心であるということです。

　経済学の教科書は、人には欲求があり、欲求を満たすために財を求めて、消費し、効用あるいは満足を得ると教えています（図1）。問題の関心は、特定の支配できる「財」の数量にあり、これを集計すると実質「所得」になります。もう一つの関心の焦点は「消費」によって得た最終的な成果としての欲求充足の満足感、喜びの強度を表す「効用」に当てられます。したがって人の経済厚生水準（豊かさ）は所得の大きさか効用の大きさを指標として測られることになります。各個人の効用の計測は困難

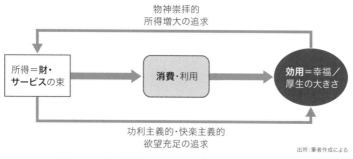

図1　伝統的経済学における財（所得）と効用の関係

出所：筆者作成による

なため所得水準あるいは消費水準が高ければ、「総効用」は高いものとみなします。したがって、資源制約下において、できるだけ多くの財の生産と消費を可能とすることが経済活動の目標となります。経済学は快楽と所得の最大化を目標とする体系といえます。

　伝統的な経済学においては、物財の支配と消費が快楽（幸福感）をもたらすと信じ、物的豊富（opulence）に執着する「物神崇拝」の性向と同時に、物財への支配欲と消費によって欲望を絶え間なく膨らませて、消費による快楽を追求する功利主義とヘドニズム（快楽主義）に支配された人間像が想定されます。

　二つ目の誤謬は、「所得」と「効用」に人間厚生に関するすべての情報的基礎を置くため、多様な財とサービスを用いて、どのような生活の営みを実現しているかという点について無関心であることです。本来、経済学が焦点を当てるべきは、多様な財を用いて展開される人々の多様な生活であり、能動的な価値創造活動です。それが、所得水準という「手段・モノの量」と効用あるいは快楽という「心理学的強度」によって置き換えられてしまっているのです。人々の価値創造活動の多様性と能動性は黙殺されてきたとさえいえるでしょう。

　それでは、財・サービスを用いて展開される人々の生活における多様で能動的な価値創造活動を、その体系の中心に位置づける経済学は可能なのでしょうか。

3. Human Well-Being達成の体系としての経済学の展開

　経済活動の目的は「価値があると評価する状態と活動を達成・享受している生活」を実現することです。人間として相応しい

生活を構成する「価値ある状態と活動」を実現するには、経済活動によって生産された財とサービスが必要不可欠です。財とサービスにはそれぞれ固有のまた複数の「特性（characteristics）」が備わっています[2]。例えば、コンビニの「おにぎり」にはどんな特性があるでしょう。味、食感という美味しさ、カロリーやビタミンを含み、手軽に持ち運べるという携行性と、いつでも短時間に食べることができるという意味で時間の節約にもなるということ等々、複数の多様な特性を備えています。おにぎりを買うということはこれらの「多様な特性の組み合わせを手に入れた」ということを意味します。しかし、携行して、食べるという行為を起こさない限り、これらの「特性」は私たちの生活の上で価値として実現しません。「財」すなわち「財の特性」へ働きかけて、短い休憩時間にあっても食べることを通して、初めて、空腹を満たす、エネルギーと栄養を摂取する、仕事を再開するという「価値ある状態と活動」が達成されるのです。単純におにぎり一つの価値について「効用」の大きさとして集約できません。美味しい、お腹が満たされたという「効用」も食べることによって、実現された多様なWell-Beingの一つと考えることができます。

　これを図に表すと図2のようになります。財・サービスと人間生活の関係を「伝統的な経済学」の体系と「人間らしい生活（HWB）」実現アプローチとで対比的に図示しています。両者を比べると財の束について、伝統的な経済学では、財の多様な特性は考慮されていません。対してHWB実現アプローチでは、財の所有は同時に財の多様な特性の支配量を意味します。「消費」

2　財をそれが備える「諸特性（characteristics）」の組み合わせであるとする考え方は、ゴーマン（1956）とランカスター（1966）が先鞭をつけ、アマルティア・センがケイパビリティ・アプローチにおいて展開した重要な概念である。

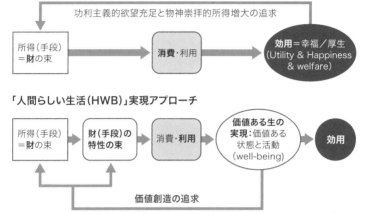

伝統的経済学

功利主義的欲望充足と物神崇拝的所得増大の追求

所得（手段）
＝財の束　→　消費・利用　→　効用＝幸福／厚生
（Utility & Happiness
& welfare）

「人間らしい生活（HWB）」実現アプローチ

所得（手段）
＝財の束　→　財（手段）の
特性の束　→　消費・利用　→　価値ある生の
実現：価値ある
状態と活動
（well-being）　→　効用

価値創造の追求

「人間らしい生活（HWB）」の実現（価値ある生の追求・人間ニード充足の追求）

出所：筆者作成による

図2　財と人間生活の関係：伝統的経済学と
「人間らしい生活（HWB）」実現アプローチの対比

というよりは、むしろ人が財に働きかけて財の特性を利用して、生活上に価値として「人間らしい生活（HWB）」を実現すると考えます。円の中にある「価値ある状態と活動」、すなわち価値ある生活が実現されます。伝統的な経済学では、財の束を消費（消尽<small>（しょうじん）</small>）して、その成果は、いきなり心理学的満足の大きさを表す主観的「効用」に飛躍するのです。対して、HWB実現アプローチにおいては達成した、あるいは達成し得る価値ある状態と活動こそが経済厚生水準そのものを表し、効用はその心理学的帰結にすぎないと見なすことができます。

　大事なのは「価値ある生活」の実現であり、そのために人間らしい生活の実現において必要とされる「多様な特性を備えた多様な財・サービス」が必要となり、その結果、それらの「財・

サービス」に「価値」が付与されることになります。あるいは、価値ある生活の実現のために、必要とされる特定の特性を備えた財・サービスが新たに生産されなければならないことになります。例えば、ウイルスが蔓延し、人々の健康と長寿という重要な価値が実現できないような事態においては、ウイルスに対する抗体を生む「特性」を備えたワクチンが開発、供給されることによって、健康と長寿という価値的生活状態は回復されなくてはなりません。

「財」、「財の特性」と「価値的な生活の実現」の間の相互作用として経済活動を構想するとき、人々の多様で個性的な生活が生き生きと立ち現れてきます。例えば、同じスマートフォンを持っていても人によって実現できる価値的な生活の在りようは異なります。スマートフォンという財・サービスにはハードとソフトの「多様で複雑な特性」がぎっしり詰まっているからです。コミュニケーション、情報取得、音楽視聴・作成、映像視聴・撮影、契約、代金支払い、講義参加等々のツールとして、様々な特性を備えており、スマホがなくては社会参加さえ難しい必需品になりつつあります。ある人にとってスマホは友人とのコミュニケーションの手段として大切であり、ある人にとってはeコマースにおける決済手段として、ある人は動画視聴やゲームプレイのために、というように多彩な活用方法が開かれており、スマホを通じて利用した特性も達成した価値も多様であることがわかります。

人々の多様な価値的な生活（HWB）の構成とその達成プロセスと達成水準とHWB達成の失敗に焦点が当てられ、実証的に検証が可能となったとき、適切な経済政策を策定し、効果を評価することができるようになります。

4. 「主体的価値創造力」と財の特性

HWB実現のためには二つの条件が満たされる必要があります[3]。二つの条件とは：

① 多様な特性を備えた財とサービスの生産と分配：政府、民間組織、企業家による市場と他の資源配分制度を活用した有用な特性を内包する多様な財とサービスの生産と分配です。

②「主体的価値創造力」：財・サービスの特性を自身の生活に利用して価値ある状態・活動を実現する人と社会の「価値創造力」の涵養（かんよう）です。

最初の条件①は、従来の経済学が目指すことと一見変わらないようにみえます。ただし二つの点で異なります。一つは欲望充足を目指した財・サービスの生産ではないことです。人間にとって価値的な生活を実現するために必要な特性を備えた財・サービスの生産が第一に優先されるべきことが含意（がんい）されています。それが供給されないと人間として相応しい生活を送ることが困難となるような特性を備えた基本的で必須の財・サービスの生産です。いわゆる基礎的なニーズの充足です。もう一つは、これらの基本的な価値財をどう分配すべきか、ということです。公平性を確保するためにも、市場のみならず非市場的な再分配政策が必要となります。

---

3 この二つの条件については、拙稿（2011）において紹介したジョン・ラスキン（1997）[1862] の価値論における条件に相応します。価値的であるということは「生命に対して役に立つ」ということを、価値（value）の語源、ラテン語の 'valor'（'=strong, worthy）また 'valor' の由来である 'valere' に遡り論じています。'valere' は，人間について言う場合は「生において強い」すなわち「勇敢である」ことを意味し，ものについて言う場合は「生のために強い」あるいは「価値がある」ということを意味すると論じています。財が本来的に内包する生を導くような力を価値（「固有価値」）と呼ぶと同時に，これを用いて生の増進に役立てる人の能力，強さ（「価値受容能力」）を問うています。牧口価値論との共通性が見いだされることは、注目すべきです。

もう一つの条件②は、人間主義経済学の構想において挑戦的な課題となります。価値ある状態と活動を実現する「価値創造力」の涵養です。すでに明らかにしたように、人間として相応しい価値ある状態と活動を実現するには、「財・サービス」を利用/消費して、その「財・サービス」に固有に備わる複数の特性を「価値ある状態と活動（HWB）」に転換しなくてはなりません（図3）。「価値創造力」とはこの転換力のことをいいます。もし、ある財の量と特性が一定とするならば、これらの財の特性を利用してどのような「価値ある状態と活動（HWB）」に転換、具体化できるかは、主体であるその人の財の特性に働きかける能力とコミットメントによって可変的であるはずです。その人の「価値創造力」が問われることになるのです。おそらく人によって、また同じ人においてもそのときのコンディションによってこの能力は変化することでしょう。

　この「価値創造力」については、創価教育の創始者・牧口常三郎先生の価値論に由来します。「創価」の二文字は、牧口先生

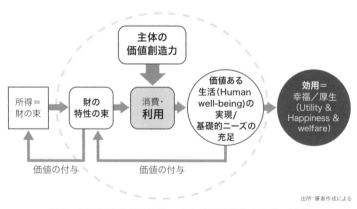

出所：筆者作成による

図3　価値創造の経済過程：主体的価値創造力と財の特性

の「価値創造の教育学」を、弟子の戸田城聖先生とともに「創価教育学」と命名したことに起源を持ち、「価値創造」から「創価」という言葉が生まれました。「価値」について以下のように定義されています（牧口, 1982/1931, p.293-4）。

「人間の生命の伸縮に関係のない性質のものには価値は生じない。故に価値を人間の生命と対象の関係性といふ。……関係性を独り対象の内在性とのみ観るか、否、主観に於ても矢張り関係性を有すればこそ関係を生じて価値を生ずるのである。併し、**双方の関係性によって価値を生する**が、然らば価値は**関係性の謂かといふにさうではない。関係性に基づいて、そこに吸引力、又は排斥力**が両双の間に生じて、それが永続して居るによって価値が生じて来るのである。**故に価値は対象と主観との関係力若しくは力的関係**といふ方が適当であると思ふ。」（人間の生命の伸縮に関係のない性質のものには価値は生まれません。したがって価値は人間の生命と対象の関係性をさします。……関係性をただ対象のみに内在するものと見るのでしょうか。いいえ、主観である人間の生命においても関係性を有するので、人間の生命と対象の関係の中から価値が生まれるのです。たしかに、双方（人間の生命と対象）の関係性によって価値が生じるので、価値とは「関係性」を意味するのかというとそうではありません。関係性に基づいて、双方の間に引き合ったり、あるいは排斥し合ったりする力が働いて、その状態が永続するので、価値が生まれてくるのです。したがって価値は対象と人間の生命の間の関係力もしくは力的関係という方が適切であると思うのです）

〈太字は著者〉

そして、幸福な生活について「幸福なる生活とは畢竟価値を遺憾なく獲得し実現した生活の謂である」（幸福な生活とは、結論するに、価値を十二分に獲得して、実現した生活を意味するのです）（牧

321

ロ, 1982/1931, p.215) と定義しています。

ここから、価値創造の経済過程を理解しようとすれば、「財」と「財に内在する固有の特性」（対象）と人間生命という主体（主観）との「関係力」のあり様を観察しなくてはならないことになります。ここでは「財」と「財の特性」にも、主体に働きかける価値創造作用が認められています[4]。

ある人が、どれだけ多様な価値ある状態と活動（HWB）を達成できるかは、以下のように関数関係として表すことができるでしょう。

　実現された価値ある生活（HWB）の水準＝f（利用できる「財の特性の束」、主体の「価値創造力」）

したがって、個人としても社会としても、「人間として価値ある生活（HWB）」を達成するには、個人が自由に利用し、アクセスできる人間生活に必要とされる「基本的な特性を備えた財」（利用できる「財の特性の束」）の生産と分配が必要となります。また同時に、これらの多様な「財の特性」の束を「価値ある状態と活動（HWB）」に転換し、生活として具体化できる人々の主体的な「価値創造力」を涵養することが求められるのです。

5. 普遍的かつ基礎的な「価値ある状態と活動」とは

　これまで「価値ある状態と活動の実現」が経済学の目標であ

4　この価値論のベースには仏法、特に大乗仏教の世界観である「縁起」説があると解されます。中村（1980）第6章「縁起」に拠ると、「縁起」あるいは「縁生」とは、「世界のあらゆるものの存在は互に相依って成立している」とみなします。あるいは「ある行為によって行為主体がある。また行為主体によって行為が働く」として行為と行為主体とは互いに相依って、あるいは相互に限定して成立していると考えます。あらゆる存在の間を結ぶ相依・相関関係を示唆しています。

ると述べてきました。しかし「価値ある状態と活動」とは何で
しょうか。多様な歴史的・文化的背景と多様な人々の価値観を
有する国民国家の差異を超えて、また絶え間なく変転し、流動
的な時代の変化の中にあって、人間として相応しい生活を構成
する「価値ある状態と活動」を明示することは可能でしょうか。

　この問題について、講義の中で学生の皆さんに、以下のよう
な問いかけを行って、しばらく個人で考えてもらい、その後、
グループ内でそれぞれの回答について、ディスカッションをし
てもらっています。

　　Q.1　あなたにとって、「人間らしい生活」とはどのような状
　　　　　態をいうのでしょうか？　例えば、これがない（奪われ
　　　　　る）と「人間らしい生活」とはいえなくなるものをあげ
　　　　　てください。最大10項目まで。できれば優先順位もあ
　　　　　とでつけてください。

　　Q.2　なぜ、それがないと生活するうえで困るのでしょうか？
　　　　　（何ができなくなるのか＝どのような価値が実現できなくなる
　　　　　のでしょうか？）

　この二つの質問について考えてみてください。どのような答
えになりましたでしょうか。

　Q.1の回答では、比較的具体的な物事とともに抽象的な価値が
あげられることが、しばしばです。例えば、お金、食べ物、眼鏡、
アニメ、愛情、家族、友達、……等々。そのあとのQ.2は、「……
を得るために、ないと困るから」という手段的価値の向こうに
ある、「そのものに本来的に価値があり、究極的な目標となる」
価値を見出すために、思索を深めるよう促す問いになります。
お金は、食べ物は、なぜないと困るのか、何ができなくなるの
かと究極的な目標にたどり着くまで考えてみます。どのような
「価値ある生活」の構成要素が明らかになったでしょうか。

さて、代表的な学者も、人間に相応しい生活を構成する「価値ある状態と活動」とは何か、この課題に挑戦しています。

　ドイヨル＝ゴフ（1991）は「人間ニードの理論」を展開しました。「人間ニード理論」は、「基本的ニーズ」、「中間的ニーズ」の特定と「高次のニーズ（社会への参加と人間の解放）」まで視野に入れて、「Human Well-Being（HWB）」を評価しようと試みた理論と体系です。彼らは個人と共同体の多様性を認めたうえで、文化相対主義を超えて、人間と人間社会の普遍的なニード（必要）の理論とニードのリストを提示しました。

　文化と時代の違いを超えた「普遍的な基礎的ニーズ」として個人の「身体的健康」と「自律性」（主体的な選択を行う能力）をあげています。この二つは人間にとって普遍的目標である「社会参加」を可能とします。さらに社会を変えるために行動を起こす能力である「批判的自律性（Critical Autonomy）」を「普遍的な基礎的ニーズ」の一つとして導入します。「批判的自律性」は「人間解放（Human Liberation）」というもう一つの普遍的目標を達成するために必要とされます。ここでいう「人間の解放」とは、できるかぎり多くの人に最適（optimal）な「健康」と「自律性」という「普遍的な基礎的ニーズ」を、持続可能な水準で充足することを意味します。

　「健康」「自律性」という基礎的ニーズは、文化・時代の違いを超えて11種の普遍的な「中間的ニーズ」によって充たされることになります。これら11種の「中間的ニーズ」はこれら二つの「基礎的ニーズを満たす手段としての特性」を備えているからです。

　具体的には「健康」という基礎的ニーズの充足を可能とする6種の中間的ニーズ（基礎的ニーズを充たす特性）とは、

　（1）適切な滋養のある食べ物と水

（2）適切な防護的住居

（3）危険のない仕事環境

（4）危険のない物理的・自然的環境

（5）安全な出産制限と出産

（6）適切な保健医療

また基礎的ニーズ「個人の自律性」を充足する手段的特性を有する中間的ニーズは主に以下の5つになります、

（7）幼年期のニーズ（安全と発育）

（8）重要かつ基本的な人間関係

（9）身体の安全（暴力にさらされない）

（10）経済の安全保障

（11）適切な基礎教育

この普遍的な基礎的ニーズを充足する中間的ニーズのカテゴリーは決して固定的で相互に隔絶したものではありません。例えば、「安全な出産制限と出産」は、「健康」というニーズのみならず、女性の「自律性」に大きな影響を与えますし、「経済の安全保障」は、個人の自律性はもちろん食料摂取、住居の確保にも関連します。

アマルティア・センも、ジョセフ・スティグリッツ、ジャン・ポール・フィトゥシ等とともに、2008年初め、サルコジ仏大統領（当時）の招請（しょうせい）を受け、CMEPSE（「経済パフォーマンス・社会進歩計測に関する委員会」）として報告書を発表しました（Stiglitz, Sen, and Fitoussi, 2010）。「豊かさ（well-being）」に関して「主観的次元」と「客観的次元」の双方を含む多次元的なアプローチを提言し、経済パフォーマンスの評価指標として「生産」から人々の「豊かさ（well-being）」へのシフトを説いています。この報告書は「豊かさ（well-being）」を構成する以下の8つの鍵となる次元を明示しています。

（1）物的生活水準（所得、消費、富）

（2）健康

（3）教育

（4）個人の活動（仕事を含む）

（5）政治的発言の自由と政治的ガバナンス

（6）社会的な絆と関係

（7）環境（現在と将来の状態）

（8）経済の安定性と身体の安全性

これらすべての次元が「豊かさ（well-being）」を形作っており、伝統的な所得による豊かさの計測ではこれまで多くが見過ごされてきた要素です。

　もう一つ、紹介しましょう。ケインズ研究の代表的学者であるロバート・スキデルスキー（2012）は子息の心理学者エドワード・スキデルスキーとともに「よい生活（the good life）」とは何かを問い、「よい生活」を構成する「基本的価値財（the basic goods）」を明示しています。基本的価値財を選別する条件として、（i）普遍的であること（特定の時代や地域に固有のものではない）、（ii）究極的であること（本来的価値があり、他の価値の手段ではない）、（iii）独立的であること（何かの一部ではない）、そして（iv）必要不可欠である（それがなければ、重大な損失や不幸を招く）の4つの基準を提示し、以下の7つの基本的価値財に集約しています。

（1）健康

（2）安全（安定）

（3）尊敬（自他への）

（4）人格（自己の確立）

（5）自然との調和

（6）友情

（7）余暇

これらの価値は、より抽象的で究極的な水準におけるリストになっています。

　すでにお気づきのように、「人間らしい生活」「価値的な生活」には、皆さんの回答と合わせていただくと、普遍性と共通性を見出せるのではないでしょうか。

　人間のよい生活（HWB）を達成することを目標とする「人間主義経済学」の関心は、これらの価値財をあらゆる人々の生活において実現させることに移ります。いかにしてこの目標は可能なのでしょうか。

　これらの高次の生活価値・条件も、これらを実現するには、その充足手段、また多様な特性を内包する「財・サービス」の生産と活用が必要となります。「健康」という必須の基本的な価値を実現するには、食べ物が、薬と医療が、安全が、運動が必要となります。その他の価値も、その実現のためには、具体的な財・サービスの供給と入手可能性が問われるのです。経済活動とはまさにこれらの価値を実現するために、多様な特性を備えた財とサービスを生産、利用、分配することだといえます。

　ただし、これまでのような経済活動における生産・消費・効用における「最大化原理」は、再考すべきです。「人間ニーズの理論」において主張されているように、人間にとって不可欠な生活の要素である人間のニーズ、価値的な状態の達成には「最小最適（minimum optimorum）」原理が適用されるべきです（ドイヨル＝ゴフ, 1991）。「最小」レベルの財・サービス（ニーズ充足手段）の利用・消費を通して、人間として価値的生活を「最適」な水準で実現することを目指すのです。例えば、「ビタミンAD投入モデル」を紹介しましょう。私たちの健康に必要なビタミンAとDは、一定量を摂取するまでは、その健康への効果は増大しますが、それ以上摂取しても効果は変わらず、さらに摂取量

を増やすとむしろ健康を害するように働きます（図4）。「最小最適」な摂取によって十分な効果を達成することができるのです。普遍的な「人間として価値ある生活」を構成する諸要素の過剰な追求と実現は、むしろ、資源の浪費となり、「価値ある生活」を壊すよう作用することでしょう。

「最小最適」原理が求められるもう一つの理由は、資源に限りがある中で、できるだけ多くの人々に「人間らしい生活」を保障しなくてはならないことです。「公平性」と「持続可能性」の原理に導かれない限り、個人の実現した「豊かさ (well-being)」は、他の人々の「豊かさ (well-being)」を犠牲にしている可能性があるからです。私たちの実現すべき「豊かさ (well-being)」は、開発学者のロバート・チェンバース（1997）が主張するように他の人々、世代に対して「公平性」と「持続可能性」を保障・担保する「責任ある豊かさ (Responsible Well-Being)」でなくてはならないのです。

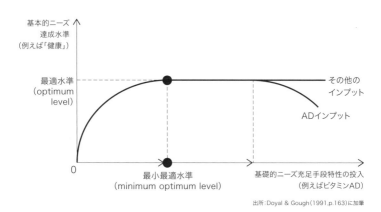

出所：Doyal & Gough（1991,p.163）に加筆

図4　最小最適水準モデル（ビタミンAD投入モデル）

6. Human Well-Being の実現と「開発と貧困の経済学」

　私は「人間主義経済学」とともに「開発と貧困の経済学」を担当しています。開発途上国の「開発」の実現と「貧困」の解消について学ぶ科目です。「開発」というと「経済開発」を想起されることでしょう。しかし国連開発計画（UNDP）が「人間開発」を提唱したように、経済開発は最終的には人間の生活によき変化をもたらさなければ意味はありません。「開発」とは、「人間として相応しい生き方（Human Well-Being）の実現」を意味します。「人間として相応しい生き方の失敗あるいは剝奪」を「貧困」と呼ぶのです。国連が掲げる「持続可能な開発目標」（SDGs）の第1のゴール「貧困をなくそう」は、地球環境を育みながら貧困を解決し、人間らしい生活を実現するという普遍的な目標の一つを構成しています。

　開発途上国に関する明確な定義を見つけることは難しいのですが、国連は途上国の中でも最も困難な状況にある国、「後発開発途上国（LDC: least developed country）」について明確な定義を与えています。LDCとは「持続可能な開発に向けて深刻な構造的障害に直面している低所得国」と定義されます。1974年の国連総会で初めて指定され、配慮を払うことが合意されました。国連開発政策委員会（CDP）が定めた基準に基づいて、国連経済社会理事会の審議を経て、国連総会の決議により、主にアフリカとアジアの46カ国（2021年時点）が認定されています。認定国リストは3年に一度見直されます。

　2021年の認定基準は以下の3つになります。LDCからの「卒業」には、うち2つ以上、卒業条件を連続2期にわたり満たすことが必要です。

（1）一人当り国民総所得（2017〜2019年平均）が1,018米ド
ル未満であること（卒業基準：1230ドル）。

（2）HAI（人的資産指数）：6つの指標の総合指数（①5歳未満児
発育不全比率、②5歳未満児死亡率、③妊婦死亡率、④中等教育
就学率、⑤成人識字率、⑥中等教育男女平等指数）が60未満で
あること（卒業基準：66以上）。

（3）EVI（経済・環境脆弱性指数）：8つの指標の総合指数（①
国内総生産に占める農林水産部門の割合、②遠隔性・内陸性、③
商品輸出集中度、④財・サービス輸出の不安定性、⑤低海抜沿岸
地域に居住する人口比率、⑥乾燥地帯に住む人口比率、⑦農業生
産の不安定性、⑧自然災害による避難人口比率）が36以上であ
ること（卒業基準：32以下）。

（1）は所得指標ですが、（2）と（3）は非所得指標です。こ
れらを総合してLDCが認定されます。特に（2）の人的資産指
数は5歳未満児の栄養・健康状態、妊産婦の栄養状態と医療サー
ビスへのアクセスの状況、識字・教育水準、また性差も考慮に
入れたその国の人間生活そのもの表す指標から構成され、それ
らを総合的に集計したHAI指数は高ければ、高いほどよいこと
を意味します。「人的資産指数（HAI）」が60に届かないという
ことは「価値ある状態と活動」あるいは「人間らしい生活」が
どれほど剥奪されているかを示しています[5]。これは「人間らし
い生き方（Human Well-Being）」の失敗・剥奪を意味します。

この結果には、HWBを実現に導く二つの条件における失敗が
あります。一つは滋養ある食料、安全な水、質の高い初・中等
教育、さらに治療、医療設備、薬剤といった基本的な価値財の

---

5 HAIとEVIの指標は、「（最大値－最小値）手続き（max-min procedure）」で指数化され
ます。ある国の各指標Vを指数に変換する基本方程式は、I=100×（"V"－最小値）/（最
大値－最小値）で計算されます。

生産、あるいは「人間らしい生活」を可能とする「基本的な特性」を備えた財・サービスの供給（分配）の失敗です。もう一つが、国民の「価値創造力」の涵養における失敗です。これらの基本的な特性を有する価値財を生産する政府と民間の能力が欠けていると、おのずと「価値ある状態と活動」を実現する能力、「価値創造力」を養うことができず、「財」と「財の特性」に能動的に働きかける価値創造力は萎縮することになります。

（3）のEVI（経済・環境脆弱性指数）は、主にそこに生活する人々がおかれている経済的・環境的・地理的な条件に関する指数です。EVIが36を超えているということは、高い経済的・環境的なリスクと脆弱性に常にさらされており、（1）の「一人当たり国民総所得」の増大、経済成長は困難となります。財が生産されないということは「財の特性」を活用することができないことを意味します。その結果「人間らしい価値ある生活」の実現は難しいことになります。

いかがでしょうか。すでに途上国問題に対処する経済学は、貧困にあえぐ人々の価値ある生活を実現する条件と能力の剝奪に対応しなければならないという意味で、Human Well-Being（HWB）の経済学であり、人間主義経済学の一つの分野といえるでしょう。

7. おわりに

創立者は創価大学設立構想を発表し、「将来の構想の一つとして、……人間主義経済の研究、すなわち資本主義、社会主義を止揚する、人類の新しい経済のあり方について、理論的・実践的な研究もしていったらどうか」(池田, 1969) と提言されました。現在、経済学部で開講されている「人間主義経済学」は、この

提言を受けて、しかも、学生からの要請と積極的なイニシアティブを受けて開講されたものです。

　本章は、「人間主義経済学」の講義を担当し、途上国問題を専門として「開発と貧困の経済学」を担当する中で、「人間主義経済学」とは何か、どうあるべきか、という問いに対して講義担当者の一人として、微力ながら模索し、答えたものです。

　経済学は、究極的には多くの人々に「人間らしい生活」を実現することを目指してきました。「財・サービスの特性」とこの特性に能動的に働きかけて生まれる「価値ある状態と活動」がHuman Well-Beingです。人間主義経済学は「Human Well-Being実現の経済学」あるいは「価値創造の経済学」とみなすことができます。中でも能動的に財の特性に働きかける人の力がHWB達成の水準を決定します。より価値的な状態と活動を生み出すためには、財の特性を活用する人間の、また集合的には社会の「価値創造力」が鍵となります。一定の水準の経済成長を達成し、十分な「財とサービス」が生産されたとしても、これらの特性を活用し、価値ある状態に転換する能力と知恵がなければ、「人間らしい生活（HWB）」を達成できません。同時に「価値ある状態と活動」からなる「人間らしい生活（HWB）」を実現するためには「多様な特性を内包した財」の生産と分配が必要となります。すなわち、有用な特性を持った財・サービスの生産と分配、そして特に、財の特性を価値的に利用できる人間の「主体的価値創造力」の涵養が大きな焦点になるのです。

参考文献

池田大作（1969）「創価大学設立構想」『創立者の語らい』（1984）上巻，創価大学学生自治会編
高木 功（2019）「『人間のよき生』（Human Well-Being）アプローチとSDGs17目標の組成」

創価経済論集　Vol. XLVIII, No. 1・2・3・4

― (2019)「経済倫理と仏教：グローバル経済の変革における『菩薩』という人間像の意義」東洋学術研究　第58巻第1号

― (2011)「『人間のよき生（Human Well-Being）』理解の三つのアプローチ―『開発』の人間主義的構想」創価経済論集 Vol. XL, No.1・2・3・4.March.

中村 元 (2002)［1980］『龍樹』講談社学術文庫

牧口常三郎 (1988)［1931］『創価教育学体系（上）』『牧口常三郎全集 第5巻』第三文明社

Chambers, R. (1997) Editorial: Responsible Well-Being - A Personal Agenda for Development, *World Development*, Vol. 25, No. 11（『開発の思想と行動－「責任ある豊かさ」のために』明石書店2007年所収）

Doyal, L. and Gough, I. (1991) A Theory of Human Need, London: Macmillan（邦訳ただし部分訳　馬嶋・山森監訳、遠藤・神島訳『人間の必要』勁草書房2014年）

Gorman, W.M. (1956) The Demand for Related Goods, *Journal Papar* J3129 (Iowa Experimental Station, Ames, IA)

Lancaster, K.J. (1966) A New Approach to Consumer Theory, *Journal of Political Economy* 74.

Ruskin, J. (1997)［1862］Unto This Last : Four Essays on the first principles of Political Economy, London: Penguin Classics（「この最後の者にも：ポリティカル・エコノミーの基本原理に関する4論文」世界の名著52：ラスキン，モリス　中央公論社, 1979年所収）

Sen, A. (1985) Commodities and Capabilities. Amsterdam: Elsevier Science Publishers（鈴村興太郎訳『福祉の経済学― 財と潜在能力』岩波書店, 1988年）

― (1999) Development as Freedom. Oxford: Oxford University Press（石塚雅彦訳『自由と経済開発』日本経済新聞社, 2000年）

Skidelsky, R and Skidelsky, E (2012) How Much is Enough? : Money and the Good Life, New York: Other Press（村井章子訳『じゅうぶん豊かで、貧しい社会：理念なき資本主義の末路』筑摩書房, 2014年）

Stiglitz, J . E., Sen, A. ,Fitoussi, J.(2010) Mismeasuring Our Lives : Why GDP doesn't add up, New York : The New Press（福島清彦訳『暮らしの質を測る』金融財政情報研究会, 2012年）

おわりに

　21世紀に入り、二十数年が過ぎようとしています。世界経済という大きなレベルで俯瞰（ふかん）すると、今世紀に入りすでに3つの大きな危機を私たちは経験し、まだその危機の中にあります。一つは2008年の世界金融危機、もう一つは2020年に始まるコロナウイルス感染症の世界的流行、そして、2022年2月のロシアによるウクライナ侵攻に端を発する人権と食料・エネルギーの危機です。その中でも国連2030アジェンダ、すなわちSDGsを共通の目標として世界が共有できていることは一つの希望です。

　創立者・池田大作先生は、2020年の新入生に対して、人類史に輝く「イタリア・ルネサンス」が、14世紀に猛威（もうい）を振るったペストの大流行という悲劇を乗り越えた「蘇生」と「再生」であったことを引かれて、「今、新型コロナウイルスの感染拡大に立ち向かう只中（ただなか）で学究に挑む皆さんには、これから新たな地球文明のルネサンスを創出しゆく偉大な使命があると私は確信してやまない」とのメッセージを寄せられています。

　大学には時代の危機と変革期にあって、新たな未来像を提示し、変革の担い手となるような人材群を育て、輩出する使命があると思われます。

　このミッションの一端を実現すべく、新しい経済学教育カリキュラムを2023年度からスタートします。

2023年度新カリキュラム:3コースとS-Cubeプログラム

　新カリキュラムは3つの新たなコースと、コース横断的プログラムS-Cubeプログラムからなります（図参照）。

　3つのコースは以下のとおりです。

■**データ&ファイナンス・コース**：データ処理能力、統計分析、計量経済学のスキルを修得し、ファイナンス分野や国際ビジネスの舞台において新たな価値を創造しゆく力を養います。将来の進路：ファイナンス、証券アナリスト、コンサルタント業、ICT産業等。

■**ポリシースタディーズ・コース**：ローカル・エコノミー、日本・世界経済が直面する循環型経済社会の構築、新産業の創出、地方創生、AIと雇用問題、食料の安定的供給、少子高齢化といった諸課題の解決を目指し、有効な経済政策・戦略の立案・デザインができる力を養います。将来の進路：地方・国家公務員、国際機関やローカル企業、グローバル企業等。

■**グローバル&ディベロップメント・コース**：日本を含めた先進経済とアフリカ・アジアなどの新興・開発途上経済の持続可能な発展に学びます。国内外の歴史や文化ならびに、貧困問題や気候変動解決のための国際的な開発協力政策についての学習を通して、グローバルな視点で経済活動を理解し、広

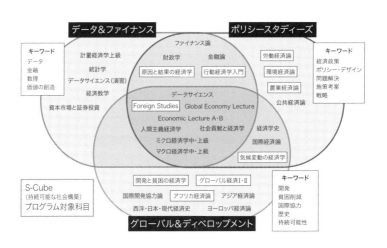

い視野と分析力を養います。将来の進路：総合・専門商社、
NPO/NGO、国際援助機関等。

S-Cube プログラム（Soka Sustainable Society Program）

　本プログラムは、持続可能な社会を構築する価値創造の人材
を育成するプログラムであり、「誰一人取り残さない新しい経済・
社会システムの構築」に貢献できる人材を育成すること（SDGs
実現力の習得）を目標としています。

　「データ分析」を活用した政策の立案、「フィールドワーク」
を通じた現地課題の分析、「行動経済学」による人間行動の理解
を通じて、私たちが直面する社会課題解決の政策立案力を養い
ます。3つのコースのどれを選択しても構いません。本プログラ
ム参加学生は、自身の興味・関心に即して各コースに配置され
た S-Cube 関連の専門科目を履修することになります。

International Program（IP）とハワイ大学短期研修プログラム

　さらに経済学部の特徴あるプログラムIP（インターナショナル・
プログラム）とハワイ大学研修、そしてオナーズ・プログラムの
HOPEを紹介しましょう。

　IPは、英語で専門科目の基礎を学ぶと同時に学術的な英語能
力とディスカッション能力を養うプログラムです。経済を専門
とするマリコ・J・ホンマ准教授（当時、故人）と英語教育を専
門とするエドウィン・アロイアウ准教授（当時、現教授）によっ
て開発された、専門科目を英語で学ぶプログラムです。他学部
に先駆けて2001年度に導入されました。また、IPの一環として
2005年度から海外研修を実施しています。この研修では英語力
をより向上させ、専門知識を深めるとともに、国際経験を通して、
その後の大学生活、キャリアをより充実させることを目的とし
ています。

2006年度には、専門科目を英語で学べるプログラム「SUCCEED (Soka University Courses for Comprehensive Economics Education)」が始まりました。外国から招いた客員教授や、経済学部の教員によってすべて英語で行われる授業です。国内にいながら海外留学と同じ効果、すなわち「国内留学」を体験することができます。また海外留学の前には現地での講義に備え、留学後には英語力や専門性を高めることもできます。

ハワイ大学との短期研修プログラムを実施

　2021年度には創価大学経済学部とハワイ大学マノア校College of Social Scienceとの学術交流協定に基づく短期研修プログラムがオンラインで実施されました。

　第1回ハワイ大学研修となる今回は「ハワイと持続可能な開発目標（SDGs）」とのテーマのもと、経済学部の1・2年生21人が参加し、ハワイ大学の教員による講義などを受講しました。

　研修では、ハワイ大学 College of Social Sciences の教授陣によるハワイにおける気候危機の現状と取り組み、ハワイ州の太陽光発電普及プロジェクトや政策に対する検証・分析結果、コロナ収束後の観光業のあり方、ハワイの文化などに関する講義と、NPOスタッフによる環境保護に関する活動の紹介などが行われました。最終日には、ハワイ大学の教員・学生との交流会に加えて、創価大学の学生による日本でのSDGs達成に向けた取り組みに関するプレゼンテーションが行われました。また、セッションでは創価大学の学生がハワイ大学の教員・学生からの質問に答えました。もちろん、やり取りはすべて英語です。

　経済学部における英語教育プログラムを牽引してきたアロイアウ教授は、研修を振り返って次のように語っています。

　「第1回の研修は新型コロナの影響でオンラインでの実施となりましたが、コロナ後には現地での10日間の研修旅行を検討し

ています。経済学部のIP生を中心とした学生によるプレゼンテーションには、ハワイ大学の教員・学生から高い評価が寄せられています」。

研修に参加した学生たちからは「ハワイの自然に対する考え方や環境問題への関心が高まった」との声が、また「研修を通して自分自身を見つめ直すきっかけを得ることができ、多様な人や考え、文化に触れて、視野の広がり、個人と社会のつながりを感じることができた」との感想も寄せられました。

経済学部HOPE（Honors Program in Economics）

本プログラムは、グローバルな経済社会に貢献するリーダー、また地域社会に貢献できる人材を育成するための学部独自のオナーズ・プログラムです。国内外の一流民間企業・大学院のみならず、UNDPなどの国連機関、世界銀行などの国際機関への就職を目指す学生が対象となります。

特徴は、以下の4点にまとめられます。

①徹底した英語教育：海外大学院、国際機関を目指すため、インターナショナル・プログラムで、実践的な英語コミュニケーション力を養成。

②最高レベルの経済学を学ぶ：グローバルスタンダードで最高レベルの経済学を学部在学中に学ぶ。

③授業と連動した少人数ゼミ：ゼミでは、経済理論・データに基づくディスカッションなどで、総合的思考力、問題発見・解決力、リーダーシップを養成。

④留学を支援する奨学金：海外留学を支援するために、マリコ・J・ホンマ基金から、大学の交換留学プログラムで留学する学生に奨学金（返還不要）を支給します。

以上、2023年度から始まる新カリキュラムと特徴あるプログ

ラムを紹介させていただきました。IPとSUCCEEDを担当する安武妙子准教授は以下のように語ってくれました。

　「経済学部というと金融や証券に特化した進路しかないように思うかもしれませんが、卒業生は多様な分野で活躍しています。『経済』とは『経世済民』の略で『世を経て（治めて）、民を済ふ』という意味です。世界に秩序を与え、人々の生活を保障することが『経済学』の使命です。SDGsが掲げる17のゴールのすべてに関与しています。興味のあること、解決したい社会問題について経済学がどのようにアプローチできるかを学ぶことは、将来どのような職業につくにしても役に立つはずです。あるいは、今はまだ将来の目標や夢が見えていない人でもまったく問題ありません。それこそ英語をしっかり身に付けたいという情熱だけでもいいと思います。英語をブラッシュアップしながら、自分が『これだ』と思う場所や、それぞれの個性がいちばん輝くような場所を自分で見つけていく。そこに向かって大きく成長できるのが創価大学の経済学部だと思っています」。

　経済学部の個性あふれる教授陣による講義と特徴ある3コース、S-Cubeプログラム、そしてIP、HOPEプログラムを大いに活用して、自身の大いなる可能性を開いていけるのが創価大学経済学部です。若き読者の皆さんが、新しい「人間主義経済」の構想と実現に参加されることを期待しております。Discover Your Potential！

編者一同

執筆者一覧

【編　者】

馬場善久（ばば・よしひさ）

創価大学経済学部卒。カリフォルニア大学サンディエゴ校（UCSD）博士課程修了。博士（経済学）。創価大学経済学部講師、助教授を経て教授。創価大学教務部長、副学長、学長を経て、創価大学顧問。専門分野は計量経済学。

神立孝一（かんだち・こういち）

創価大学経済学部卒業。創価大学大学院博士課程単位取得満期退学。博士（経済学）。英国マンチェスター大学客員研究員、国立国文学研究資料館史料館客員教授などを経て、創価大学副学長・経済学部教授。専門は日本経済史。

高木　功（たかぎ・いさお）

創価大学経済学部卒業。創価大学大学院博士課程単位取得満期退学。タイ・チュラロンコン大学大学院留学。創価大学平和問題研究所員、アジア研究所員、シンガポール東南アジア研究センター客員研究員、米国ハーバード大学JFKスクールポスドク研究員、フィリピン・デ・ラ・サール大学ユーチェンコ・センター客員研究員を経て、創価大学経済学部長・教授。専門は、開発途上経済論、HWB研究、人間主義経済学の基礎研究。

【執筆者】（掲載順）

小島　健（おじま・たけし）

創価大学経済学部卒業。大阪大学大学院経済学研究科経済学専攻博士後期課程修了。博士（経済学）。一橋大学大学院経済学研究科特任助教、一橋大学大学院経済学研究科講師、福島大学経済経営学類准教授、東北大学大学院経済学研究科政策デザイン研究センター客員准教授を経て、創価大学経済学部准教授。専門は、行動経済学・マクロ経済学。

金澤伸幸（かなざわ・のぶゆき）

アメリカ創価大学卒業。ニューヨーク大学大学院経済学修士課程修了、コーネル大学大学院経済学博士課程修了。博士（経済学）。一橋大学社会科学高等研究院特任講師、法政大学比較経済研究所兼任研究員、創価大学経済学部講師を経て、創価大学経済学部准教授。専門は、マクロ経済学、時系列分析、労働経済学。

小林孝次（こばやし・こうじ）

創価大学経済学部卒業。同大学院を修了後、創価大学附置研究所にて勤務後、アメリカへ留学。帰国後、創価大学経済学部講師、助教授を経て、創価大学経済学部教授。カナダのマッギル大学客員研究員、創価大学経済学部学部長補佐、教務部副部長を歴任。創価大学キャリアセンター長を務める。専門は、金融・マクロ経済学・計量経済学。

佐久間貴之（さくま・たかゆき）

ミネソタ大学理工学部数学科卒業。ニューヨーク大学大学院数学科修士課程修了。修了後に帰国しメガバンク等の金融機関にてリスク管理業務に従事。筑波大学大学院ビジネス科学研究科博士後期課程修了。博士（経営学）。創価大学経済学部講師を経て、創価大学経済学部准教授。専門は、金融工学。

浅井 学（あさい・まなぶ）

創価大学経済学部卒業。筑波大学大学院博士課程社会工学研究科修了。博士（社会経済）。立命館大学経済学部助教授、アメリカ・デューク大学客員研究員、ペンシルヴェニア大学客員研究員などを経て、創価大学経済学部教授。創価大学データサイエンス教育推進センター長、同大学eラーニングセンター長を務める。専門は、ファイナンスのリスク管理。

近貞美津子（ちかさだ・みつこ）

東京大学経済学部卒業。同大学大学院経済学研究科修士課程修了。ペンシルヴェニア州立大学大学院農業・環境・地域経済学部・人口学部博士課程修了。博士（農業経済学・人口学）。創価大学経済学部講師を経て、創価大学経済学部准教授。専門は、農業・環境・地域経済学、人口学。

増井 淳（ますい・まこと）

東北大学経済学部中退（飛び級）。東北大学大学院経済学研究科博士課程修了。博士（経済学）。東北大学大学院経済学研究科助手、創価大学経済学部講師、准教授を経て、創価大学経済学部教授。専門は、労働経済学。

西田哲史（にしだ・さとし）

創価大学経済学部卒業。創価大学大学院博士後期課程単位取得退学。ビーレフェルト大学（ドイツ）歴史・哲学・神学部博士課程修了。博士（歴史学）。創価大学ワールドランゲージセンター（WLC）講師、経済学部准教授を経て、創価大学経済学部教授。専門は、ドイツ社会経済史。

執筆者一覧

碓井健寛（うすい・たけひろ）

関西学院大学経済学部卒業。神戸大学経済学研究科経済システム分析単位取得満期退学。博士（経済学）。北星学園大学経済学部・講師を経て、創価大学経済学部教授。専門は、環境経済学。

蝶名林 俊（ちょうなばやし・しゅん）

創価大学経済学部卒業。イェール大学大学院国際開発経済学修士課程修了。コーネル大学大学院自然資源学博士課程修了。博士（自然資源学）。イェール大学環境学スクール研究員、世界銀行グループ・ヤング・プロフェッショナル・プログラム（YPP）、同行エコノミストなどを経て、創価大学経済学部准教授。専門は、環境・開発経済学。

寺西宏友（てらにし・ひろとも）

創価大学経済学部卒業。同大学院経済学研究科博士課程中退。ドイツ・ケルン大学社会経済学部留学。創価大学比較文化研究所助手、同大学講師、同大学国際部長、同大学副学長等を経て、創価大学経済学部教授。専門は、西洋経済史。

掛川三千代（かけがわ・みちよ）

創価大学文学部卒業。ロンドン経済政治学院（LSE）修士課程（環境管理、経済開発学）修了。カリフォルニア大学サンタクルーズ校博士課程修了。博士（環境学）。国連開発計画（UNDP）環境政策アドバイザー、在ラオス日本大使館、外務省、JICAベトナム事務所、環境省などを経て、創価大学経済学部准教授。専門は、環境政策、環境管理、環境経済学、開発経済学、政治エコロジー。

西浦昭雄（にしうら・あきお）

創価大学経済学部卒業。同大学院経済学研究科博士後期課程修了。博士（経済学）。専門は、アフリカ経済論、開発経済学。ウィットウォータースランド大学への研究留学の後に創価大学通信教育部専任講師を経て、創価大学経済学部教授。創価大学副学長、同大学教務部長、同大学アフリカ研究センター長を務める。

勘坂純市（かんざか・じゅんいち）

東京大学経済学部卒業。東京大学大学院経済学研究科第二種博士課程単位取得退学。博士（経済学）。創価大学経済学部専任講師、同大学助教授を経て、創価大学経済学部教授。池田大作記念創価教育研究所所長を務める。専門は、経済史。

装幀／Nakaguro Graph（黒瀬章夫）
本文レイアウト／エイブレイン

人間主義経済×SDGｓ

2023年1月26日　　初版第1刷発行

編　者　　　馬場善久／神立孝一／高木 功
発行者　　　大島光明
発行所　　　株式会社　第三文明社
　　　　　　東京都新宿区新宿 1-23-5　〒160-0022
　　　　　　電話番号　03（5269）7144（営業代表）
　　　　　　　　　　　03（5269）7145（注文専用）
　　　　　　　　　　　03（5269）7154（編集代表）
　　　　　　振替口座　0015-3-117823
　　　　　　URL　　　https://www.daisanbunmei.co.jp/
印刷・製本　　中央精版印刷株式会社